AF377683

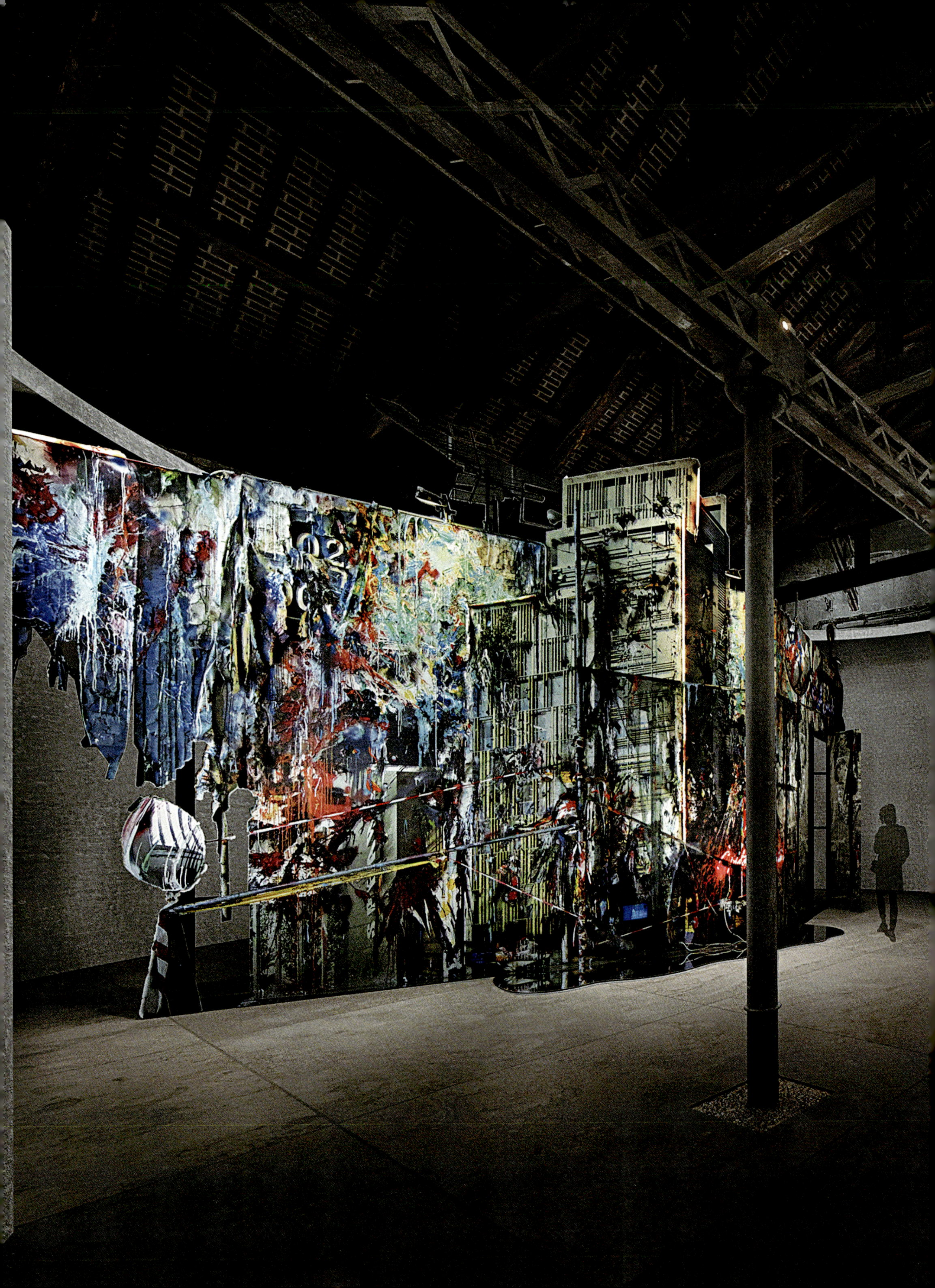

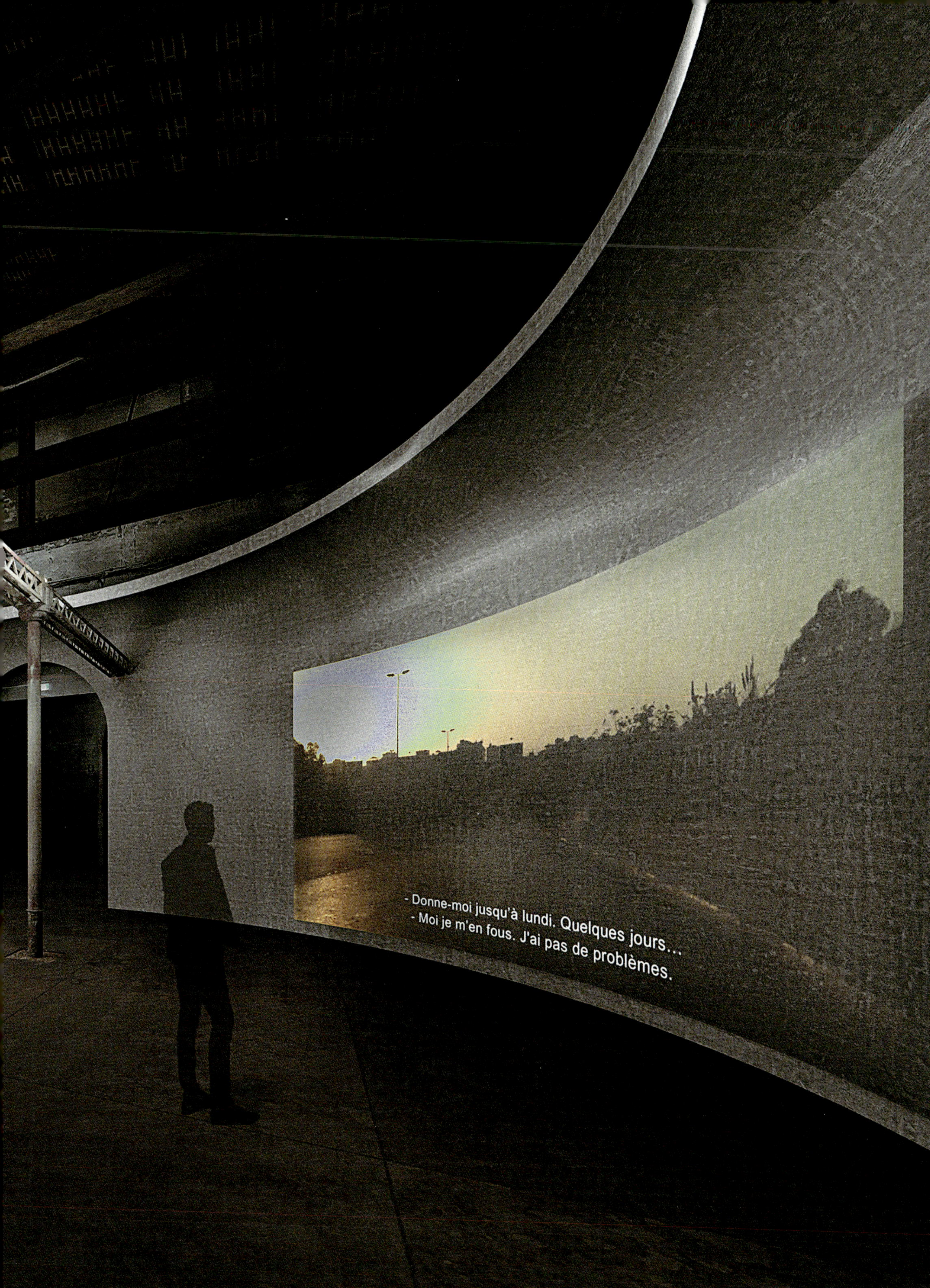
- Donne-moi jusqu'à lundi. Quelques jours…
- Moi je m'en fous. J'ai pas de problèmes.

Catalog of Lebanese Pavilion
Catalogue du Pavillon libanais

under the direction of Nada Ghandour
sous la direction de Nada Ghandour

The World in the Image of Man
Le monde à l'image de l'Homme

La Biennale di Venezia

23 April - 27 November 2022
23 avril - 27 novembre 2022

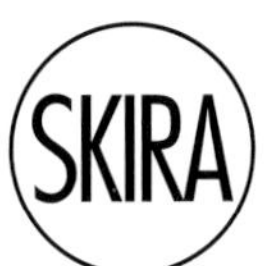

Lebanese Visual Art Association

CONTENTS
SOMMAIRE

"Art is a step from what is obvious and well-known toward what is arcane and concealed."

Gibran Khalil Gibran

Art resides in this immense and marvelous "unknown," where words fly into thin air. Today, the Lebanese Pavilion at Venice unfolds. It is an invitation for an encounter not to be missed, a moment of exchange and sharing with our artists.
Our Pavilion is positioned at the heart of the Arsenal hosting the 59th International Exhibition of Art, La Biennale di Venezia. This bestows us a very particular connotation of placing our rich culture under the spotlight. The contemporary art in Lebanon imprinted by various artwork and the artists' audacity.
Famous around the Mediterranean as the Land of Cedars, Lebanon has a rich culture and reputation which have become widespread globally through the history of resourceful people brilliant in all domains.

The "current" Lebanon is a broken one; thus, the dire necessity to step out of the era and years of war has entailed the establishment of an opulent artistic scene to express and reflect its traumas, accomplishments, and happy moments.
Since 2007, the Sursock Museum of modern and contemporary art has hosted exhibitions of local and regional emerging artists. Art galleries in Beirut have had a crucial role in reshaping the artistic atmosphere by providing new and young artists with the opportunity of showcasing their creations.

It brings us immense pride and joy to present at the Lebanese Pavilion in Venice a heterogeneous selection of our contemporary artists whose artworks bring marvel, reflection, and revelry.
In these dark and tiring moments, our artists are ambassadors of a resilient Lebanon, worthy of its place on the international boards, be it for its creativity, talents, or its messages of peace and unity, constantly seeking a better tomorrow.
It is my extreme pleasure to address my sincere thanks to the organizers of the Biennale, to the enchanting city of Venice, and to all those who made our participation in this formidable event a reality. Lastly, I would like to thank the artists who are today taking part and are present regardless of the difficulties.

I wish you all a dreamy journey toward the eternal world of culture and creation.

Minister of Culture
Mohamad Wissam El- Mortada

قال جبران خليل جبران:
"الفنّ خطوةٌ من خطى الطّبيعة إلى اللّانهائيّة".

هناك، في هذه اللانهائية الشّاسعة، حيث تَشِفُّ الكلمات ويصيرُ الوجودُ خيالاتِ وجودٍ، يبتني الفنُّ له عالمًا جديدًا ليمكث فيه. إنها قصةُ الإنسانية الساعية إلى عيش الجمال منذ تكونت الحضارة؛ واليوم يبدأ معكم الجناح اللّبناني للبينال في مدينة البندقيّة في سرد حصّتنا من هذه القصة.

هو موعدٌ نقترحه عليكم اليوم، ولقاءٌ لا يمكن تفويته، ووقتٌ لتبادل الأفكار مع فنّانينا ومشاركتهم إيّاها.

إنّ جناح لبنان يقع في صلب ال "أرسنال" في الدّورة التّاسعة والخمسين من البينال الدّولي للفنّ المعاصر. هذا الموقع يمنحه مكانةً خاصّةً، ويسلّط الضّوء على ناحيةٍ من الثّقافة اللّبنانيّة الغنيّة والقيّمة: الفنّ اللّبناني المعاصر، المتميّز بالتنوّع في الأعمال والجرأة لدى الفنّانين.

لبنان تاريخٌ تجلى غناه منذ آلاف السنين، حكايةَ شعبٍ وميراثَ ثقافة. فبلد الأرز الشّامخ على الشاطئ الشرقي للبحر الأبيض المتوسّط، عرفَ كيف يجعل موج هذا البحر أداة تواصلٍ مع شعوب الشواطئ الأخرى في أوروبا وأفريقيا. تواصلٌ قام منذ البدء على نشر الأبجدية أعظم الفنون البشرية على الإطلاق، وعلى بناء العلاقات التجارية والإنسانية البعيدة عن منطق الغزوات والحروب. وها هو اليوم ينتشر أبناؤه في أنحاء العالم أجمع، مسهمين في إنجاز المعرفة وتطويرها في ميادين شتّى مستخدمين كلّ الوسائل والتّقنيات الممكنة.

أما في داخل لبنان، فمنذ العام 2007، يعرض متحف سرسق للفنّ الحديث والمعاصر أعمال فنّانين ناشئين من لبنان والبلدان المجاورة. ففي بيروت تتجدّدُ دائمًا الحياة الفنية، عبر المعارض والصّالات المفتوحة أمام الفنّانين الشّباب لتقديم إبداعاتهم وعرضها.

لكن لبنان الوطن، شعبًا ونظامًا يغرق اليوم في خضمّ أزمات متنوعة. من هنا تبرز الحاجة الماسّة لمحاولة لخروج، وبشكلٍ نهائيّ، من سنوات الحرب الطّوال، من خلال رسم مشهدٍ ثقافيٍّ فنيٍّ حافلٍ يعبّر عن جراحنا وأفراحنا ويُبرز إنجازاتنا.

ولذلك كلّه نحن فرحون، وفخورون كلّ الفخر بمشاركة فنّانينا هنا في مدينة البندقيّة لعرض أعمالهم. هذا مدعاةُ إعجاب وتأمّل وفرح في مثل هذه الأوقات العصيبة الّتي يكتنفها الظّلام. فنّانونا هم بالفعل، خيرُ سفراء للبنان القويّ، لبنان الصّمود، لبنان الّذي يحتلّ مكانةً متميّزةً في السّاحة العالميّة من حيث الإبداع والموهبة ورسائل السّلام والوحدة الّتي ينشرها ليكون الغد أفضل حتمًا.

وفي الختام، جزيل الشكر وأصدق التمنيات لمدينة البندقيّة المتألّقة، ولمنظّمي هذا البينال، ولكلّ من جعل هذا اللّقاء الرّائع ممكناً، ولكلّ الفنّانين الّذين لبّوا الدّعوة على الرّغم من كلّ القيود. كما أتمنّى لكم جميعاً رحلةً ساحرةً نحو عالم الفنّ والإبداع اللّامتناهي.

وزير الثقافة
القاضي محمد وسام المرتضي

« L'art est un pas de la nature vers l'Infini ».

Gibran Khalil Gibran

Et dans cet infini immense et merveilleux, là où les paroles s'envolent, l'art demeure. Aujourd'hui, avec vous, le Pavillon libanais à Venise peut commencer à se dévoiler...

Oui, c'est bien un rendez-vous que nous vous proposons. Une rencontre à ne pas manquer ; un moment d'échange et de partage avec nos artistes.
Notre pavillon est implanté au cœur même de l'Arsenal de cette 59ᵉ édition de l'Exposition internationale d'art, la Biennale de Venise. Ceci lui confère un statut particulier et offre un rayonnement sur notre culture riche : l'art contemporain au Liban séduit par la variété de ses œuvres et l'audace de ses artistes.
Le Liban c'est une histoire. L'histoire d'un peuple et de sa culture, tous deux riches de milliers d'années. Célèbre sur les bords de la Méditerranée, la culture du pays du Cèdre s'étend désormais mondialement dans tous les domaines et usant de toutes les techniques possibles.

Le Liban contemporain est fracturé : il y a l'urgente nécessité de sortir définitivement des années de guerre, qui pousse à établir et renforcer une scène artistique foisonnante, dans l'urgence de l'expression de ses traumatismes, de ses accomplissements et de ses joies.
Depuis 2007, le musée Sursock d'art moderne et contemporain met en valeur le travail d'artistes émergents locaux et régionaux. À Beyrouth, les galeristes apportent également un renouveau à la scène artistique libanaise et permettent à de jeunes artistes de présenter leurs créations.
Voilà pourquoi nous sommes heureux et fiers de présenter ici à Venise l'offre aussi hétéroclite qu'hétérogène de nos artistes contemporains, qui nous apportent émerveillement, réflexion et réjouissance au travers de leurs œuvres.

Dans ces temps difficiles et marqués de noirceurs, nos artistes sont les fins ambassadeurs d'un Liban fort et résilient, qui a toute sa place sur l'échiquier mondial tant par sa créativité et son talent que par la force des messages de paix et d'unité qu'il transmet pour que demain soit toujours un jour meilleur.
Je souhaiterais adresser mes plus vifs et sincères remerciements aux organisateurs de la Biennale, à la magnifique ville de Venise, à tous ceux qui ont rendu possible notre participation à ce formidable rassemblement, ainsi qu'aux artistes qui ont répondu présent malgré les contraintes actuelles.

Je vous souhaite à toutes et tous un merveilleux voyage vers l'infini de la culture et de la création.

Ministre de la Culture
Mohamad Wissam El-Mortada

"L'arte è un passo della natura verso l'infinito".

Gibran Khalil Gibran

Ed in questo immenso e meraviglioso infinito, dove le parole volano via, dimora l'arte. Oggi, insieme a voi, il Padiglione Libanese a Venezia potrebbe iniziare a raccontare...

Sì, vi proponiamo un'invito, un incontro da non perdere, un momento di scambio e di condivisione con i nostri artisti.
Il nostro Padiglione è localizzato proprio nel cuore dell'Arsenale di questa 59. Esposizione Internazionale d'Arte – La Biennale di Venezia. Infatti, la sua posizione gli conferisce uno status particolare e mette in evidenza la nostra ricca cultura: l'arte contemporanea nel Libano sedotta dalla varietà dei capolavori e l'audacia dei suoi artisti.
Il Libano è una storia, quella di un popolo e della sua cultura, entrambi arricchiti da migliaia di anni. Famosa sui bordi del Mediterraneo, la cultura del paese dei Cedri ormai estesa a livello mondiale in tutti gli ambiti, si avvale di tutte le possibili tecniche.

Il Libano di oggi è un Libano fratturato: c'è un'urgente necessità di uscire definitivamente dagli anni di guerra che spinge a stabilire e rinforzare una scena artistica rigogliosa, nell'urgenza dell'espressione dei propri traumi, successi e gioie.
Dal 2007, il Museo Sursco d'arte moderna e contemporanea a valorizza i lavori di artisti locali e regionali. A Beirut, i galleristi apportano ugualmente un rinnovo alla scena artistica libanese e permettono a dei giovani artisti di esporre le proprie creazioni.
Ecco perché oggi siamo felici ed orgogliosi di presentare qua a Venezia l'offerta tanto eteroclita quanto eterogenea dei nostri artisti contemporanei che ci apportano lo stupore, la riflessione e la gioia attraverso le loro opere.

In questi tempi difficili e bui, i nostri artisti sono i fini ambasciatori di un Libano forte e resiliente che ha pieno posto nella schacchiera mondiale sia per la sua creatività e talento che per la forza dei suoi messaggi di pace e di un migliore domani.
Desidero esprimere i miei sinceri ringraziamenti agli organizzatori della Biennale, alla magnifica città di Venezia, a tutti quelli che hanno reso possibile la nostra partecipazione a questo fantastico raduno, e certamente ai nostri artisti chi hanno risposto al nostro invito nonostante i vincoli attuali.

Vi auguro un meraviglioso viaggio verso l'infinito della cultura e della creazione.

Ministero della cultura
Mohamad Wissam El-Mortada

NADA GHANDOUR
Comissionner of the Lebanese Pavilion

What a great honor it is for me to curate the Lebanese Pavilion at one of the most prestigious events in the world of contemporary art.

Under the auspices of the Ministry of Culture, I strive to promote the excellence of the Lebanese artistic scene at an international level and to show our deepest respect and appreciation for artists and their works.

Eminent professionals who are attached to the history, culture and creativity of my country have answered my call, as well as patrons from all walks of life who love Lebanon.

Many of us have invested ourselves in the realization of this exceptional event dedicated to a nation that is going through exceptional times. The economic, social and political crisis that Lebanon has been facing since the end of 2019 is unprecedented. And its echoes resound through the Arsenal building.

Friedrich Nietzsche once said that what does not kill us makes us stronger. For decades now, Lebanon has been fueled by this resilient thought and the Lebanese Pavilion is yet another one of its incarnations. We have designed, promoted and defended it with conviction and determination. We have faced certain obstacles and several difficulties. Nothing, however, could hinder our desire to see Lebanon shine on the international map of contemporary art. After only four participations in the Biennale of Contemporary Art since 2007, the Lebanese Pavilion returns to Venice and is located at the Arsenal for the second time.

I would like to thank the Ministers of Culture, Mr. Abbas Mortada and Mr. Mohamad Wissam El-Mortada, for their trust, as well as the ministry team.

My deep gratitude goes to the members of the operations team whose competence and responsiveness made it possible to bring this exhibition to life: Chérine Soubra Assouad, Philippe Assouad, Dina Bizri, Farida El-Solh, Nadine Katabi, Lara Nader Mouawad and Charles Simon Thomas.

I salute the commitment of the scientific committee: Jean-François Charnier, Louma Salamé and Annabelle Ténèze.

I am grateful for the wise guidance of Charbel Abou Charaf, Nicole Araygi, Dania Bazzi, Pascale Cassagnau and Manuela Luca Dazio.

I would also like to express my gratitude to the members of the Goodwill Ambassadors committee, who have been fervent supporters of the project and its implementation: Sirine and Ahmad Abu Ghazaleh, Toto Bergamo Rossi, Ingie Chalhoub, Basel Dalloul, Christophe Danzin, Randa and Ghassan Ghandour, Richie Haykel, Cyril Karaoglan, Élie Khouri, Patrick Merville and Nada Mikati.

I would like to pay special tribute to the patrons for their pivotal contribution that allowed the Pavilion to exist and thrive:

Main patrons
Tariq and Diane Al-Ghussein, Basel Dalloul, Ramzi and Saeda Dalloul Art Foundation (DAF), Elie Khouri Art Foundation (EKAF), Adel Ghandour, Dania Ghandour, Randa and Ghassan Ghandour, Souad Ghandour, Groupe Begemot, Groupe Vital, Raffy Manoukian, Nada Mikati as well as Rana and Riad Zein.

Patrons
Catawiki

Friends of the Pavilion
Ahmad and Sirine Abu Ghazaleh, Hind and Musbah Ahdab, Joumana and Sani Ahdab, Sawsan Asfari, Boghossian Foundation, Ziad and Monique Ghandour, Nancy and Salim Harfouche, Lara and Habib Kairouz, Ziad and Basma Monla, Danièle de Picciotto, Sufyan Saleh and Tania Issa Semaan.

Warm thanks to all the sponsors who wished to remain anonymous and whose support was essential to this project.

I would like to thank Tamara Inja Jaber, Mouna Kotovsky and Reda Raad for their support and enthusiasm for this project.

I particularly salute the talent of Aline Asmar d'Amman, our architect, and the team of her agency Culture in Architecture for the magnificent scenography that promotes dialogue between works and artists.

Finally, my deep gratitude goes to Danielle Arbid and Ayman Baalbaki for their ability to unveil the soul of contemporary Lebanese art in their works all the while speaking to Arab and Western audiences. Both artists have my deepest thanks for their absolute commitment to an artistic dialogue that is imbued with genuine political reflection. In addition to being a space for aesthetic creation, this exhibition offers all Lebanese people, whether they live in their country or abroad, a space to discuss their history and today's society.

May the 2022 exhibition of the Lebanese Pavilion contribute to the inception of a long-lasting, powerful and generous program that is open to the world.

وأشيدُ بشكل خاصّ برُعاة الجناح لإسهامهم الحاسم في إقامة هذا الجناح ونجاحه:

الجهات المانحة الرئيسة
طارق وديان الغصين، باسل دلّول، مؤسّسة رمزي وسائدة دلّول للفنون (DAF)، مؤسّسة إيلي خوري للفنون (EKAF)، رنا ورياض زين، سعاد غندور، دانيا غندور، عادل غندور، رندة وغسّان غندور، Groupe Vital، Begemot، رافي مانوكيان وندى ميقاتي.

جهات مانحة أُخرى
Catawiki

أصدقاء الجناح
أحمد وسيرين أبو غزالة، هند ومصباح أحدب، جمانة وساني أحدب، سوسن أصفري، مؤسّسة بوغوسيان، نانسي وسليم حرفوش، دانييل دي بيتشوتو، تانيا عيسى سمعان، سفيان صالح، زياد ومونيك غندور، لارا وحبيب كيروز وبسمة وزياد منلا.

مع خالص الشكر والتقدير للرُعاة الذين فضّلوا ألّا تُذكَر أسماؤهم، وكان إسهامهم ضروريًّا لنجاح المعرض. والشكر موصول لتمارا إنجا جابر، منى كوتوفسكي ورضا رعد لدعمهم وحماسهم لهذا المشروع.

أحيّي كذلك بشكل خاص موهبة المهندسة المعماريّة ألين أسمر دامان وفريق عمل مؤسّستها Culture in Architecture للتصميم الفنّيّ الرائع للمعرض الذي يعزّز الحوار بين الأعمال الفنّيّة والفنّانين.

أخيرًا، يذهب امتناني العميق إلى كلٍّ من دانييل عربيد وأيمن بعلبكيّ لقدرتهما على الكشف عن روح الفنّ اللبنانيّ المعاصر في أعمالهما، ومخاطبتهما العالمَيْن العربيّ والغربيّ على حدٍّ سواء. فلهما متّي كلّ الشكر والتقدير لالتزامهما غير المحدود في حوار فنّيّ مطبوع بتفكير سياسيّ حقيقيّ. وفضلًا عن كونه مساحةً للإبداع الجماليّ، يقترح هذا المعرض لجميع اللبنانيّين، المقيمين في بلادهم أم المغتربين، موقع تبادلٍ رمزيٍّ حول تاريخهم ومجتمعهم اليوم.

مع تمنّياتنا أن يُسهِم معرض الجناح اللبنانيّ للعام 2022 في تثبيت برنامج طويل الأمد، ومكثّف، وسخي ومنفتح على العالم أجمع.

ندى غندور
المفوَّضة العامّة للجناح اللبناني

إنّه لشرف كبير لي أن أتولّى مسؤوليّة تنسيق الجناح اللبناني الذي سيستضيفه أحد المعالم المرموقة للفنّ المعاصر في العالم.
وتحت رعاية وزارة الثقافة، التزمتُ الترويجَ لتألّق المشهد الفنّيّ اللبنانيّ في محفلٍ دوليّ، مع خالص تقديري للأعمال الفنّيّة والفنّانين.

لقد استجاب لدعوتي متخصّصون بارزون متعلّقون بتاريخ بلدي وثقافته وإبداعه، وكذلك رعاةٌ مُحبّون للبنان وآتون من خلفيّاتٍ مُختلفة.
لقد كنّا مجموعةً كبيرة استثمرت طاقاتها بُغية تحقيق هذا الحدث الاستثنائيّ المكرَّس لوطن لا تقلّ أوضاعُه استثنائيّةً. إنّ الأزمة الاقتصاديّة والاجتماعيّة والسياسيّة التي أثّرت في لبنان منذ نهاية العام 2019 غير مسبوقة، واليوم يردّد مبنى الـArsenal أصداءها.

وفقًا لفريدريك نيتشه(Friedrich Nietzsche)، "ما لا يقتلك يجعلك أقوى". منذ عقود، تسكن لبنان فكرة الصمود هذه. وما الجناح اللبنانيّ الذي قمنا بتصميمه وروّجنا له ودافعنا عنه بكلّ اقتناع وتصميم إلّا تجسيدٌ جديدٌ لهذه الفكرة. واجهتنا عقباتٌ كثيرةٌ وصعوباتٌ أيضًا، ومع ذلك، لا يمكن لشيء أن يعيق إرادتنا في جعل لبنان مُتألّقًا على الساحة الدوليّة للفنّ المعاصر. وبعد أربع مشاركات فقط في بينالي الفنّ المعاصر منذ العام 2007، يعود الجناح اللبنانيّ إلى البندقيّة ويستقرّ للمرّة الثانية في الأرسنال(Arsenal).

أودّ أن أشكر وزيرَي الثقافة الأستاذ عبّاس مرتضى والأستاذ القاضي محمّد وسام المرتضى لثقتهما بي، وأشكر كذلك فريق عمل الوزارة.
ويذهب خالص إمتناني إلى أعضاء فريق العمليّات الذي أتاح تفاعله وكفاءته إنجاز هذا المعرض: شيرين سوبرا أسود، فيليب أسود، دينا بزري، فريدة الصلح، نادين قتابي، لارا نادر معوّض وتشارلز سيمون توماس.

أحيّي كذلك التزامَ أعضاء اللجنة العلميّة وخبراتهم: جان- فرانسوا شارنييه، لومى سلامة وأنابيل تينيز.

كما أنّي ممتنّةٌ للنصائح الحكيمة لكلٍّ مِن شربل أبو شرف، دانيا بزّي، نيكول عريجي، باسكال كاسانيو ومانويلا لوتشا دازيو.

أعرب أيضًا عن امتناني لأعضاء لجنة سفراء النوايا الحسنة، وحماسهم ودعمهم للمشروع وتحقيقه: سيرين وأحمد أبو غزالة، توتو بيرغامو روسّي، إنجي شلهوب، باسل دلّول، كريستوف دانزين، رندة وغسّان غندور، ريتشي هيكل، سيريل قرة أوغلان، إيلي خوري، باتريك ميرفيل وندى ميقاتي.

NADA GHANDOUR
Commissaire générale du Pavillon libanais

C'est un grand honneur pour moi d'assurer le commissariat général du Pavillon libanais, qui est accueilli dans l'un des sites les plus prestigieux du monde de l'art contemporain.

Sous l'égide du ministère de la Culture, je me suis engagée à promouvoir l'excellence de la scène artistique libanaise dans un contexte international, avec le plus profond respect pour les œuvres et les artistes.

Ont répondu à mon invitation d'éminents professionnels attachés à l'histoire, à la culture et à la créativité de mon pays, mais aussi des mécènes épris du Liban et venus de tous les horizons.

Nous sommes nombreux à nous être investis dans la réalisation de cet événement exceptionnel consacré à une nation dont la situation ne l'est pas moins. La crise économique, sociale et politique qui affecte le Liban depuis fin 2019 est sans précédent, et le bâtiment de l'Artillerie retentit aujourd'hui de ses échos.

Selon Friedrich Nietzsche, ce qui ne tue pas rend plus fort. Depuis des décennies, le Liban est habité par cette pensée résiliente. Le Pavillon libanais en est une nouvelle incarnation que nous avons conçue, promue et défendue avec conviction et détermination. Des obstacles, nous en avons eu, des difficultés, aussi. Rien, cependant, ne pouvait entraver notre volonté de faire rayonner le Liban sur la scène de l'art contemporain international. Après seulement quatre participations à la Biennale d'art contemporain depuis 2007, le Pavillon libanais retourne à Venise et s'installe pour la seconde fois à l'Arsenal.

Je remercie les ministres de la Culture Monsieur Abbas Mortada et Monsieur Mohamad Wissam El-Mortada pour leur confiance, ainsi que l'équipe du ministère.

Ma pleine reconnaissance va aux membres de l'équipe opérationnelle, dont la compétence et la réactivité ont permis l'avènement de cette exposition : Chérine Soubra Assouad, Philippe Assouad, Dina Bizri, Farida el-Solh, Nadine Katabi, Lara Nader Mouawad et Charles Simon Thomas.

Je salue l'engagement et l'expertise des personnalités du comité scientifique : Jean-François Charnier, Louma Salamé et Annabelle Ténèze.

Je sais gré à Charbel Abou Charaf, Nicole Araygi, Dania Bazzi, Pascale Cassagnau, Manuela Luca Dazio, de leurs conseils avisés.

J'exprime toute ma reconnaissance aux membres du comité des Goodwill Ambassadors, fervents soutiens du projet et de sa concrétisation :
Sirine et Ahmad Abu Ghazaleh, Toto Bergamo Rossi, Ingie Chalhoub, Basel Dalloul, Christophe Danzin, Randa et Ghassan Ghandour, Richie Haykel, Cyril Karaoglan, Élie Khouri, Patrick Merville et Nada Mikati.

Je rends particulièrement hommage aux mécènes pour leur contribution décisive à l'existence du pavillon et à son succès :

Grands donateurs
Tariq et Diane Al-Ghussein, Basel Dalloul, Ramzi et Saeda Dalloul Art Foundation (DAF), Elie Khouri Art Foundation (EKAF), Adel Ghandour, Dania Ghandour, Randa et Ghassan Ghandour, Souad Ghandour, Groupe Begemot, Groupe Vital, Raffy Manoukian, Nada Mikati ainsi que Rana et Riad Zein.

Donateurs
Catawiki

Amis du Pavillon
Ahmad et Sirine Abu Ghazaleh, Musbah et Hind Ahdab, Joumana et Sani Ahdab, Sawsan Asfari, Fondation Boghossian, Ziad et Monique Ghandour, Nancy et Salim Harfouche, Lara et Habib Kairouz, Ziad et Basma Monla, Danièle de Picciotto, Sufyan Saleh et Tania Issa Semaan.

Que soient vivement remerciés les mécènes qui ont souhaité rester anonymes et dont la participation a été essentielle.

Je remercie Tamara Inja Jaber, Mouna Kotovsky et Reda Raad pour leur soutien enthousiaste à ce projet.

Je salue particulièrement le talent de l'architecte Aline Asmar d'Amman et de l'équipe de son agence Culture in Architecture pour la magnifique scénographie qui favorise le dialogue entre les œuvres et les artistes.

Enfin, ma profonde gratitude va à Danielle Arbid et Ayman Baalbaki pour leur capacité à révéler dans leurs œuvres l'âme de l'art contemporain libanais, et à s'adresser tant au monde arabe qu'au monde occidental. Les deux artistes ont toute ma reconnaissance pour leur engagement sans réserve dans un dialogue artistique empreint d'une véritable réflexion politique. En plus d'être le lieu d'une création esthétique, cette exposition propose à tous les Libanais, qui habitent leur pays ou que la diaspora a éloignés, un espace d'échange symbolique sur leur histoire et sur la société d'aujourd'hui.

Puisse l'exposition du Pavillon libanais en 2022 concourir à l'installation en son sein d'une programmation pérenne, intense, généreuse et ouverte sur le monde.

Lebanese Pavilion
Le Pavillon libanais

The Word in the Image of Man
NADA GHANDOUR

"I have always said that if I were a city, I'd be Beirut. I'd be old but young, sad but joyful, tumultuous but peaceful, simple yet sophisticated, loving yet strong, and giving my everything even when I have nothing to give."

Maya Angelou

The Lebanese Pavilion at the 59th Venice Biennale illustrates the perpetual action of the human imagination on the reality of the world. In the exhibition *The World in the Image of Man*, fiction inspires and nourishes our daily lives. Its project invites us on a symbolic journey into the contemporary world through a theme, a city and two artists who maintain a political and aesthetic dialogue from a distance, by presenting artworks that are so far and yet so close. Beirut, a world city, is the place where this borderless theme is embodied: all individuals of all cultures can interpret and appropriate it through their own perception.

Only art can make sense of the codes of our vision, transcribe them and have them echo in one form or another. Ayman Baalbaki's monumental installation and Danielle Arbid's video evolve between a mental image that has become reality due to Baalbaki's plastic gesture, and a tangible reality that has become pure vision in the eye of Danielle Arbid.

The dialogue maintained with Beirut by the two artists reveals the increasingly heightened competition between the material and the virtual: a paradigm shift that has impacted our environment and our most diverse activities and that has created a place now common to all humanity. This place, inhabited by all, more or less consciously, belongs to the technological "augmentation" of humankind that we have come to today.[1] It is a place set within multiple networks with invisible interconnection but deployed across the planet. Our phones, watches, computers, and now thousands of connected household objects, are the gateways thereto. We live there in a sham reality that considerably influences our approach and representation of physical space. Despite the good services rendered by digital technology, the fragmentary mirror effect between the two dimensions further reinforces humankind's global constraint on the plasticity of our environment.

---

[1] The notion of "augmented man" dates back to 1962 and was developed in the works of Douglas Engelbart, a computer pioneer who imagined the possibility of increasing the intellectual capacities of human beings thanks to the human–machine interface.

Le monde à l'image de l'Homme
NADA GHANDOUR

« J'ai toujours dit que si j'étais une ville, je serais Beyrouth. Je serais à la fois jeune et vieille, joyeuse et triste, agitée et calme, simple mais raffinée, tendre mais puissante, et donnant tout de moi, même quand je n'ai rien à offrir. »

Maya Angelou

Le Pavillon libanais à la 59e Biennale de Venise met en espace l'action perpétuelle de l'imaginaire humain sur la réalité du monde. Dans l'exposition « Le monde à l'image de l'Homme », la fiction inspire et nourrit plus que jamais notre quotidien. Son projet invite à un voyage symbolique dans le monde contemporain, grâce à un thème, une ville et deux artistes qui entretiennent à distance un dialogue politique et esthétique à travers des œuvres si lointaines et pourtant si proches. Beyrouth, ville-monde, est le lieu où s'incarne ce thème qui n'a pas de frontière : tous les individus de toutes les cultures peuvent l'interpréter et se l'approprier à travers leur propre perception.

Seul l'art peut déchiffrer les codes de notre vision, les transcrire et les faire résonner dans une forme ou une autre. Ainsi, l'installation monumentale d'Ayman Baalbaki et la vidéo de Danielle Arbid évoluent entre une image mentale devenue réalité grâce au geste plastique de Baalbaki et une réalité tangible devenue pure vision dans l'œil de Danielle Arbid.

Le dialogue entretenu avec Beyrouth par les deux artistes révèle la concurrence de plus en plus accrue entre le matériel et le virtuel. Un changement de paradigme qui a eu une incidence sur notre environnement et nos activités les plus diverses, et qui a créé un lieu désormais commun à toute l'humanité. Ce lieu, habité par tous, plus ou moins en conscience, est celui de l'« augmentation » technologique de l'homme à laquelle nous sommes parvenus aujourd'hui[1]. Il est installé au sein de réseaux multiples dont l'interconnexion est invisible, mais qui se déploient sur toute la planète. Nos téléphones, nos montres, nos ordinateurs et des milliers d'objets domestiques connectés en constituent les portes d'entrée. Nous y vivons dans un simulacre de réalité qui, en retour, influence considérablement notre approche et notre représentation de l'espace physique. En dépit des services rendus par le numérique, l'effet de miroir fragmentaire entre les deux

---

[1] La notion de « l'homme augmenté » remonte à 1962 et a été développée, dans les travaux de Douglas Engelbart, pionnier de l'informatique qui a imaginé la possibilité d'augmenter les capacités intellectuelles de l'être humain grâce à l'interface homme-machine.

Lebanon did not wait for the theorization of globalization to identify and experience its challenges: trade, consumption, financial flows, wars and mobility, among other attributes. Lebanon has been crossed by both tradition and modernity and, since antiquity, has been a major territorial challenge. As a pivotal point between the East and the West, it has repeatedly and reluctantly suffered from being the receptacle of a panoply of tensions coming from elsewhere and each time profoundly transforming the most accomplished work of humankind: the city. More than ever, the political, economic and social drama that Lebanon has been grappling with since 2019 is bringing Beirut, a martyred city and a potential city of the future, back before the eyes of the world.

Danielle Arbid and Ayman Baalbaki have chosen, as their artistic reflection and creation, the subject of the polysemic urban character of Beirut, at the heart of the upheavals of the global crisis and the emotional instability of a technologized relation to the world.

Artists, artworks and space engage in dialogue

The notion of dialogue is crucial in the spirit of the Lebanese Pavilion project and its symbolic significance. The dialogue between the Lebanese, be they in Lebanon or abroad, is manifested in this exhibition by the rich exchange established between the artworks but also between two artists from a different geographical and aesthetic point of view: Ayman Baalbaki, a painter who lives and works in Beirut, and Danielle Arbid, a filmmaker and videographer from the diaspora, based in Paris.

The imposing and ambitious installation by Ayman Baalbaki neighbors the animated and intriguing video by Danielle Arbid. Their works converse with diverse but complementary means, each with its own economy, subject, history and codes. However, placed face to face, the two works respond to each other. The installation and video reflect a materializing plastic feel, as filmed reality reversely gains in abstraction until it becomes pure sensitive vision. This dual movement engages in a subtle dialogue within the very space of the exhibition.

dimensions renforce encore, si besoin est, la contrainte globale de l'homme
sur la plasticité de son environnement.

Le Liban n'a pas attendu que la globalisation soit théorisée pour en connaître
et subir les enjeux : commerce, consommation, flux financiers, guerres,
mobilités et autres attributs. Le Liban a été traversé aussi bien par la tradition
que par la modernité et, depuis l'Antiquité, a été un enjeu territorial majeur.
Point charnière entre l'Orient et l'Occident, il a pâti de nombreuses fois d'être
le réceptacle, malgré lui, de nombreuses tensions venues d'ailleurs et qui ont,
à chaque fois, profondément transformé l'œuvre la plus achevée de
l'homme : la ville. Plus que jamais, le drame politique, économique et social
que le Liban connaît, depuis 2019, remet sous les yeux du monde Beyrouth,
ville martyre et ville du futur en puissance.

Danielle Arbid et Ayman Baalbaki ont choisi comme sujet de réflexion et de
création cette urbanité polysémique, entre virtualité et réalité, au cœur des
soubresauts de la crise mondiale et de l'instabilité émotionnelle d'une
relation au monde particulièrement technologisée.

Artistes, œuvres et espace en dialogue

La notion de dialogue est cruciale dans l'esprit du projet du Pavillon libanais
et sa portée symbolique. Le dialogue entre les Libanais – ceux qui habitent
au Liban ou ceux que la diaspora a éloignés – est incarné dans cette
exposition par le riche échange qui s'établit entre les œuvres, mais aussi
entre deux artistes avec des points de vue géographique et esthétique
différents : Ayman Baalbaki, peintre qui vit et travaille à Beyrouth, et Danielle
Arbid, cinéaste et vidéaste issue de la diaspora, installée à Paris.

L'installation imposante et ambitieuse d'Ayman Baalbaki jouxte la vidéo
animée et intrigante de Danielle Arbid. Leurs œuvres conversent avec des
moyens divers mais complémentaires. Chacune a son économie, son sujet,
son histoire et ses codes. Et pourtant, placées face à face, les deux œuvres se
répondent. Installation et vidéo rendent compte d'une sensation plastique
qui se concrétise, tandis qu'à rebours, la réalité filmée gagne en abstraction

The starting point of Ayman Baalbaki and Danielle Arbid was one: the streets of Beirut. Gateway to the Middle East and doorway to the Mediterranean, Beirut is discovered through its landscape, trees, sea, colors, posters, advertising tarpaulins, graffiti, towers, constructions and destruction, but also fragile security guard stations and refugee camps. Barriers, facades and walls constitute borders that divide and sectorize zones, partition the space and separate the public and the private, the interior and the exterior. The two artists take advantage of these multiple places as so many reading keys to provide us with a charged and explosive story. This is echoed by the architect Aline Asmar d'Amman, who puts forth a track in the heart of Lebanon through a scenography designed as a square, an esplanade, a meeting place, created in the spirit of amplifying this feeling of dialogue.

AYMAN BAALBAKI, *Janus Gate*, 2021

In an ambitious and monumental installation,[2] Ayman Baalbaki imagines Beirut as a heterotopia, as per the definition of Michel Foucault, who inspired the artist,[3] meaning a complex assembly of places with their own economy. According to Baalbaki, "a city like Beirut, with the most diverse ethnic and sectarian groups, is a place that breeds tension. We have turned into the laboratory of the industry that molds mentalities and breeds minorities that struggle in cities surrounded by barriers, observatories and checkpoints of all kinds, like tools of control and domination, even zones of exclusion and ostracism which are not a spatial reality with social effects, but a social reality that takes on a spatial form."

Following the reconstruction of the city under the slogan "Lebanon is a safe country," various physical barriers laid bare on its streets were eliminated. However, Ayman Baalbaki notes that other barrier forms started gaining

---

[2] *Janus Gate*, 2021, mixed media, 4.85m x 11m x 2.9m.
[3] Heterotopia is a concept elaborated by Michel Foucault in a conference held in Paris in 1967 under the title "Other spaces." The concept is used to describe concrete spaces that harbor the imagination, such as a child's cabin or a theater. More generally, such spaces can be defined in the use of space intended to accommodate a specific type of activity: sports stadiums, places of worship and amusement parks fall under this category. These places within a society obey different rules. Within a heterotopia there is also a heterochrony, namely a break with real time. The original text of the conference can be consulted here: Michel Foucault, "Other spaces" in *Empan*, 2004/2, no.54, p. 12-19.
https://www.cairn.info/revue-empan-2004-2-page-12.htm

jusqu'à devenir pure vision sensible. Ce double mouvement dialogue avec subtilité dans l'espace de l'exposition.

Le point de départ d'Ayman Baalbaki et de Danielle Arbid est le même : les rues de Beyrouth. Porte d'entrée vers le Moyen-Orient et fenêtre sur la Méditerranée, Beyrouth se découvre à travers son paysage, les arbres, la mer, les couleurs, les affiches, les bâches publicitaires, les graffitis, les tours, les constructions, les destructions mais aussi les kiosques fragiles des gardiens et les camps de réfugiés. On retrouve des frontières dans les barrières, les façades, les murs qui divisent et sectorisent les zones, cloisonnent l'espace, le public et le privé, l'intérieur et l'extérieur. Les deux artistes tirent parti de ces multiples lieux comme autant de clés de lecture et nous livrent un récit chargé et explosif. En écho, l'architecte Aline Asmar d'Amman propose un circuit au cœur du Liban, à travers une scénographie conçue comme une place, une esplanade, un lieu de rencontre, dans l'esprit d'amplifier ce sentiment de dialogue.

AYMAN BAALBAKI, *Janus Gate*, 2021

Dans une installation[2] ambitieuse et monumentale, Ayman Baalbaki imagine Beyrouth comme une hétérotopie, selon la définition de Michel Foucault qui a inspiré l'artiste[3], c'est-à-dire un assemblage complexe de lieux ayant leur propre économie. Selon Baalbaki, « une ville comme Beyrouth, aux groupes ethniques et sectaires les plus divers, est un lieu propice aux tensions. Nous sommes devenus le laboratoire de l'industrie qui façonne les mentalités et engendre des minorités en lutte dans des villes entourées de barrières, d'observatoires et de check-points de tous genres, comme des outils de contrôle et de domination, voire des zones d'exclusion et d'ostracisme qui ne sont pas une réalité spatiale avec des effets sociaux, mais, en fait, une réalité sociale qui prend une forme spatiale ».

---

[2] *Janus Gate*, 2021, technique mixte, 4,85 x 11 x 2,9 m.
[3] L'hétérotopie est un concept forgé par Michel Foucault dans une conférence tenue à Paris en 1967 et intitulée « Des espaces autres ». Il est question d'espaces concrets qui hébergent l'imaginaire, comme une cabane d'enfant ou un théâtre. De façon plus générale, ils peuvent être définis dans l'emploi d'espaces destinés à accueillir un type d'activité précis : les stades de sport, les lieux de culte et les parcs d'attractions font partie de cette catégorie. Ces lieux à l'intérieur d'une société obéissent à des règles qui sont autres. Au sein d'une hétérotopie existe aussi une hétérochronie, à savoir une rupture avec le temps réel. Le texte original de la conférence peut être consulté ici : Michel Foucault, « Des espaces autres » dans la revue *Empan*, 2004/2, n° 54, éditeur Eres, pp. 12-19. https://www.cairn.info/revue-empan-2004-2-page-12.htm

ground, spreading in Lebanon like wildfire. The artist even suggests
the word "Beirutization," to qualify places disturbed by barricades and
borders – that is to say the urban dismemberment of a city to transform it
into islets shared between real estate projects and refugee camps.
The term "Lebanization" already exists: it designates the process of
fragmentation of a state, resulting from the confrontation between various
faith communities. Beirut is not the only city that has suffered this
phenomenon: there are others in the Middle East and in the West such as
Jerusalem, Berlin and Belfast.

There was a time when globalization inferred the disappearance of walls and
the opening of borders to the benefit of communication and exchanges.
The fall of the Berlin Wall in 1989 was a symbol thereof. It coincided with the
reunification of Beirut. The artist notes, however, that in Lebanon "we have
turned into an example of the failure of globalization, an image of the
fragmented world, in which our internal borders have been imposed and
have taken the place of our external borders. Otherwise, how to explain
the return of these borders in our globalized world?"

Chaos and contradiction survive in space, but also in time. The past, the
present and the future collide in the history of a Beirut proclaimed, during
the reconstruction of the historic center, "an ancient city of the future."
"All capitals have a story behind them and Beirut has a story that goes ahead
of it," the poet El Mir Tarek Nasser el-Din says. A city bogged down in an
hourglass where the past flows over the future and the future, over the past,
or in a temporal desert where wars and memory are buried.

Ayman Baalbaki puts forth a symbolic heterotopia at the Lebanese Pavilion
in Venice that takes the form of a building and facades under construction.
A wooden structure is lined with floral fabrics, a pattern the artist has
repeatedly resorted to, along with cut-outs of advertising tarpaulins covering
the walls of Beirut. Large format prints imagine the building once completed.
In front of or around such prints, several elements lie scattered. A white and
black cone, white and red bands and a completely torn green fence delineate
the location. Vandalized, torn, tagged, burned, pierced, broken, enhanced

Suite à la reconstruction de la ville – dont le slogan était « Le Liban est un pays sûr » – différentes barrières physiques présentes dans ses rues ont été éliminées. Cependant, Ayman Baalbaki note que d'autres formes de barrière gagnent du terrain et envahissent l'espace du Liban à la vitesse d'un feu de forêt. À tel point que l'artiste propose le mot « Beyrouthisation » pour qualifier des lieux perturbés par les barricades et les frontières – c'est-à-dire le démembrement urbain d'une ville pour la transformer en îlots partagés entre projets immobiliers et camps de réfugiés. Le terme « libanisation » existe déjà : il désigne le processus de fragmentation d'un État, résultant de l'affrontement entre diverses communautés confessionnelles. Beyrouth n'est pas la seule ville qui a subi ce phénomène : il en existe d'autres au Moyen-Orient et en Occident, comme Jérusalem, Berlin et Belfast.

Il fut un temps où la mondialisation supposait la disparition des murs et l'ouverture des frontières au profit de la communication et des échanges. La chute du mur de Berlin en 1989 en a été le symbole. Elle coïncidait avec la réunification de Beyrouth. L'artiste constate qu'au Liban, « nous sommes devenus un exemple de l'échec de la mondialisation, une image du monde fragmenté, dans lequel nos frontières intérieures ont été imposées et ont pris la place de nos frontières extérieures. Sinon, comment expliquer le retour de ces frontières dans notre monde globalisé ? »

Le chaos et la contradiction survivent dans l'espace mais aussi dans le temps. Le passé, le présent et le futur s'entrechoquent dans l'histoire d'une Beyrouth proclamée, lors de la reconstruction du centre historique, « ancienne ville du futur ». « Toutes les capitales ont une histoire derrière et Beyrouth a une histoire qui marche devant elle », dit le poète El Mir Tarek Nasser el-Din. Une ville enlisée dans un sablier où le passé coule sur l'avenir et l'avenir sur le passé, ou dans un désert temporel où les guerres et la mémoire sont ensevelies.

C'est une hétérotopie symbolique qu'Ayman Baalbaki présente au Pavillon libanais à Venise. Elle prend la forme d'un bâtiment en chantier et tout en façades. Une construction en bois est tapissée de tissus à fleurs, motif récurrent chez l'artiste, et de découpes de bâches publicitaires qui

with projected paint, the tarpaulins constitute *trompe l'oeil* spaces. They disturb all the spatial and temporal landmarks by juxtaposing several heterogeneous places at the same place, and constitute through their setting heterotopias per se.

By multiplying the types of plastic intervention, Baalbaki's work constantly oscillates between reality and fiction, as it generates links between the two. Two convex mirrors reflect, like large rearview mirrors, the video of Danielle Arbid – a nod to the driver of the vehicle – as they embed the distorted representation of the real environment in the structure of the installation. Add to this the reflection of the bay windows in a few pieces of Plexiglas at its feet, the shape of which recalls the seafront of the port of Beirut – yet another barrier.

Damaged here and there by the artist's torch, the facade suggests, through a window, a miserable interior contrasting with the luxurious front: an old television lying on the floor, a mattress and a plastic mat as the only furniture. To the left of this window, an orange neon light — one of Baalbaki's favored supports — broadcasts a message related to two tarpaulins: the first shows a luxury building, emblem of a flourishing city, the second reproduces the photograph of a building ripped apart by the explosion that destroyed part of the city on August 4, 2020. Forged in neon, the inscription *Capita aut navia* (heads or ships) refers to a game of chance similar to "heads or tails." The alternative is similar to the one the Lebanese political class has put forth for decades: either opulence or disaster. And the neon color code indicates there is an urgent need to make a choice.

Another neon sign entrenches the ambivalent character, in several respects, of Baalbaki's work. Clamped on an exit and in a mauve blue reminiscent of the night and the front of a cabaret, this neon displays a transcription in Arabic letters of the English words "Janus Gate." A tribute to the Lebanese tradition of stuffing the spoken language with Western terms, this linguistic fantasy also has its eye on political scandals and the gateways that have made it possible to rush thereinto (Watergate or Penelopegate). The concept of passage is also embodied by the quote referring to the Latin two-faced

recouvrent les murs de Beyrouth. Des impressions grand format imaginent l'édifice une fois achevé. Devant ou autour, des éléments épars. Un cône blanc et noir, des bandes en blanc et rouge et un grillage vert complètement déchiré balisent l'emplacement. Vandalisées, déchirées, taguées, brûlées, percées, brisées, rehaussées de peinture projetée, les bâches composent des espaces en trompe-l'œil. Elles troublent tous les repères spatiaux et temporels en juxtaposant au même endroit plusieurs lieux hétérogènes, et constituent en soi des hétérotopies par leur décor.

En multipliant les types d'intervention plastique, Baalbaki déplace en permanence son œuvre sur la frontière entre la réalité et la fiction et génère des correspondances. Deux miroirs convexes réfléchissent, comme de gros rétroviseurs, la vidéo de Danielle Arbid – clin d'œil à la conductrice du véhicule – et incrustent la représentation déformée de l'environnement réel dans la structure de l'installation. S'ajoute le reflet des baies vitrées dans quelques morceaux de plexiglas à ses pieds, dont la forme rappelle le front de mer du port de Beyrouth – encore une barrière.

Endommagée çà et là par le chalumeau de l'artiste, la façade laisse deviner, à travers une ouverture, un intérieur misérable qui contraste avec la devanture luxueuse : une vieille télévision posée par terre, un matelas à même le sol sur un tapis en plastique pour seul mobilier. À gauche de cette ouverture, un néon orange – l'un des supports privilégiés de Baalbaki – diffuse un message en rapport avec deux bâches : la première montre un immeuble de grand standing, emblème d'une ville florissante, alors que la seconde reproduit la photographie d'un bâtiment éventré par l'explosion qui a détruit une partie de la ville le 4 août 2020. Forgée dans le néon, l'inscription *Capita aut navia* (têtes ou vaisseaux) fait référence à un jeu de hasard semblable à « pile ou face ». L'alternative est posée, telle que la classe politique libanaise l'a elle-même posée pendant des décennies : soit l'opulence, soit le désastre. Et comme le signale le code couleur du néon, il y a urgence à choisir.

Une autre enseigne lumineuse confirme le caractère ambivalent, à plusieurs égards, de l'œuvre de Baalbaki. Fixée au-dessus d'une issue et d'un bleu mauve qui rappelle la nuit et la devanture d'un cabaret, elle affiche une

god Janus – already present, in effigy, on the ancient coin that is used to play *Capita aut navia*. Janus is known for his opposite faces, one turned towards the East, the other toward the West, but also toward the past and the future. He masters the dimensions of time and space: the inside and the outside, the private and the public, the entrances and the exits, the departures and the returns. Guardian of the gates of heaven — the *ianitor* — Janus monitors the changes of the world. It was in the temple of Janus that the times of both peace and war were announced. To open the gates of Janus is to declare war. As before the orange neon, a choice remains to be made under the blue-mauve sign of the Baalbaki installation, because the door is either half-open – or half-closed.

Regarding Janusian symbolism and its interpretation, Baalbaki willingly cites the piece of Peter Paul Rubens, *The Temple of Janus*, 1634 (Hermitage Museum, Saint Petersburg), where the cultural building serves as the scene of a complex allegory opposing the attributes of war and peace: fury, discord, poverty and sorrow on the one hand, and tranquility and security on the other. Obviously, the codes and the plastic and stylistic means of Rubens diverge from Baalbaki's in his Janus installation-temple, but the pattern of the human nature ambivalence persists, almost four centuries apart.

One can go through this door behind the scenes. Through a play of contrasting colors and lights, Baalbaki divides his installation into two zones: a peace zone and a war zone, the door serving as a line of demarcation. The gleaming facade, a new avatar of the barrier/border, is in stark contrast with its reverse plunged into a fluorescent green penumbra. This unfamiliar tone is none other than that of the landscapes seen through night-vision binoculars used in military operations. The surface is covered with a khaki-colored resin that assimilates it to war game boards with their small soldier figurines and plastic tanks.

Scaffolding poles cross the installation from one side to the other. This metal support is used in order to consolidate the structure of the work, as it connects the two opposite sectors. Depending on its position, it changes

transcription en lettres arabes des vocables anglais «*Janus Gate*». Hommage à la tradition libanaise de truffer la langue parlée de termes occidentaux, cette fantaisie linguistique lorgne en outre du côté des scandales politiques et des portes qui ont permis de s'y engouffrer (Watergate ou Penelopegate). Le concept de passage est aussi incarné par la mention du dieu latin et bifrons Janus – déjà présent, en effigie, sur la pièce de monnaie antique utilisée pour jouer au *Capita aut navia*. Janus est connu pour ses visages opposés, l'un tourné vers l'Orient, l'autre vers l'Occident mais aussi vers le passé et l'avenir. Il maîtrise les dimensions du temps et de l'espace : l'intérieur et l'extérieur, le privé et le public, les entrées et les sorties, les départs et les retours. Gardien des portes du ciel – le *ianitor* – Janus surveille les changements du monde. C'est dans le temple de Janus que s'annonçait le temps de la paix et celui de la guerre. Ouvrir les portes de Janus, c'est déclarer la guerre. Comme devant le néon orange, un choix reste à faire sous l'enseigne bleu-mauve de l'installation de Baalbaki, car la porte est entrouverte – ou à demi fermée.

À propos de la symbolique janusienne et de sa propre interprétation, Baalbaki cite volontiers l'œuvre de Pierre Paul Rubens, *Le Temple de Janus*, 1634 (musée de l'Ermitage, Saint-Petersbourg), où l'édifice culturel est le théâtre d'une allégorie complexe opposant les attributs de la guerre et de la paix : fureur, discorde, pauvreté et chagrin, d'une part, tranquillité et sécurité d'autre part. Évidemment, les codes et les moyens plastiques et stylistiques de Rubens divergent de ceux employés par Baalbaki dans son installation-temple de Janus. Il n'en reste pas moins que le motif de l'ambivalence de la nature humaine perdure, à presque quatre siècles d'écart.

Il est possible de passer la porte et de basculer dans l'envers du décor. Par un jeu de couleurs et de lumières contrasté, Baalbaki scinde son installation : zone de paix et zone de guerre, avec la porte comme ligne de démarcation. La façade rutilante, nouvel avatar de la barrière/frontière, tranche nettement avec son revers plongé dans une pénombre vert fluorescent. Cette tonalité insolite n'est autre que celle des paysages vus à travers des jumelles à visée nocturne utilisées dans les opérations militaires. La surface est recouverte d'une résine couleur kaki qui l'assimile aux plateaux de jeux de guerre avec leurs petites figurines de soldats et leurs chars en plastique.

nature if not function: shiny and colorful on the outside, dull and discreet on the inside. Here you can find the site guard's lodge – the local Janus – built of wood and recycled materials. On the tin roof there is a water tank along with satellite dishes and an antenna. There is a gas canister just in front of the kiosk. These objects exemplify the essential elements of our daily lives: water, connection to the digital network and energy – all of which are often lacking in Lebanon. Outside the cabin, Baalbaki composes a still life: a straw chair with holes in it, and a table on which are placed a teapot, a cup and a water basin for the laundry petrified on the clothes line. In this bleak landscape shines a warm light in the shed, inspired by the infrared radiation emitted by the human body, signaling the invisible presence of the human inhabiting this place. A light that nothing can extinguish as long as Beirut rises from its ashes.

Janus Gate is a piece of work with several dimensions compensating each other in a tragic balance; the triumphant verticality of the gables responds to the hidden horizontality of the guard's modest camp; destruction creates an image, as construction generates volume in space; the circulation arranged between the two sites combines, instead of alternating, the exterior and the interior. What Baalbaki wants us to see is the spectacle of impermanence. It is in this respect that it seems safe to say that all of Ayman Baalbaki's work is placed under the label of archives, respecting the abovementioned Beirut hourglass: The artist fixes the state of affairs while letting the past flow over the future and the future over the past.

DANIELLE ARBID, *Allô Chérie*, 2015-2022

In keeping with the fragmentation of Beirut inscribed in the piece of Ayman Baalbaki, Danielle Arbid treats this theme through the superposition of a sound and an image captured separately, at different times and in a divided space (split screen). On the one hand, she puts forth a car trip in Beirut filmed with a smartphone, while on the other the recording of a telephone call made by her own mother while an urban panorama flashes up through the windshield, like on a video game screen. She is

Un échafaudage traverse de part et d'autre l'installation. Ce support métallique sert à consolider la structure de l'œuvre. Il relie les deux secteurs opposés. Selon sa position, il change de nature sinon de fonction : brillant et coloré à l'extérieur, terne et discret à l'intérieur. Là, se trouve la loge du gardien du chantier – le Janus local – construite en bois et avec des matériaux de récupération. Sur le toit en tôle se trouvent un réservoir d'eau, des paraboles et une antenne. Une bonbonne de gaz attend devant le kiosque. Ces objets représentent les éléments essentiels à notre quotidien : l'eau, la connexion au réseau numérique et l'énergie – tout cela faisant souvent défaut au Liban. À l'extérieur de la cabane, Baalbaki compose une nature morte : une chaise en paille trouée, une table où sont disposées une théière et une coupelle, une bassine pour l'eau du linge pétrifié sur son fil. Dans ce paysage morne, veille dans l'abri une lumière chaude, inspirée du rayonnement infrarouge émis par le corps humain. Elle signale la présence invisible de celui qui habite ce lieu. Une lumière que rien ne pourra éteindre tant que Beyrouth renaîtra de ses cendres.

Janus Gate est une œuvre à plusieurs dimensions qui se compensent dans un équilibre tragique ; à la verticalité triomphante des pignons, répond l'horizontalité cachée du modeste camp du gardien ; la destruction fait image et la construction, volume dans l'espace ; la circulation aménagée entre les deux sites combine, plus qu'elle n'alterne, l'extérieur et l'intérieur. Ce que Baalbaki nous donne à voir est le spectacle de l'impermanence. C'est à ce titre que l'on peut dire que toute l'œuvre d'Ayman Baalbaki est placée sous le signe de l'archive, dans le respect du sablier beyrouthin évoqué plus haut : il fixe l'état des choses, tout en laissant le passé couler sur l'avenir et l'avenir, sur le passé.

DANIELLE ARBID, *Allô Chérie*, 2015-2022

En écho à la fragmentation de Beyrouth inscrite dans l'œuvre d'Ayman Baalbaki, Danielle Arbid traite ce thème par la superposition d'un son et d'une image captés séparément et à des moments différents, dans une mise en espace divisée (*split screen*). Il s'agit, d'une part, d'un trajet en voiture dans

on a frantic search for money. She calls the bank; she calls those who owe her money; she calls those who lend her and those who borrow from her.

The person filming and the person speaking both live in the same physical world even if they communicate in a parallel dimension, that of a tool (the telephone) and of digital networks, thus mirroring a dependence or even an addiction that has become commonplace. *Allô Chérie*[4] modestly tells the daily story of humanity's deep immersion in digital oceans, which painlessly filter and drown our perception.

The telescoping of these two sequences, which deliberately goes unnoticed, makes the most of the plasticity of digital production. This inner feeling (the palpable anxiety of the woman throughout the calls) and this exterior angle (the Beirut panorama), which should never have met in this way, mingle to generate unexpected sensations.

Day or night, under the warm light of the sun or the cold atmosphere created by the clouds, the changes in tone give rhythm to the narrative. The individual who drags us along in their race is off screen. Their point of view governs the image through the windshield, or rarely, at night, from an apartment window. The smartphone filming the scene substitutes the character's consciousness.

It is in this visual framework that the sound is inserted. Neither a body nor a face, but a very expressive voice with a staccato of fingers on the telephone keys. Sticking to the aesthetic experience, the humanity of *Allô Chérie* emanates from the sound modulations of the emotions transpiring from the conversations of the artist's mother behind the wheel. Arbid recounts the beginnings of *Allô Chérie*:[5] "I first produced this film to feel close to my mother. I installed a microphone in her phone to immerse myself into her life. To feel like I was living again next to her. Because my mother went a little further away every day, like a boat in the distance. Everything was moving away, my family, my childhood, my memories, Lebanon… This country I was born in disoriented me to the point of not being myself except in this disorientation, "my Dépays" to quote Chris Marker. My mother knew there

---

[4] *Allô Chérie*, 2015 - 2022, video, color, sound , 21'
[5] Quotes taken from an interview between Danielle Arbid and Nada Ghandour in 2021.

les rues de Beyrouth, filmé avec un téléphone portable et, d'autre part, de l'enregistrement d'une conversation téléphonique engagée par la mère de l'artiste. Cette dernière multiplie les appels, alors que défile sur le pare-brise, tel un écran de jeu vidéo, le panorama urbain. Elle est en quête effrénée d'argent. Elle appelle la banque ; elle appelle ceux qui lui doivent de l'argent ; elle appelle ceux qui lui prêtent et ceux qui lui empruntent.

Celle qui filme et celle qui parle habitent le même monde physique, mais communiquent dans une dimension parallèle, celle de l'outil (le téléphone) et des réseaux numériques, dans une dépendance, voire une addiction devenue banale. *Allô Chérie*[4] fait modestement le récit quotidien de la profonde immersion de l'humanité dans les océans du numérique, qui filtrent et noient sans douleur notre perception.

Le télescopage de ces deux séquences, qui passe volontairement inaperçu, tire le meilleur parti de la plasticité de la production numérique. Cette intériorité (l'anxiété palpable de la femme au fil des appels) et cette extériorité (le panorama beyrouthin), qui n'auraient jamais dû se rencontrer ainsi, se mêlent pour générer des sensations inattendues.

De jour ou de nuit, sous la lumière chaude du soleil ou froide des nuages, les changements de tonalité rythment la narration. L'individu qui nous entraîne dans sa course est hors champ. Son point de vue gouverne l'image à travers le pare-brise, ou rarement, le soir, de la fenêtre d'un appartement. Le téléphone, qui filme les lieux, se substitue à la conscience du personnage.

C'est dans ce cadre visuel que le son vient s'insérer. Ni corps, ni visage, mais une voix très expressive et le staccato des doigts sur les touches du téléphone. Confinant à l'expérience esthétique, l'humanité d'*Allô Chérie* émane des modulations sonores des émotions qui transpirent des conversations de la mère de l'artiste à son volant. Arbid raconte les prémices d'*Allô Chérie*[5] : « J'ai d'abord réalisé ce film pour me sentir proche de ma mère. J'ai installé un micro dans son téléphone pour m'immerger dans sa vie. Pour avoir le sentiment de revivre à côté d'elle. Car ma mère s'éloignait tous les jours un peu plus, comme un bateau au loin. Tout s'éloignait, ma famille,

---

[4] *Allô Chérie*, 2015 - 2022, vidéo, couleur, son , 21'
[5] Citations extraites d'un entretien entre Danielle Arbid et Nada Ghandour en 2021.

was a microphone in her phone. She was aware that I was recording her conversations. Over the months, however, she seemed to have forgotten all about it (purchased online at a spy store in Canada). We stopped talking about it. It was recording. Months passed. I could only listen when I would disconnect it. I couldn't even make sure it was working. And one day, I disconnected it. Hundreds of telephone conversations in which my mother engaged with a feverish or angry voice revealed her raking over figures, Lebanese pounds and dollars, these senseless phone calls to the bank and to all these unknown men… Her life. Of all these affairs, I understood absolutely nothing. But I discovered a self-destruction in progress, ludicrous risk-taking, a life of "godfather"… I would fantasize the quiet image of a loving mother bored somewhere in the East. I wanted the tender banality, but I discovered the incredible life of a woman who was a long way off from the clichés."

Between merciless exchanges and disappointed expectations, the conversations of the artist's mother reflect the torments of a country on the verge of economic bankruptcy. A whole range of feelings rolls out on the telephone line through negotiations, haggling, lamentations, confidences and pleas. Amid constant tension, the drama is sometimes tinged with dark humor: "If I told someone about my life, they would commit suicide." This woman is so taken, night and day, with her quest for money, that she says that "Even if I wanted to die, I wouldn't have time to stop breathing."

Allô Chérie is part of a series that the artist has titled "My Lebanese Family." Danielle Arbid opens up about this project that is so close to her heart: "For a few years now, I have made my family chronicle a subject to explore. The set includes short films that now amount to ten, and which I myself have directed and often self-produced. It is a collection that flirts with intimacy and nostalgia over a dear and lost world. Lebanon is a country similar to an operetta. A country where the details of everyday life are told, inflated and dramatized to the limit. The staging of daily life is sometimes so exaggerated that there is little left for the imagination to fantasize… Everything goes through words. An undoubtedly very Mediterranean peculiarity, accentuated in my family by a penchant for living to the extreme, hiding nothing, enjoying and fighting with no restraints whatsoever, to the point of reaching a few

mon enfance, mes souvenirs, le Liban… Ce pays où je suis née me dépaysait
au point de n'être plus moi-même que dans ce dépaysement, "mon Dépays",
pour reprendre l'expression de Chris Marker. Ma mère savait qu'il y avait
un micro dans son téléphone. Elle était au courant que j'enregistrais
ses conversations. Au fil des mois, ma mère a oublié ce micro (acheté sur
une plateforme d'espionnage au Canada). On n'en parlait plus. Il enregistrait.
Les mois passaient. Je ne pourrais écouter qu'au moment où je le
déconnecterais. Je ne pouvais même pas m'assurer qu'il fonctionnait.
Et un jour, je l'ai déconnecté. Des centaines de conversations téléphoniques
et de la voix fébrile ou en colère de ma mère émergeait ce ressassement
de chiffres, de livres libanaises et de dollars, ces coups de fil insensés
à la banque et à tous ces hommes inconnus… Sa vie. De ces affaires,
je ne comprenais strictement rien. Mais j'ai découvert une autodestruction
en cours, des prises de risque abracadabrantes, une vie de "parrain"…
Je fantasmais sur l'image tranquille d'une mère aimante qui s'ennuie
quelque part en Orient. Je voulais la tendre banalité, j'ai découvert la vie
rocambolesque d'une femme à mille lieues des clichés. »

Entre échanges sans merci et attentes déçues, les conversations de la mère
de l'artiste racontent les affres d'un pays au seuil de la faillite économique.
Toute une gamme de sentiments court sur la ligne téléphonique au fil des
tractations, marchandages, lamentations, confidences et suppliques. Si la
tension est constante, le drame se teinte parfois d'humour noir : « Si je
racontais ma vie à quelqu'un, il se suiciderait. » Cette femme est tellement
prise, nuit et jour, par sa recherche d'argent qu'elle dit que « même si je
voulais mourir, je n'aurais pas le temps de cesser de respirer. »

Allô Chérie fait partie d'une série que l'artiste a intitulée « Ma famille
libanaise ». Danielle Arbid se confie sur ce projet qui lui tient à cœur : « Depuis
quelques années déjà, je fais de ma chronique familiale un motif à explorer.
L'ensemble regroupe des courts métrages qui sont aujourd'hui au nombre
de dix et que j'ai moi-même réalisés et souvent autoproduits. Un recueil qui
flirte avec l'intimité et la nostalgie, à propos d'un monde cher et perdu. Le
Liban est un pays d'opérette. Un pays où les détails de la vie courante sont
racontés, gonflés et dramatisés à bloc. La mise en scène du quotidien est

trials... A lightness of being that is as dramatic as comical. And my project has been to stage this operetta for years. It's my way of creating an album of memories, a kind of family tree, of painting a world, of making films dialogue with each other... The whole thing is a collection of diverse and varied testimonies. Through these films, I am aware that I am exposing my family, that I am exposing us, in the form of sometimes torn confidences. But this confession seems to me impossible to avoid. These are neither attempts at score settling nor tributes. In these films I try to be as sincere as possible. I try to think of a correct and different form each time. This set of video attempts irrigates my fiction feature films. It provides me with a formal testing ground, a freedom to work on image and sound and the different possibilities of narration. I produce these films without a budget, relying on my own means and with a sense of urgency before it gets too late and before this country where I left my loved ones disappears. I document an intimate experience, as Chantal Ackerman said, "with what there is." Above all, I try to reconstitute my family that is moving away like a boat on the horizon, with its flaws, its fury and its beauty. Through them, I try to exploit this intimate experience with vaudeville tunes, sometimes, and I try to transcend it, especially at a time when Lebanon is drowning... This testimony revolving around my family simply serves as my personal war chest."

Allô Chérie is a work from 2015, updated in 2022 for the curatorial project of the Lebanese Pavilion at the 59th Venice Biennale. Danielle Arbid edited the original video using split screen, which constitutes a significant evolution in her work. Split screen is an editing technique that divides the screen into two or more parts and brings dynamism to the action. Telephone conversations are often tackled in cinema with split screen, with scenes presenting in the same simultaneous plan two or three interlocutors in conversation. The process is also used to represent the same character at the same time but from two or more different angles. This effect emphasizes the intimate reactions of the character on screen all the while shedding light on their curiosity, attention or fear.

The artist resorts once again here to the split screen in a narration of several sequences swinging from the right to the left of the screen, leading to

parfois si exagérée qu'il reste à l'imagination peu de choses sur lesquelles
fantasmer... Tout passe par la parole. Une particularité très méditerranéenne
sans doute accentuée, dans ma famille, par un penchant à vivre à l'extrême,
à ne rien cacher, à jouir et à se bagarrer sans aucune retenue. Il y a même eu
quelques procès... Une légèreté de l'être tout aussi dramatique que comique.
Et mon projet consiste depuis des années à mettre en scène cette opérette.
C'est ma façon de créer un album de souvenirs, une sorte d'arbre
généalogique, de peindre un monde, de faire dialoguer des films entre eux.
L'ensemble est un recueil de témoignages divers et variés. À travers ces films,
j'ai conscience que j'expose ma famille, que je nous expose, sous la forme de
confidences parfois écorchées. Mais cet aveu me semble impossible à éviter.
Ce ne sont pas des règlements de comptes ni des hommages. Dans ces
films, j'essaie d'être la plus sincère possible et de réfléchir à une forme juste
et différente à chaque fois. Cet ensemble d'essais vidéo irrigue mes longs
métrages de fiction. Ils m'assurent un terrain d'expérimentation formelle,
une liberté pour travailler l'image, le son et les différentes possibilités de
narration. Je réalise ces films sans budget, avec mes propres moyens et en
urgence, avant qu'il ne soit trop tard et que ce pays où j'ai laissé mes proches
ne disparaisse. Je documente une expérience intime, comme disait Chantal
Ackerman, "avec ce qu'il y a". J'essaie surtout de recomposer ma famille qui
s'éloigne comme un bateau à l'horizon, avec ses failles, sa fureur et sa beauté.
À travers elle, j'essaie d'exploiter cette expérience intime aux airs de
vaudeville, parfois, et de la transcender. Et surtout en ce moment où le Liban
est en train de se noyer... Ce témoignage autour de ma famille est
simplement mon trésor de guerre personnel. »

Allô Chérie est une œuvre de 2015, réactualisée en 2022 pour le projet
curatorial du Pavillon libanais à la 59e Biennale de Venise. Danielle Arbid a
remonté la vidéo originelle en ayant recours au *split screen*, qui constitue
une évolution significative dans son travail. Le *split screen* est une technique
de montage qui divise l'écran en deux ou plusieurs parties et apporte du
dynamisme à l'action. Le motif de la conversation téléphonique est souvent
traité au cinéma en *split screen*, avec des scènes qui montrent dans un
même plan simultané deux ou trois interlocuteurs en conversation. Le
procédé est aussi utilisé pour représenter le même personnage au même

a double vision intended to stimulate the attention of spectators. *Allô Chérie* is somewhat of an enigma given the tension that animates it and thanks to the hollow portrait of a woman lost in a city in crisis. Yet, on the surface, people keep coming and going, the streets are crowded, the sun is shining, and you can see that in certain street corners reconstruction is in full swing with radiant facades that sometimes hide extreme destitution, as in the work of Ayman Baalbaki.

Faced with the work of Baalbaki, *Allô Chérie*, produced earlier and reconstituted in 2022, is enriched with a new reading and a new meaning. The political dimension of *Allô Chérie* by Arbid and *Janus Gate* by Baalbaki is more than ever justified in light of the current situation in Lebanon. They both portray the contradictions and difficulties plaguing the country through their symptoms. The frantic race for money is inseparable from the violence raging in Lebanon today. Real estate speculation, which promises dreams, hides ruin and misleads as far as merchandise is concerned. Anxiety over the economic and political implosion of Lebanon is becoming more and more tangible. With their own means, and walking on the rope of the eternal return, both bring to life the flesh of Lebanon in its chaos and its beauty: the mountains and the sea, the posters and the colorful tarpaulins, the graffiti, the buildings between novelty and decadence, the wealthy and downgraded residents.

At the Arsenal as in Beirut
The Lebanon Pavilion scenography

The exhibition *The World in the Image of Man* is taking place in one of the halls of the Artillery building at the Venetian Arsenal, classified as a historical monument.

The architect Aline Asmar d'Amman examined the specificities and constraints of the place to be able to come up with a scenography that respects the identity of both the building and the curatorial project.

A longitudinal axis crosses the store; it is supported by two columns that

moment, mais sous deux ou plusieurs angles de prise de vues différents. Cet effet met en valeur les réactions intimes du personnage à l'écran, sa curiosité, son attention ou sa peur.

L'artiste réinterprète ici le *split screen* dans une narration en plusieurs séquences qui pendulent de la droite à la gauche de l'écran, dans un dédoublement de la vision destiné à stimuler l'attention du spectateur. *Allô Chérie* relève en quelque sorte de l'énigme, par la tension qui l'anime et grâce au portrait en creux d'une femme perdue dans une ville en crise. Pourtant, en apparence, les gens vont et viennent, les rues sont bondées, le soleil brille, et l'on peut voir qu'à certains coins de rue la reconstruction va bon train, avec des façades radieuses qui cachent parfois un dénuement extrême, comme dans l'œuvre d'Ayman Baalbaki.

Confrontée à l'œuvre de Baalbaki, *Allô Chérie*, réalisée quelques années plus tôt et recomposée en 2022, s'enrichit d'une nouvelle lecture et d'un sens inédits. La dimension politique d'*Allô Chérie* d'Arbid et de *Janus Gate* de Baalbaki est plus que jamais justifiée à la lumière de la situation actuelle du Liban. Elles mettent toutes deux en scène les contradictions et les difficultés du pays à travers leurs symptômes. La course effrénée à l'argent est indissociable de la violence qui fait rage aujourd'hui au Liban. La spéculation immobilière, qui promet du rêve, cache la ruine et trompe sur la marchandise. L'angoisse face à l'implosion économique et politique du Liban s'expose de plus en plus. Avec leurs propres moyens, et marchant sur le fil de l'éternel retour, tous deux mettent à vif la chair du Liban dans son chaos et sa beauté : les montagnes et la mer, les affiches et les bâches bigarrées, les graffitis, les immeubles entre nouveauté et décadence, habitants aisés et déclassés.

À l'Arsenal comme à Beyrouth
La scénographie du Pavillon libanais

L'exposition « Le monde à l'image de l'Homme » se déroule dans l'une des salles du bâtiment de l'Artillerie à l'Arsenal de Venise, classé monument historique.

divide the space in two. Aline Asmar d'Amman installed a circular envelope around these pillars, one that forms an unbroken line and hides the room's angles. This shape, a derivative of the circle that is the symbol of unity, expresses the necessary continuity of dialogue. The design of the place is based on the creation of an intuitive relationship with an original and memorial place. The structure is open like an oculus, revealing the magnificent wooden framework of the Arsenal. The curved walls are covered with panels painted in imitation concrete, like those of a city under permanent reconstruction. This setting of approximately 150 m², derived from the brutalist architecture that flourished in Lebanon from the 1960s, echoes Ayman Baalbaki and Danielle Arbid's wanderings in Beirut.

A link between East and West, between tradition and modernity, the scenographic creation of Aline Asmar d'Amman is an architectural gesture that converses with the heritage of three Lebanese cities, Baalbek, Beirut and Tripoli, more particularly with the remains of Roman antiquity, the Lebanese war and the modernist architecture of the 20th century. We are talking about six monolithic columns, the only survivors of the Temple of Jupiter in Baalbek, the "Egg" in Beirut and the Experimental Theater of the International Fair in Tripoli. These were never completed because of the civil war (1975-1990), and they have turned into ghost spaces.

Completed in the 3rd century AD, the Temple of Jupiter was the largest sanctuary in the ancient Roman world. The six pillars still in place bring to mind, in its absence, the extraordinary monumentality of the building originally surrounded by twenty-nine columns around its outer perimeter.

The dome of Beirut's downtown, better known by the colloquial name of the "Egg," was destined to become the largest shopping center in the Near East. Its construction started in 1965 under the direction of architect Joseph Philippe Karam. This mythical place, undoubtedly one of the greatest vestiges of Lebanon's modern history, is named after its ovoid roof and spiral structure. The Experimental Theater of Tripoli, designed by the Brazilian architect Oscar Niemeyer and built between 1965 and 1970, shares the same genetic code, with, however, a different distribution of space under its dome.

L'architecte Aline Asmar d'Amman a étudié les spécificités et les contraintes du lieu, afin de produire une scénographie respectueuse à la fois de l'identité de l'édifice et du projet curatorial.

Un axe longitudinal traverse le magasin ; il est soutenu par deux colonnes qui scindent l'espace en deux. Aline Asmar d'Amman a installé autour de ces piliers une enveloppe ovoïdale formant une ligne ininterrompue et gommant les cassures et les brisures des angles de la pièce. Cette forme empreinte du cercle qui est le symbole de l'unité, exprime la continuité nécessaire du dialogue. La conception du lieu est fondée sur la création d'une relation intuitive à un lieu originel et mémoriel. La structure ouverte comme un oculus révèle la charpente magistrale de l'Arsenal. L'enceinte est revêtue de panneaux incurvés peints de texture bétonnée évoquant la ville de Beyrouth, en reconstruction permanente. Cet écrin d'environ 150 mètres carrés, dérivé de l'architecture brutaliste qui a fleuri au Liban à partir des années 1960, fait écho à la déambulation dans Beyrouth d'Ayman Baalbaki et de Danielle Arbid.

Trait d'union entre l'Orient et l'Occident, entre la tradition et la modernité, la création scénographique d'Aline Asmar d'Amman est un geste architectural qui converse avec le patrimoine de trois villes libanaises, Baalbek, Beyrouth et Tripoli, plus particulièrement avec les vestiges de l'Antiquité romaine, de la guerre du Liban et de l'architecture moderniste du XXe siècle. Il s'agit des six colonnes monolithes, seules survivantes du temple de Jupiter à Baalbek, de « l'Œuf » de Beyrouth et du théâtre expérimental de la Foire internationale de Tripoli. Ces derniers n'ont jamais été achevés à cause de la guerre civile (1975-1990) et sont devenus des espaces fantômes.

Terminé au IIIe siècle apr. J.-C., le temple de Jupiter était le plus grand sanctuaire du monde romain antique. Les six piliers toujours en place évoquent, en son absence, l'extraordinaire monumentalité du bâtiment originellement ceinturé de vingt-neuf colonnes sur son pourtour extérieur.

Le dôme du City Center de Beyrouth, plus connu sous le nom familier de « l'Œuf », était destiné à devenir le plus grand centre commercial du Proche-

Exceptionally, the bleachers are arranged on either side of a central stage, the ovoid shape uniting them and lending coherence to the whole picture.

Beyond the references that nourish her constructive grammar, Aline Asmar d'Amman produces in the Lebanese Pavilion an autonomous organic structure disregarding the pre-existing form and walls, and turning constraints into assets. The pillars erected in the 16th century turn into the fundamental elements of the spatial layout of a "columned square" in the ancient style, like an agora where people come to trade. The apparent wooden framework is highlighted by an oval cornice-frame enhancing its base and setting it in unison with the entire space.

As soon as visitors enter the Pavilion, they find the monumental installation of Ayman Baalbaki before they are attracted by the sound of the video prepared by Danielle Arbid, projected directly onto the panels for a total immersive effect. The neutral tone of the materials and the anti-spectacular character of the architectural gesture testify to an assumed desire for sobriety in response to the current situation in the country.

This response also consists of encouraging, supporting and accompanying creation and innovation in Lebanon and wherever else the *genius loci* of Beirut speaks out. Luckyly for all that this "spirit of a place" has stopped in majesty at the Arsenal over the 59th Venice Biennale.

Orient. Sa construction a commencé en 1965 sous la direction de l'architecte
Joseph Philippe Karam. Ce lieu mythique – sans doute l'un des plus grands
vestiges de l'histoire moderne du Liban – tient son nom de son toit ovoïde et
de sa structure en spirale. Le théâtre expérimental de Tripoli, conçu par
l'architecte brésilien Oscar Niemeyer et construit entre 1965 et 1970, partage
le même code génétique avec, cependant, une distribution de l'espace
différente sous son dôme. Exceptionnellement, les gradins sont disposés de
part et d'autre d'une scène centrale ; la forme ovoïde les unit et donne une
cohérence à l'ensemble.

Au-delà des références qui nourrissent sa grammaire constructive, Aline
Asmar d'Amman produit dans le Pavillon libanais une structure organique
autonome s'affranchissant de la forme et des murs préexistants, et
transformant les contraintes en atouts. Ainsi, les piliers érigés au XVIe siècle
deviennent aujourd'hui les éléments fondamentaux de la mise en espace
d'une «place à colonnes» à l'antique, comme une agora où l'on vient
échanger. La structure apparente de la charpente est mise en valeur par un
cadre-corniche ovale qui rehausse sa base et la met à l'unisson de l'espace
global.

Dès l'entrée du Pavillon, le visiteur est confronté à l'installation monumentale
d'Ayman Baalbaki avant d'être interpelé par la voix de la vidéo de Danielle
Arbid, projetée à même les panneaux pour un effet immersif total. La
neutralité du ton des matériaux et le caractère antispectaculaire du geste
architectural témoignent d'une volonté assumée de sobriété en réponse à la
situation actuelle du pays.

Cette réponse consiste aussi à encourager, soutenir et accompagner
la création et l'innovation au Liban, et partout où s'exprime le *genius loci* de
Beyrouth. Il est heureux, pour tous, que cet «esprit du lieu» se soit arrêté
en majesté, à l'Arsenal, le temps de la 59e Biennale de Venise.

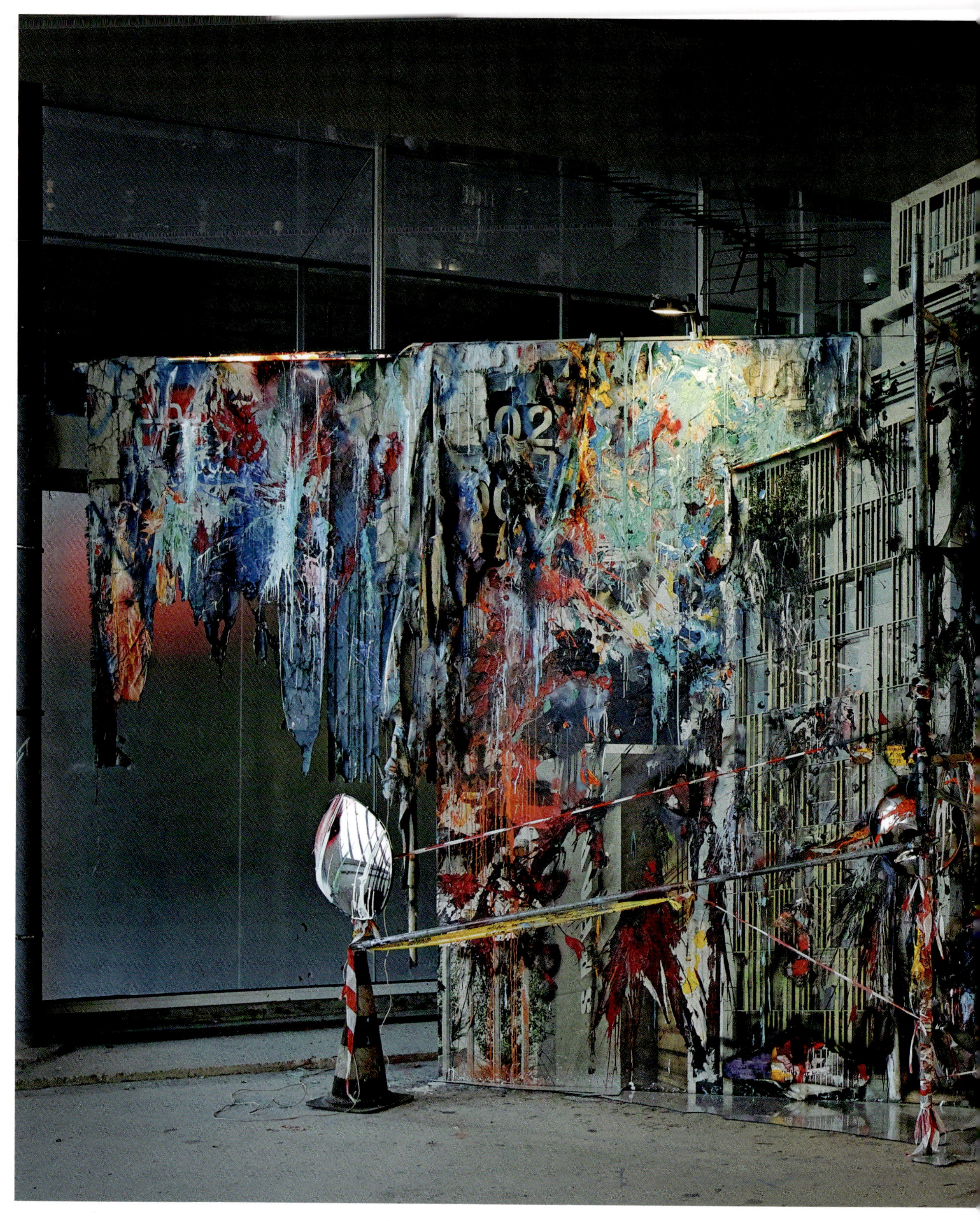

Ayman Baalbaki, *Janus Gate*, 2021, mixed media, 4.85 x 11 x 2.9 m (front view)
Ayman Baalbaki, *Janus Gate*, 2021, technique mixte, 4,85 x 11 x 2,9 m (vue de face)

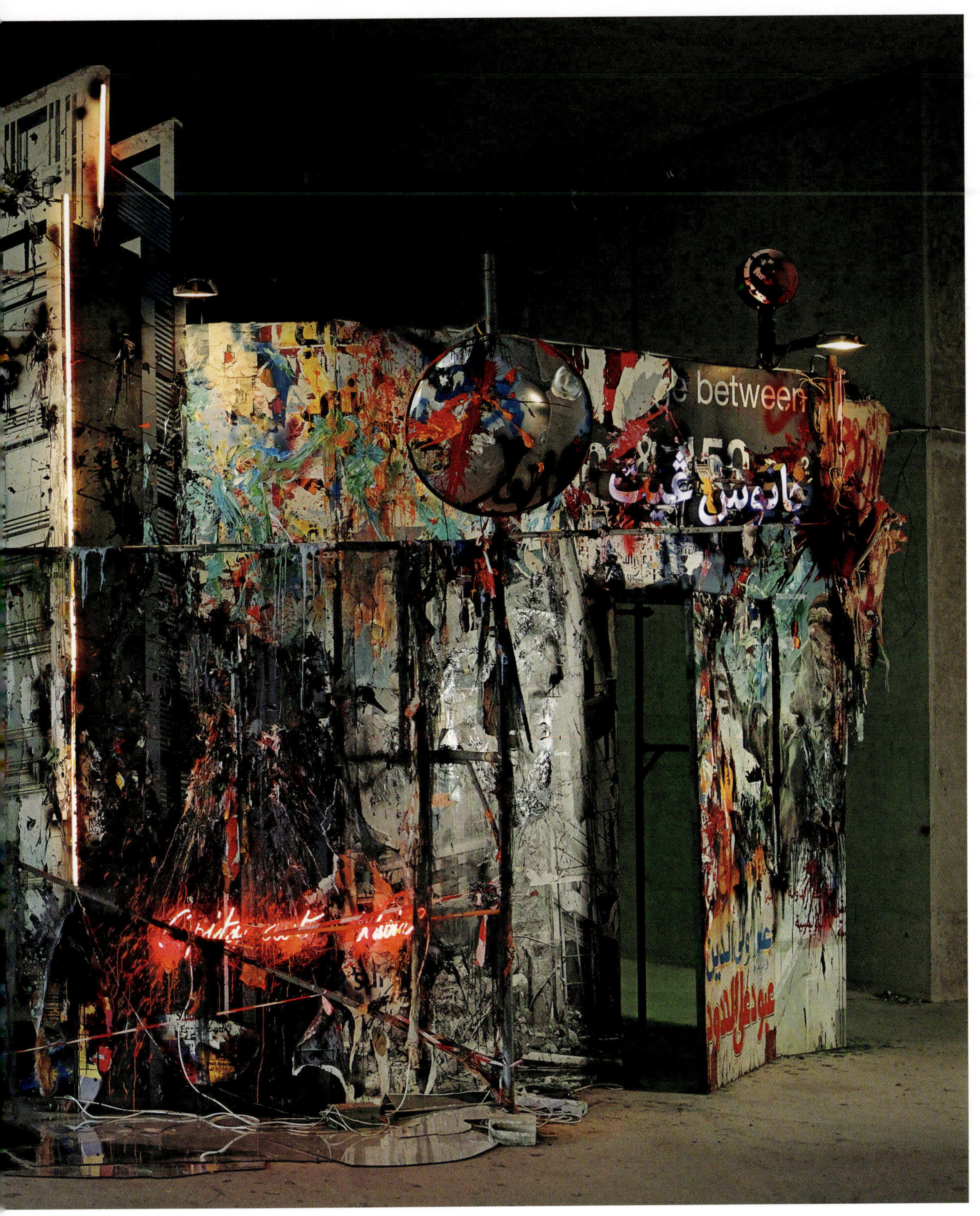
between
150
باب توشريت
عبد على الدين
عرض الدود

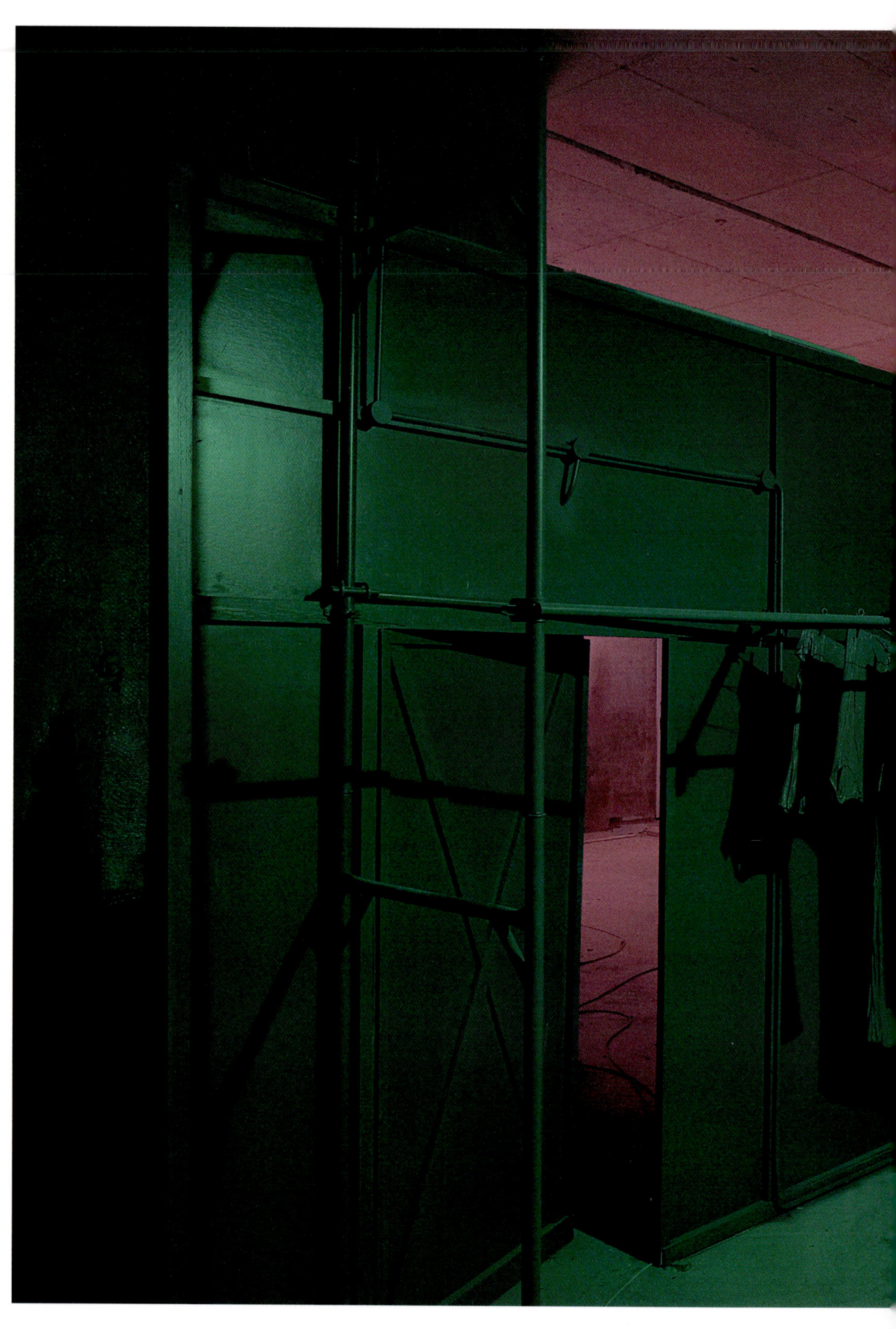

Ayman Baalbaki, *Janus Gate*, 2021, mixed media, 4.85 x 11 x 2.9 m (back view)
Ayman Baalbaki, *Janus Gate*, 2021, technique mixte, 4,85 x 11 x 2,9 m (vue de derrière)

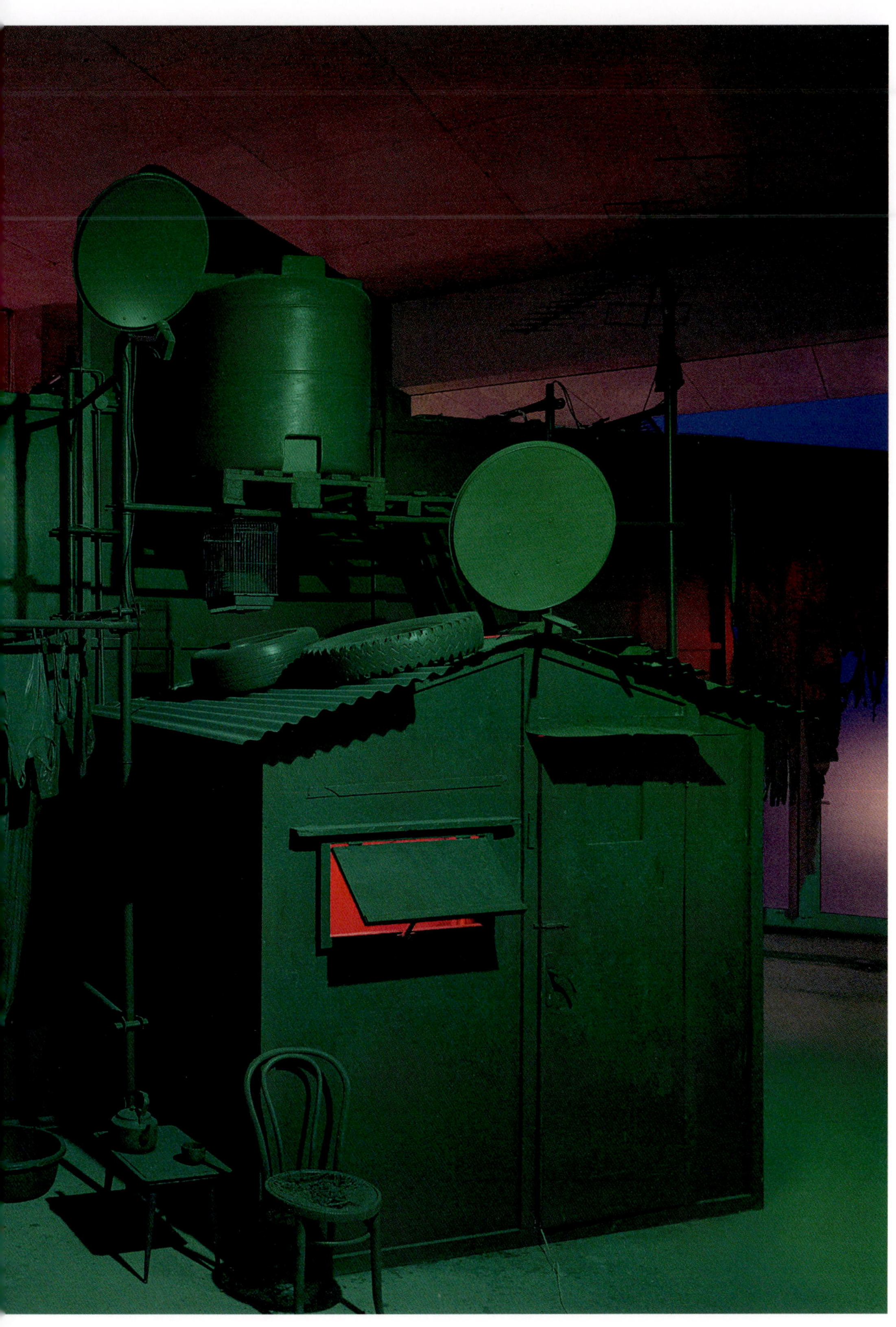

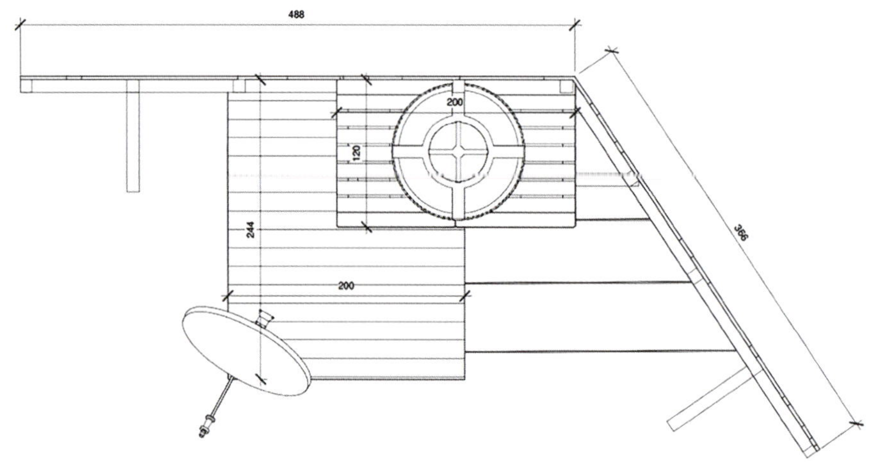

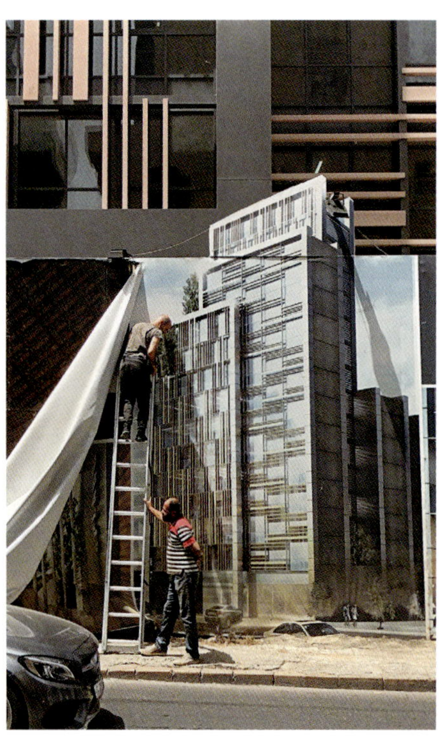

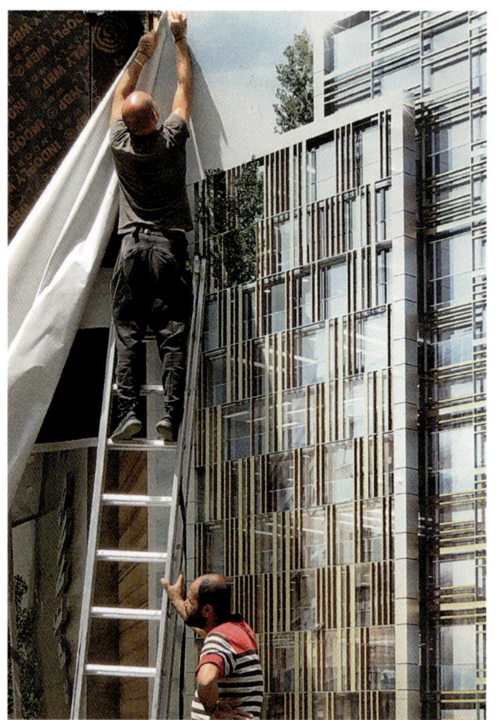

Ayman Baalbaki, *Janus Gate*, 2021, preliminary drawing
Ayman Baalbaki, *Janus Gate*, 2021, dessin préparatoire

Ayman Baalbaki dismantling an advertising banner in Beirut
Ayman Baalbaki démontant une bâche publicitaire dans Beyrouth

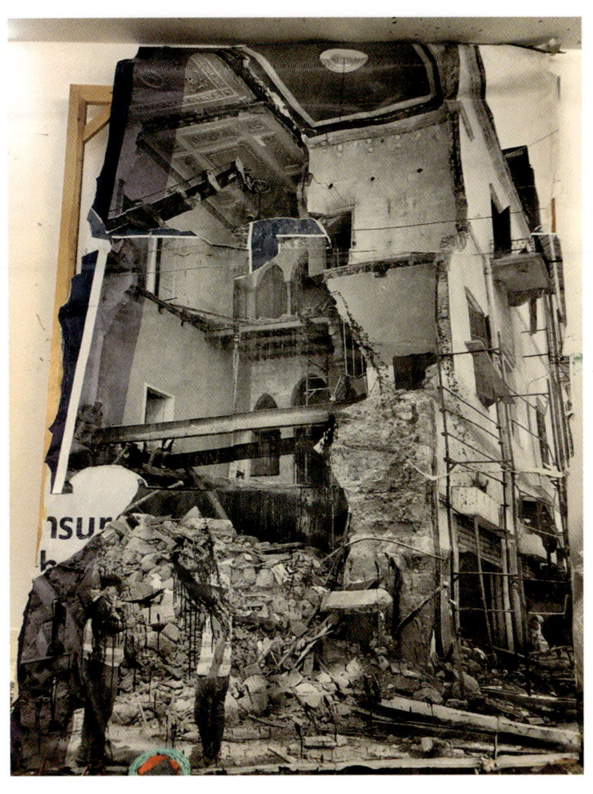

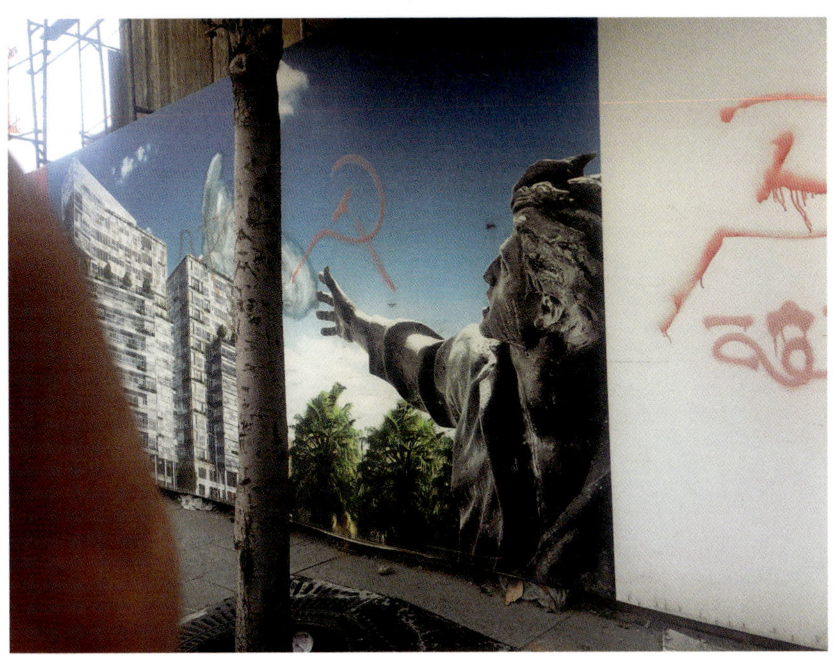

Studio of Ayman Baalbaki, advertising banner used for *Janus Gate* showing an old building in the center of Beirut destroyed by the explosion of August 4, 2020
Atelier d'Ayman Baalbaki, bâche publicitaire utilisée dans *Janus Gate*, montrant un ancien immeuble du centre de Beyrouth détruit par l'explosion du 4 août 2020

Advertising banner taken from downtown Beirut used for *Janus Gate*
Bâche publicitaire prise dans le centre de Beyrouth et utilisée dans *Janus Gate*

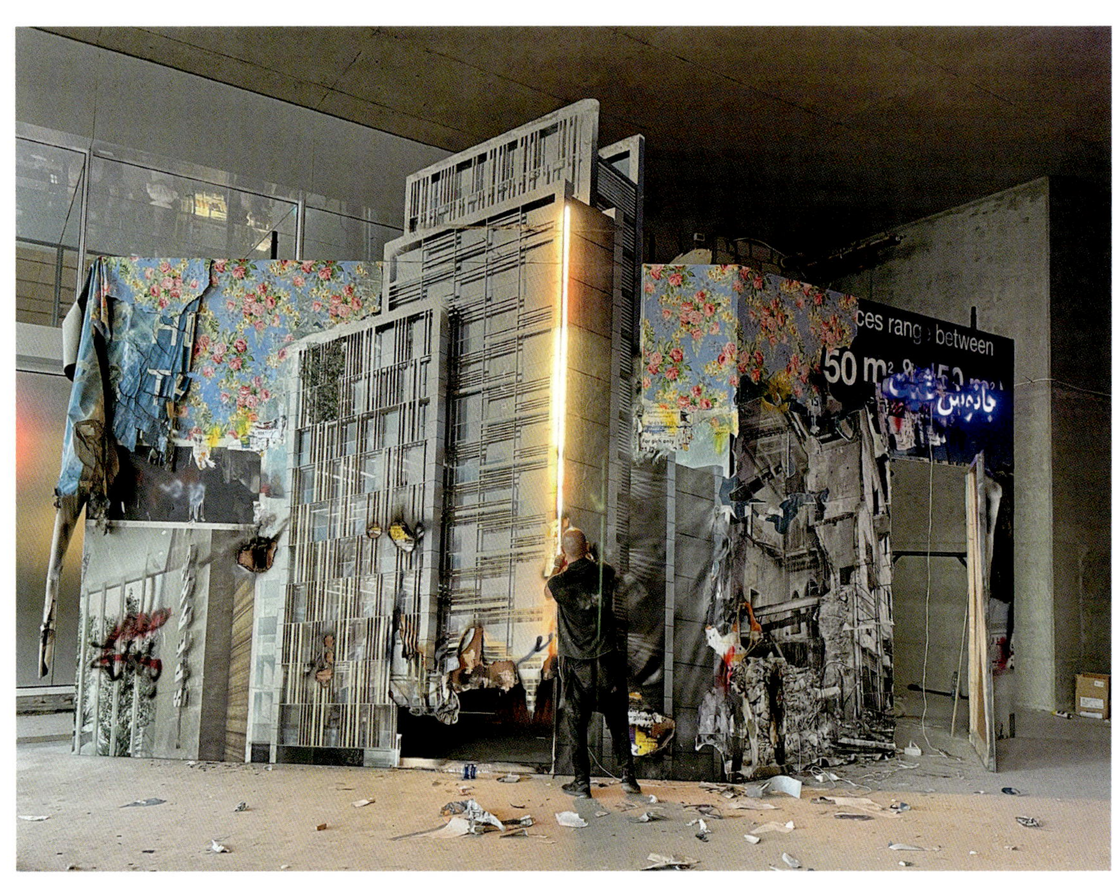

Ayman Baalbaki's studio, *Janus Gate*
Atelier d'Ayman Baalbaki, *Janus Gate*

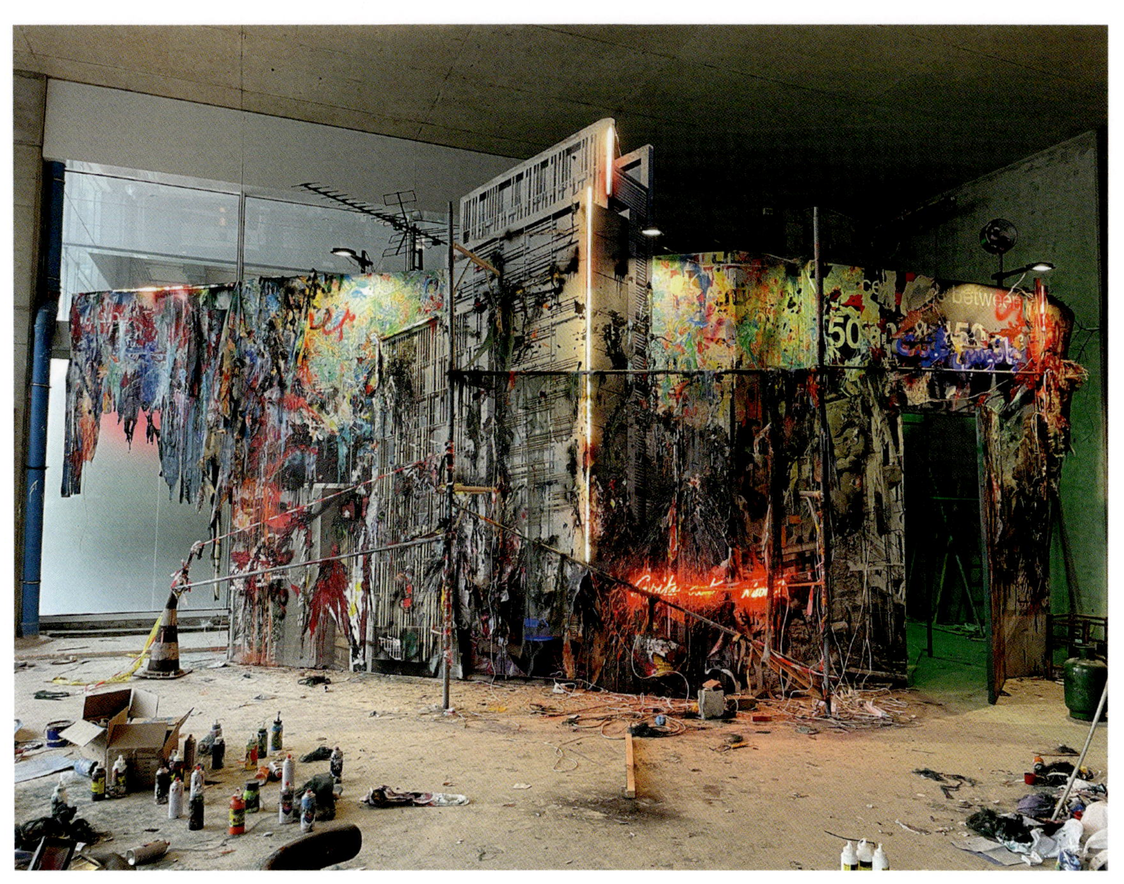

Ayman Baalbaki's studio, *Janus Gate*
Atelier d'Ayman Baalbaki, *Janus Gate*

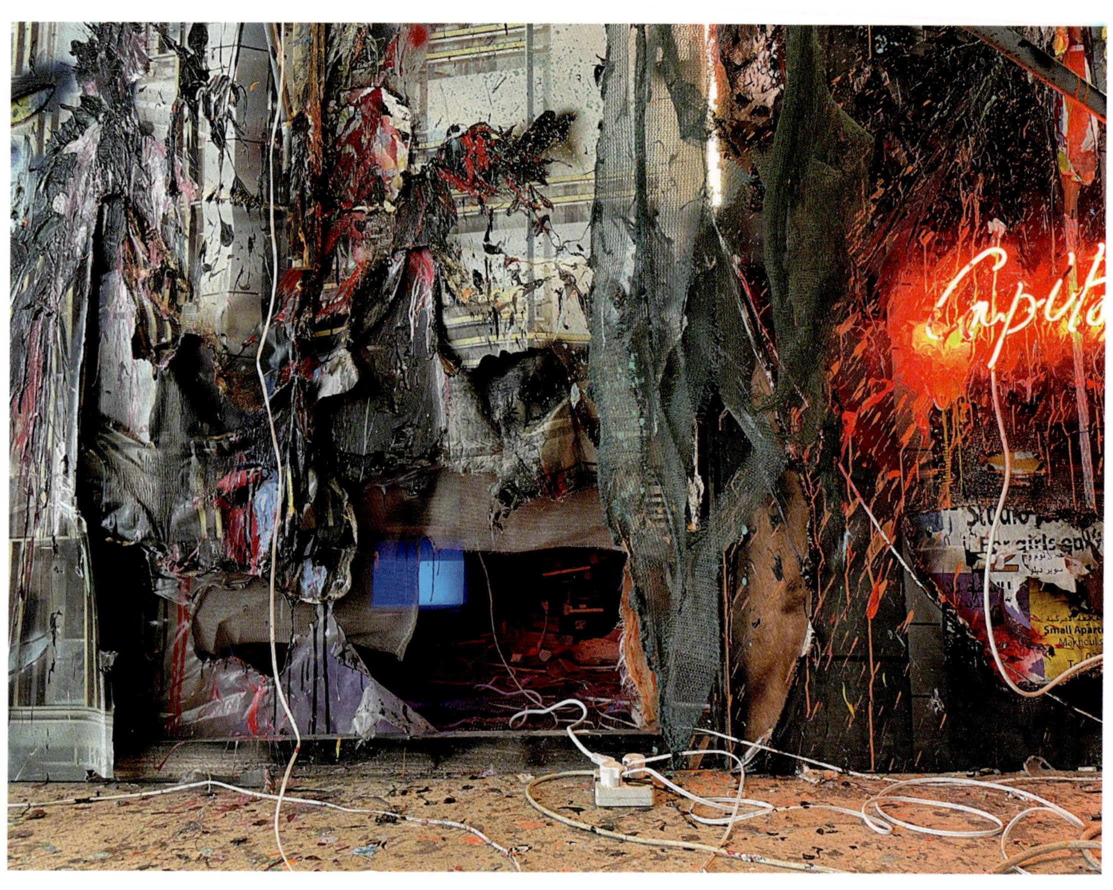

Ayman Baalbaki, *Janus Gate*, 2021, mixed media, detail
Ayman Baalbaki, *Janus Gate*, 2021, technique mixte, détail

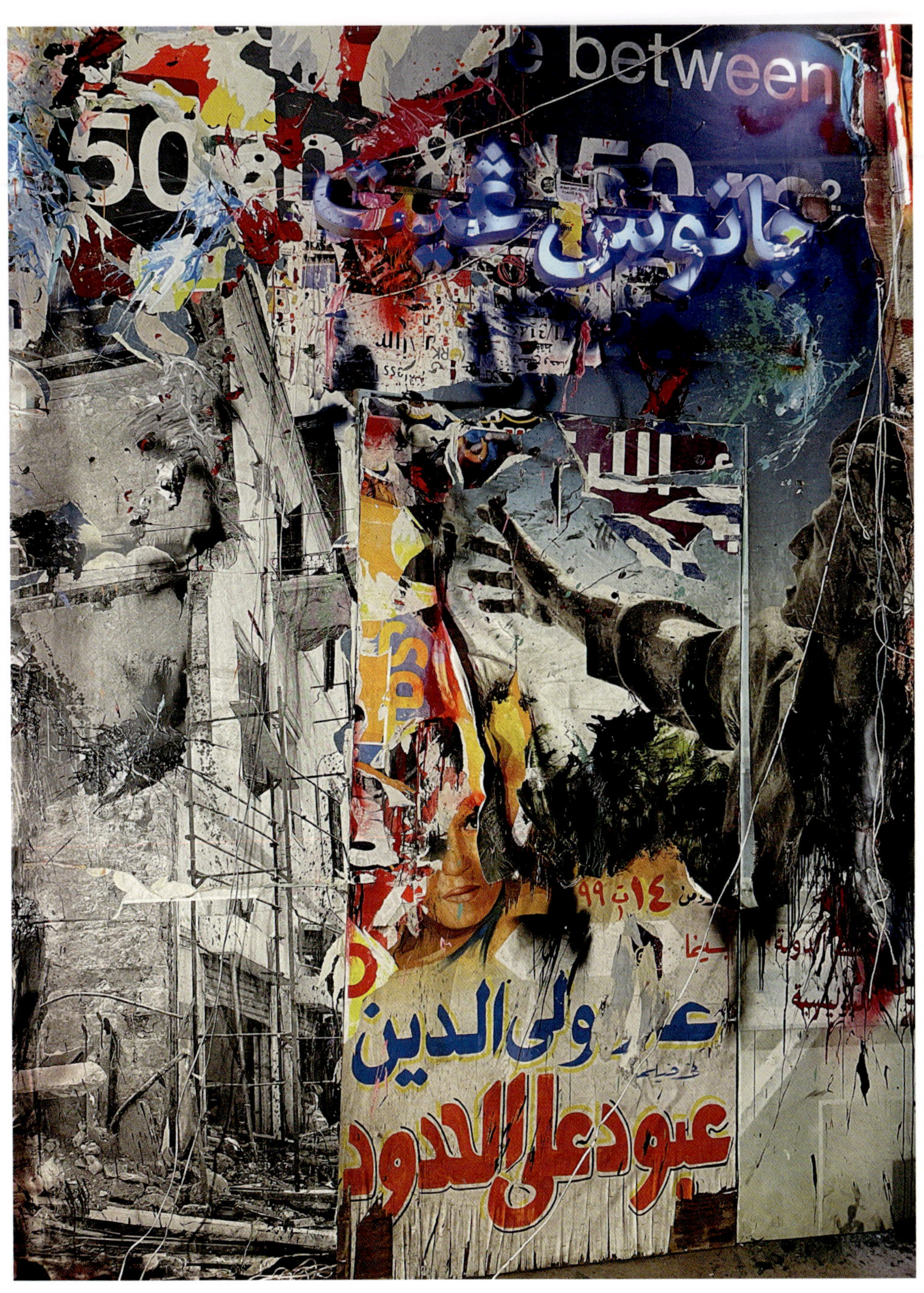

Ayman Baalbaki, *Janus Gate*, 2021, mixed media, detail
Ayman Baalbaki, *Janus Gate*, 2021, technique mixte, détail

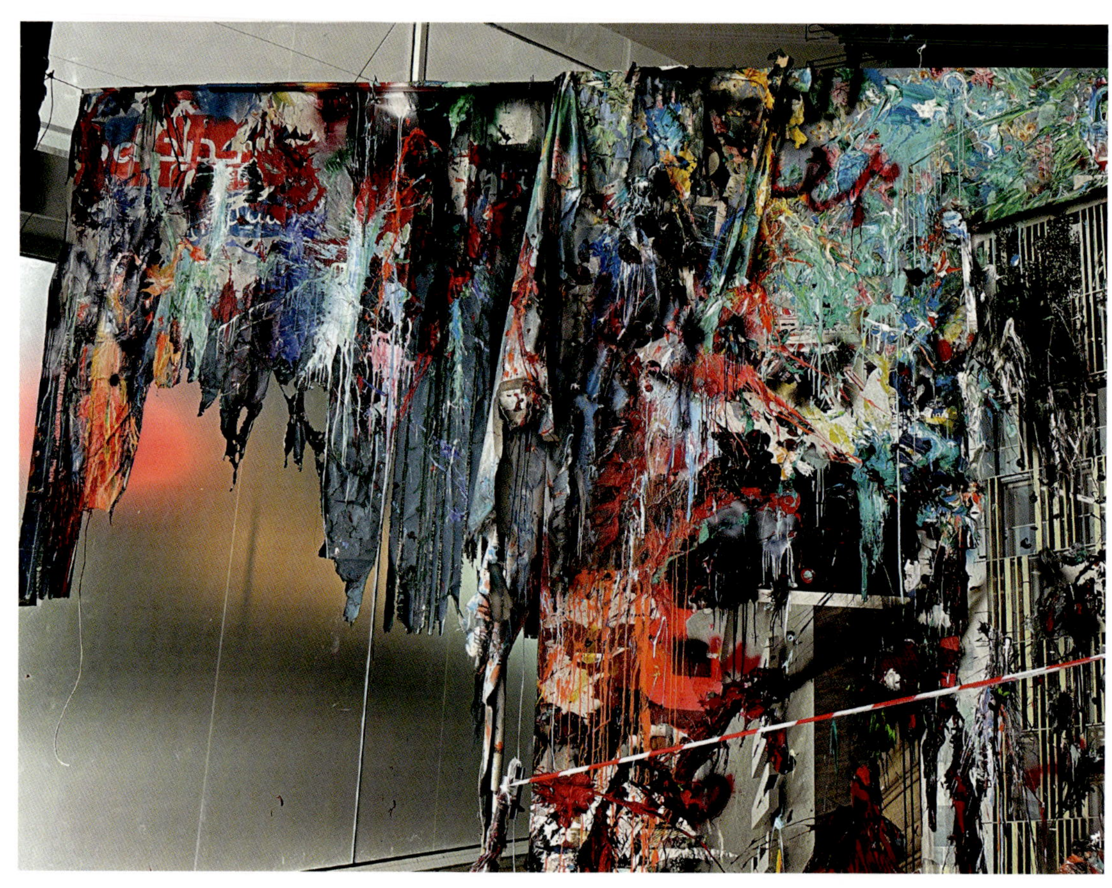

Ayman Baalbaki, *Janus Gate*, 2021, mixed media, detail
Ayman Baalbaki, *Janus Gate*, 2021, technique mixte, détail

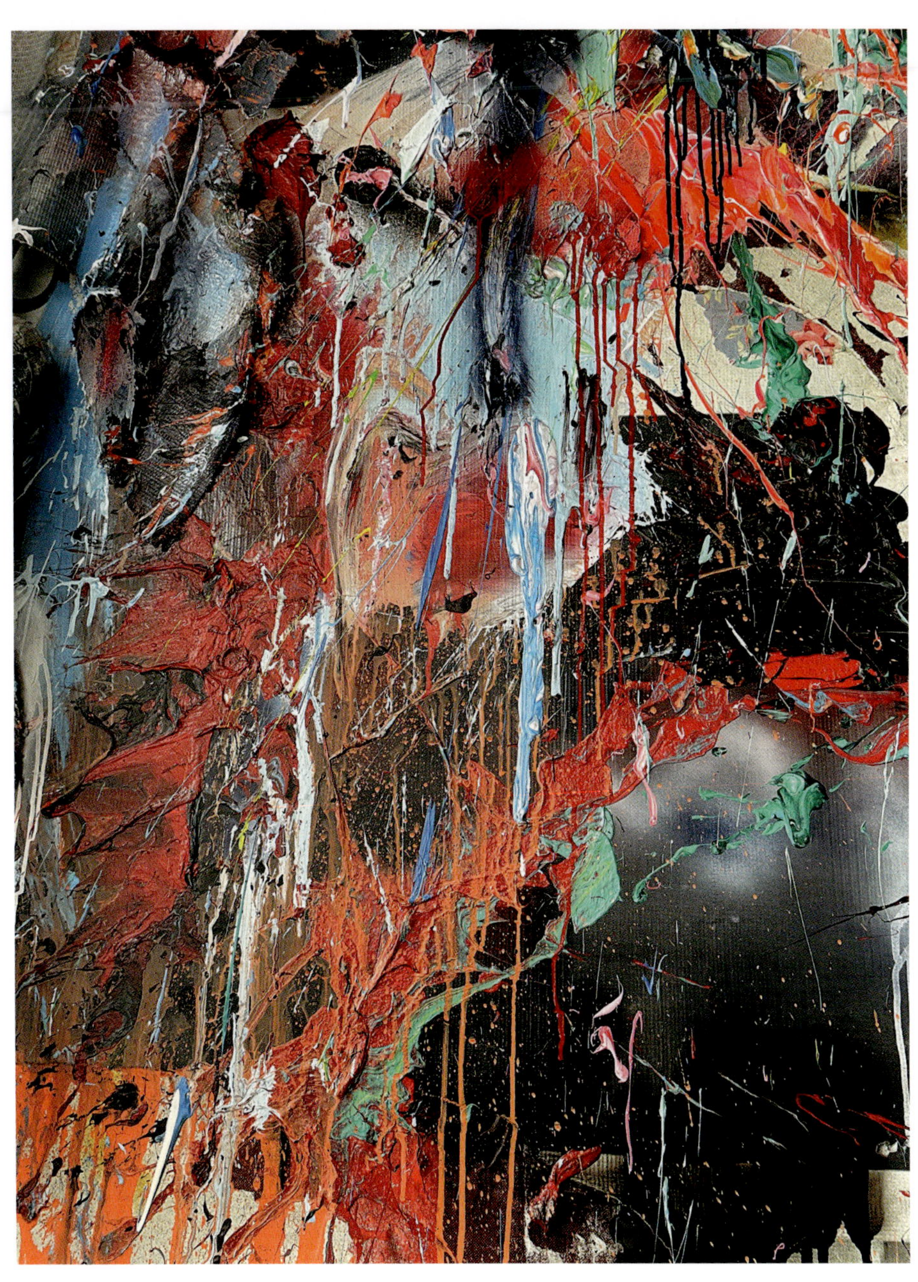

Ayman Baalbaki, *Janus Gate*, 2021, mixed media, detail
Ayman Baalbaki, *Janus Gate*, 2021, technique mixte, détail

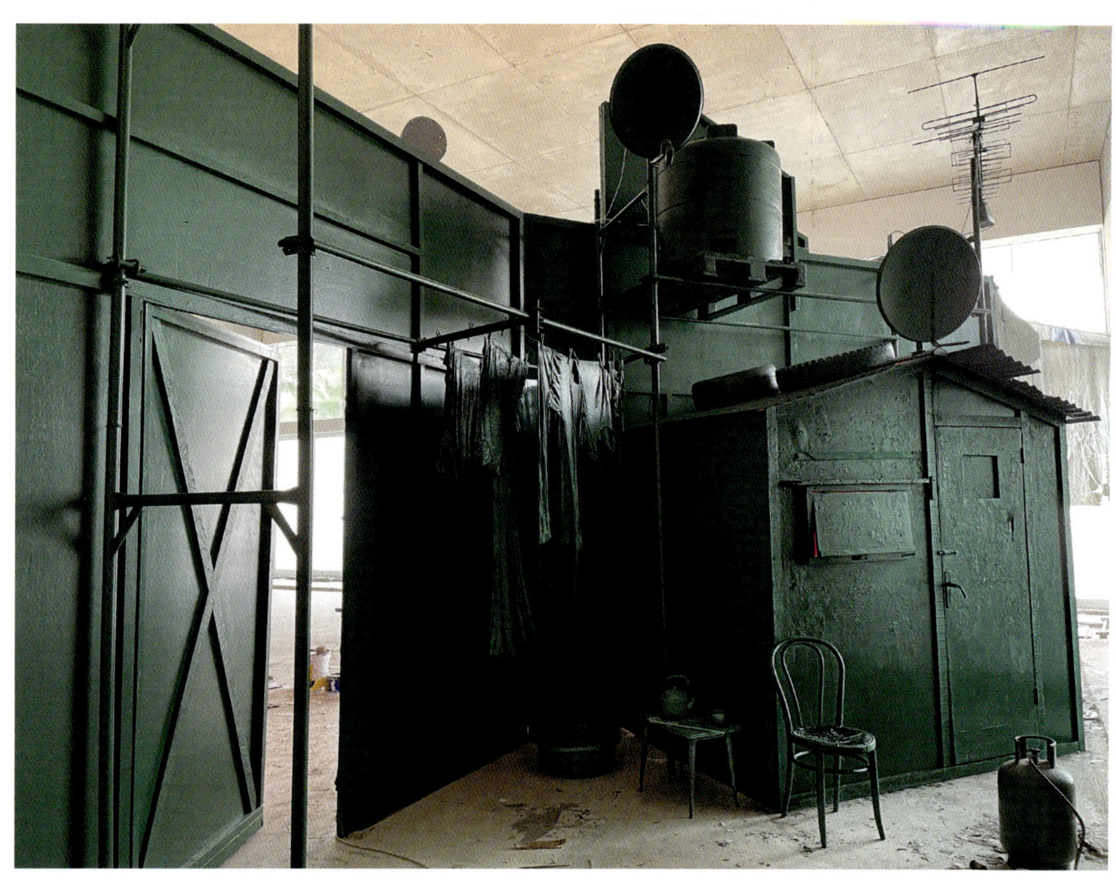

Ayman Baalbaki, *Janus Gate*, 2021, mixed media, detail
Ayman Baalbaki, *Janus Gate*, 2021, technique mixte, détail

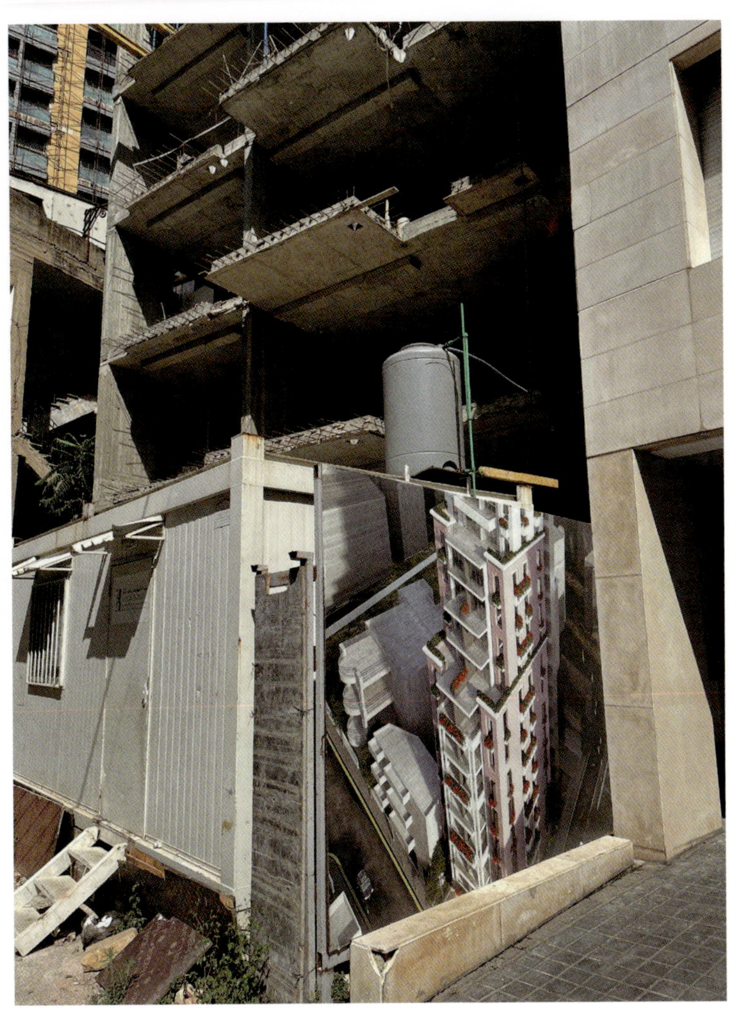

Beirut, advertising banner and security guard's station
Beyrouth, bâche publicitaire et kiosque du gardien

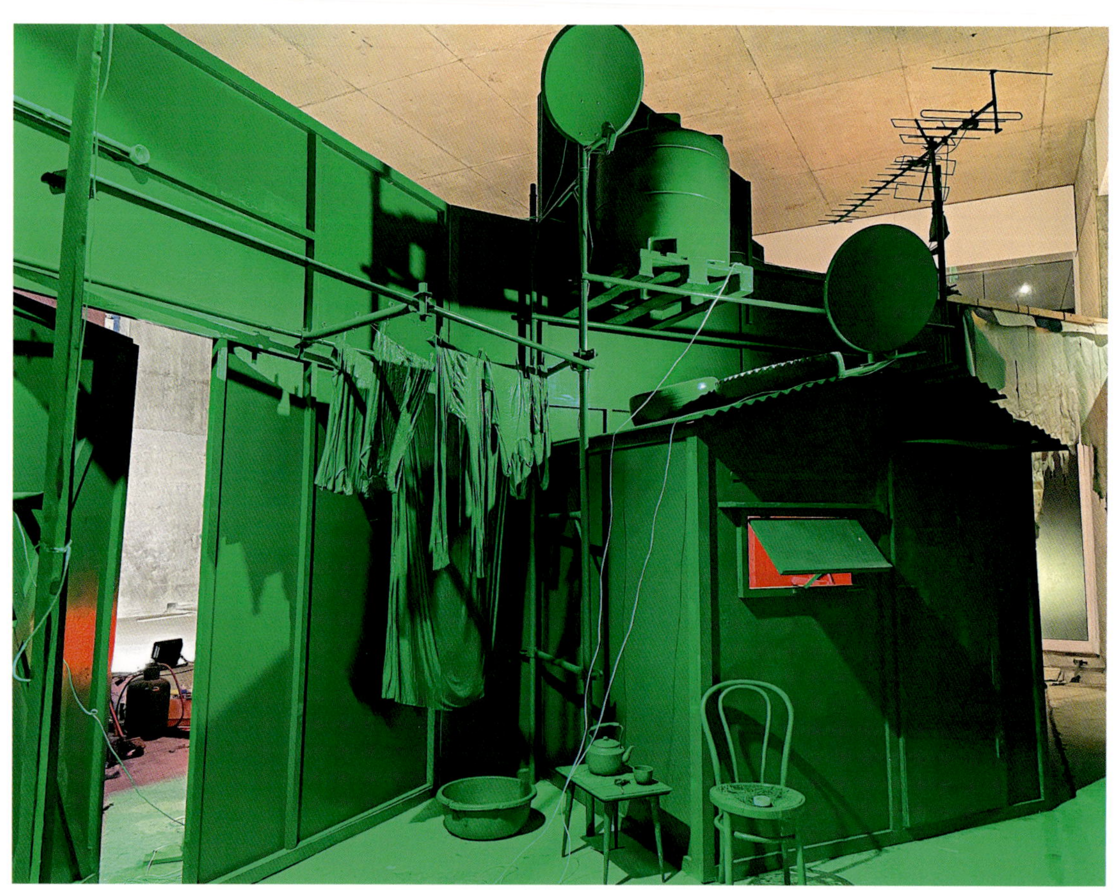

Ayman Baalbaki, *Janus Gate*, 2021, mixed media, detail
Ayman Baalbaki, *Janus Gate*, 2021, technique mixte, détail

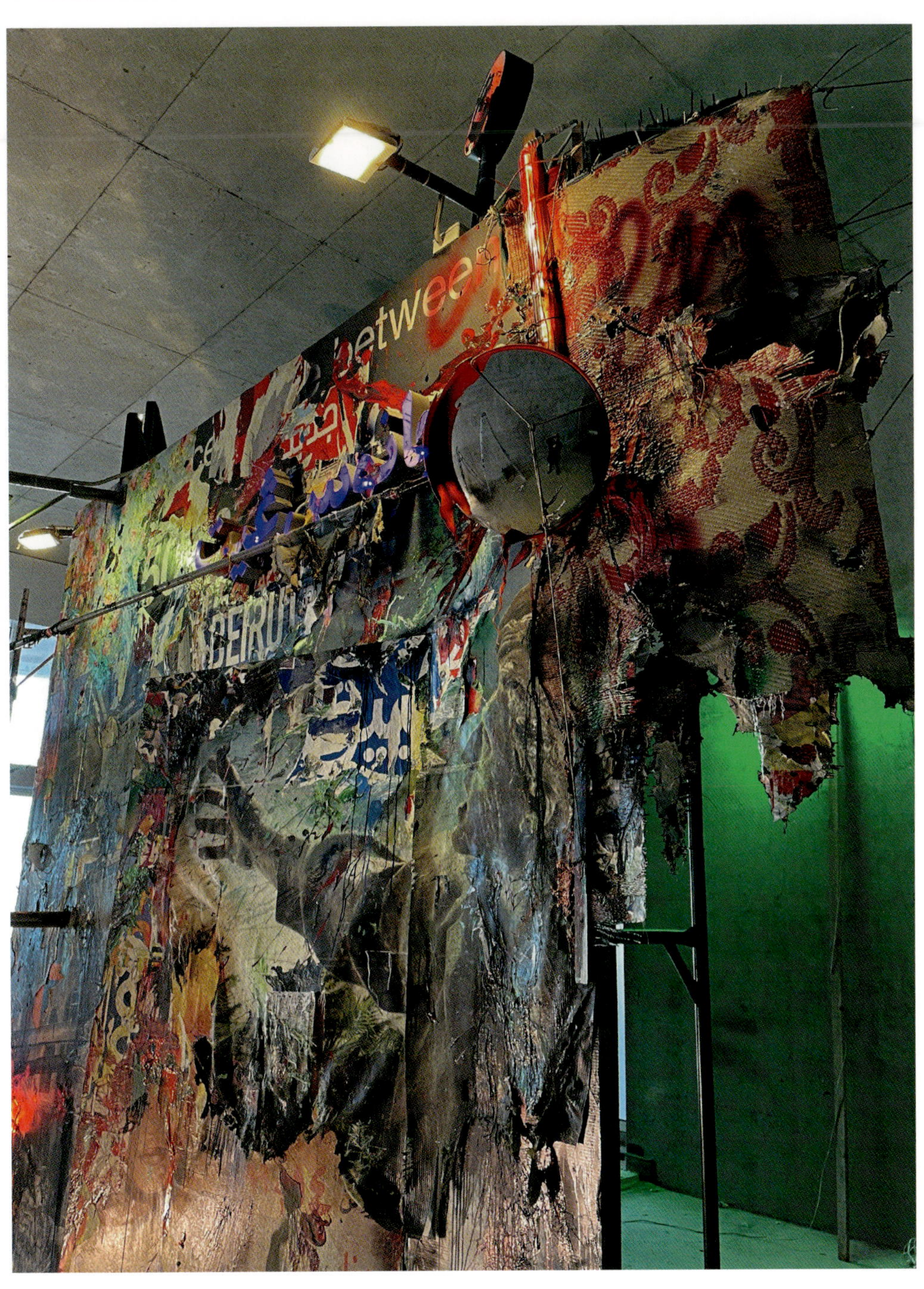

Ayman Baalbaki, *Janus Gate*, 2021, mixed media, detail
Ayman Baalbaki, *Janus Gate*, 2021, technique mixte, détail

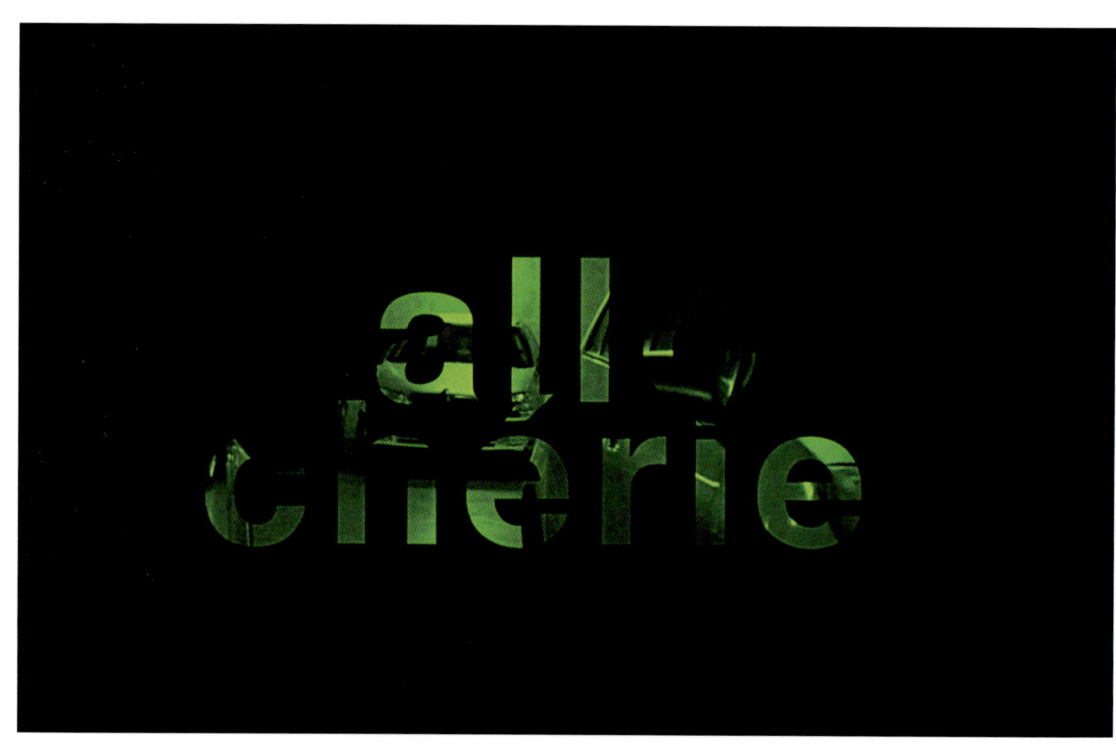

Danielle Arbid, *Allô Chérie*, 2015 - 2022, video, color, sound, 21' (video still)
Danielle Arbid, *Allô Chérie*, 2015 - 2022, vidéo, couleur, son, 21' (capture de vidéo)

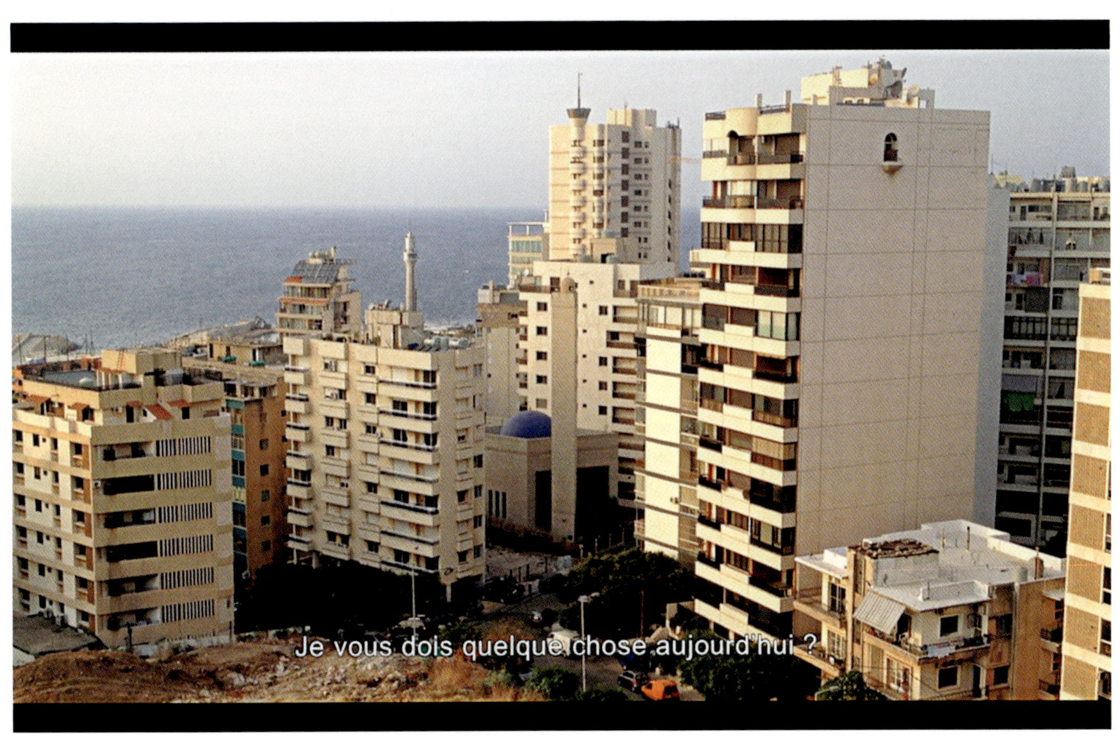

Danielle Arbid, *Allô Chérie*, 2015 - 2022, video, color, sound, 21' (video still)
Danielle Arbid, *Allô Chérie*, 2015 - 2022, vidéo, couleur, son, 21' (capture de vidéo)

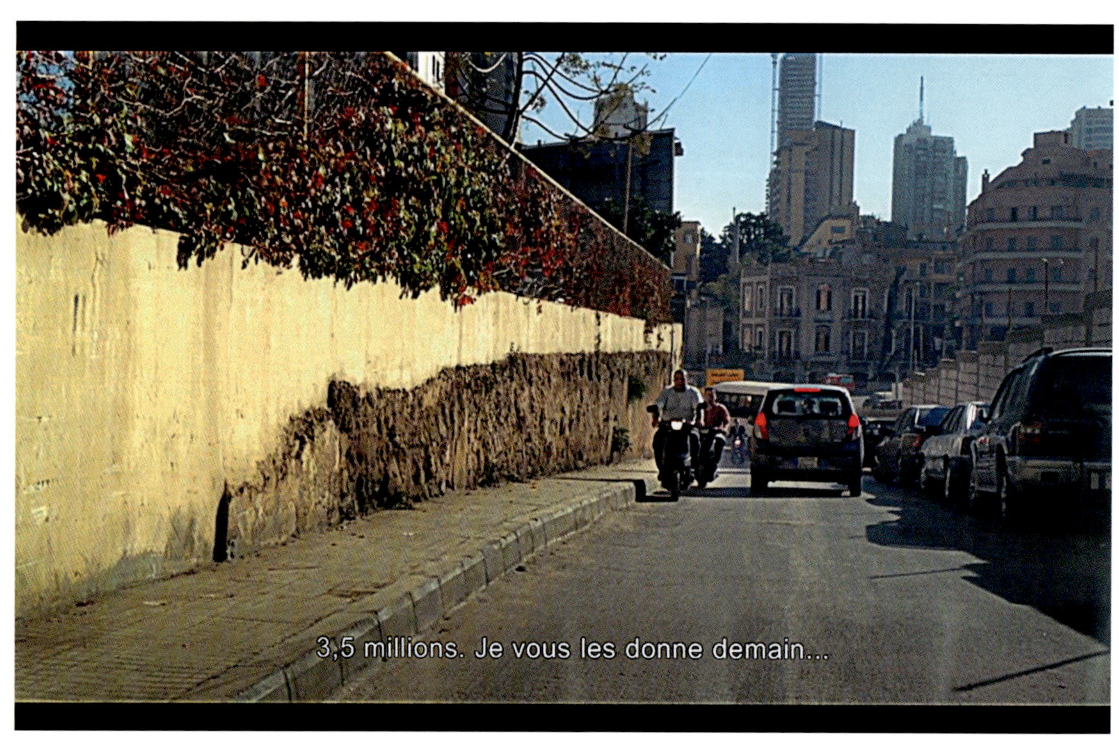

Danielle Arbid, *Allô Chérie*, 2015 - 2022, video, color, sound, 21' (video still)
Danielle Arbid, *Allô Chérie*, 2015 - 2022, vidéo, couleur, son, 21' (capture de vidéo)

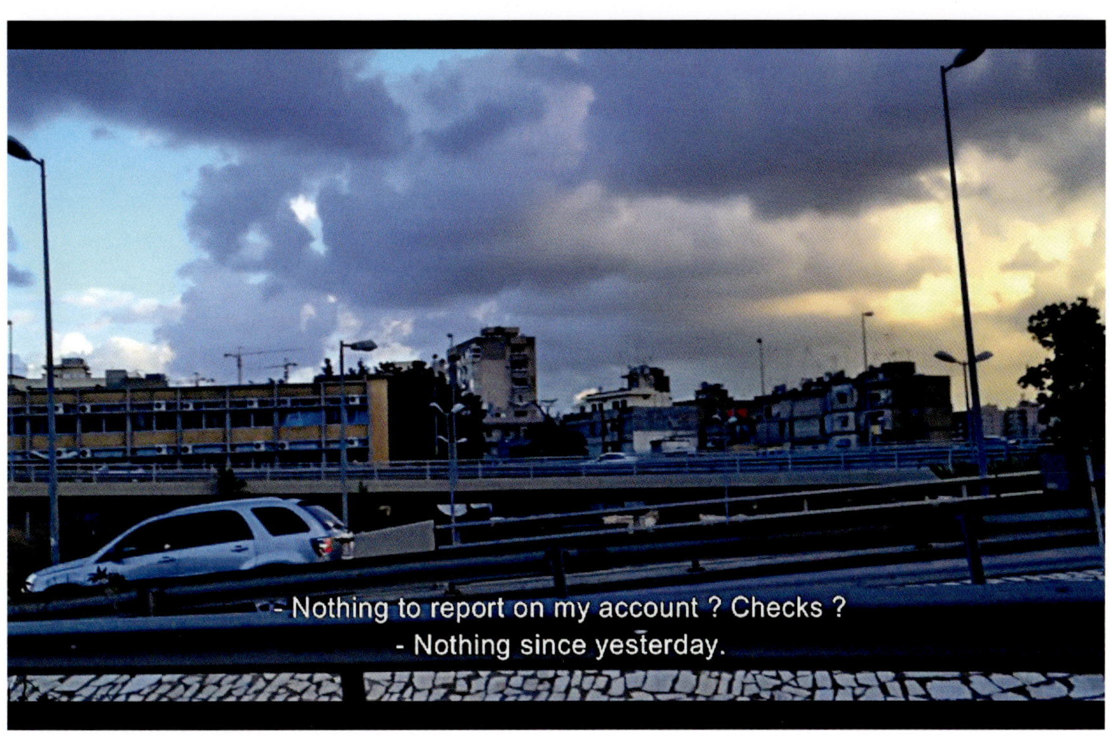

Danielle Arbid, *Allô Chérie*, 2015 - 2022, video, color, sound, 21' (video still)
Danielle Arbid, *Allô Chérie*, 2015 - 2022, vidéo, couleur, son, 21' (capture de vidéo)

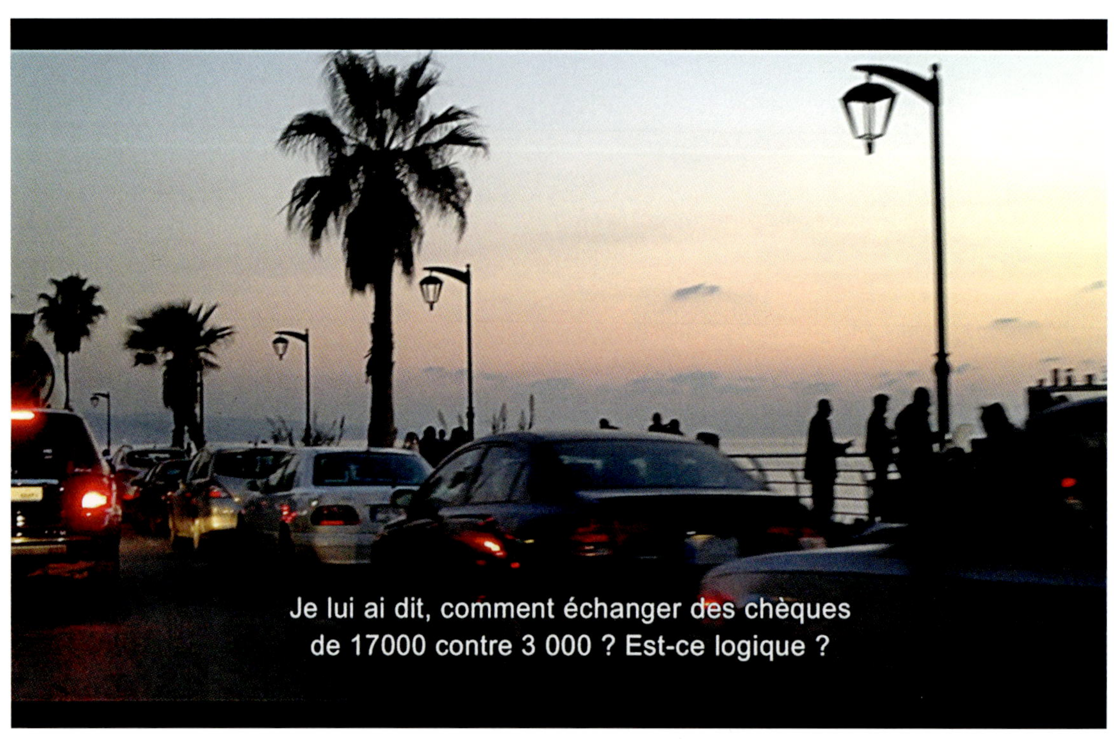

Danielle Arbid, *Allô Chérie*, 2015 - 2022, video, color, sound, 21' (video still)
Danielle Arbid, *Allô Chérie*, 2015 - 2022, vidéo, couleur, son, 21' (capture de vidéo)

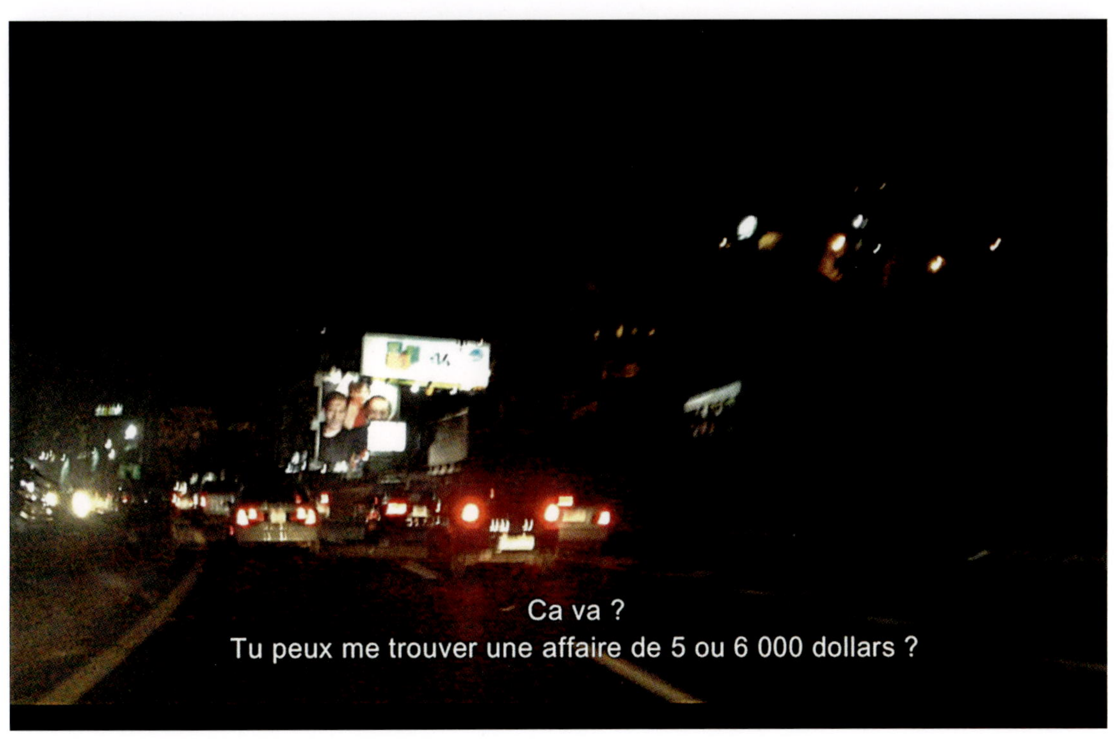

Danielle Arbid, *Allô Chérie*, 2015 - 2022, video, color, sound, 21' (video still)
Danielle Arbid, *Allô Chérie*, 2015 - 2022, vidéo, couleur, son, 21' (capture de vidéo)

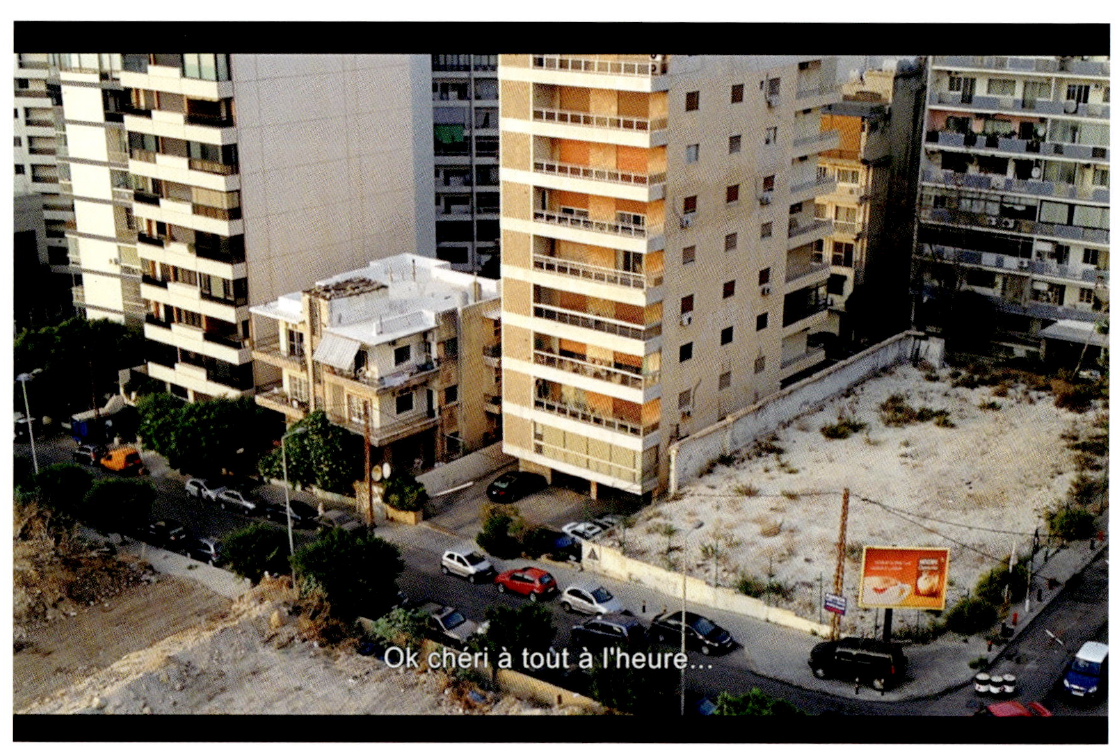

Danielle Arbid, *Allô Chérie*, 2015 - 2022, video, color, sound, 21' (video still)
Danielle Arbid, *Allô Chérie*, 2015 - 2022, vidéo, couleur, son, 21' (capture de vidéo)

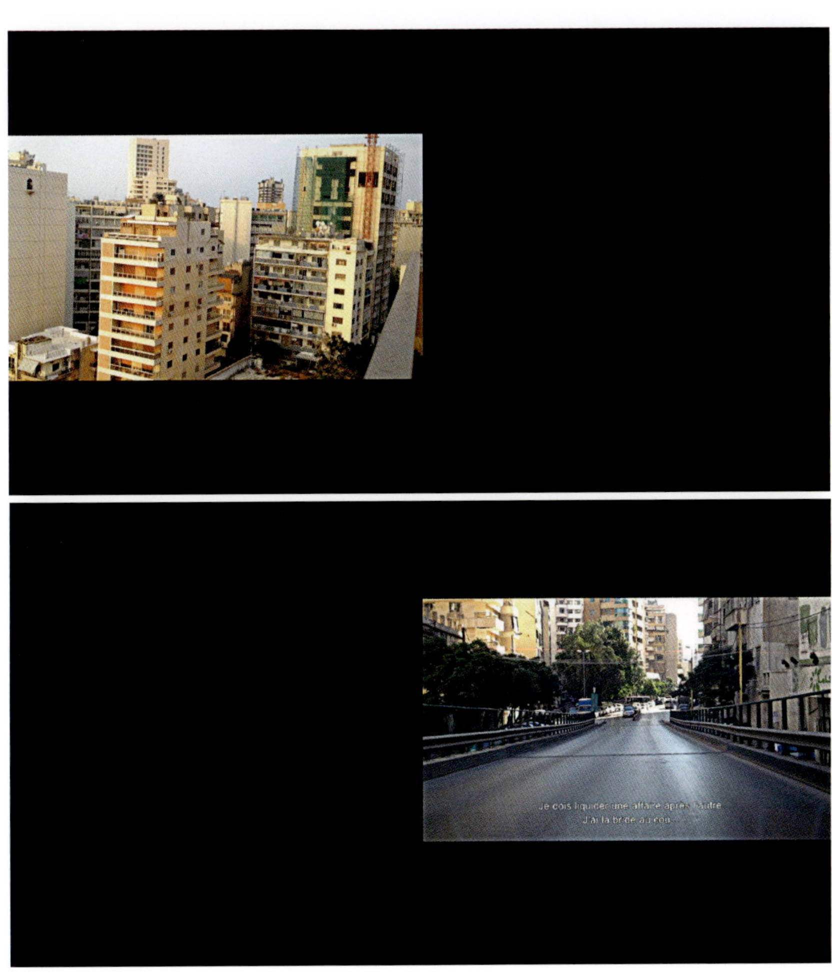

Danielle Arbid, *Allô Chérie*, 2015 - 2022, video, color, sound, 21' (video stills)
Danielle Arbid, *Allô Chérie*, 2015 - 2022, vidéo, couleur, son, 21' (captures de vidéo)

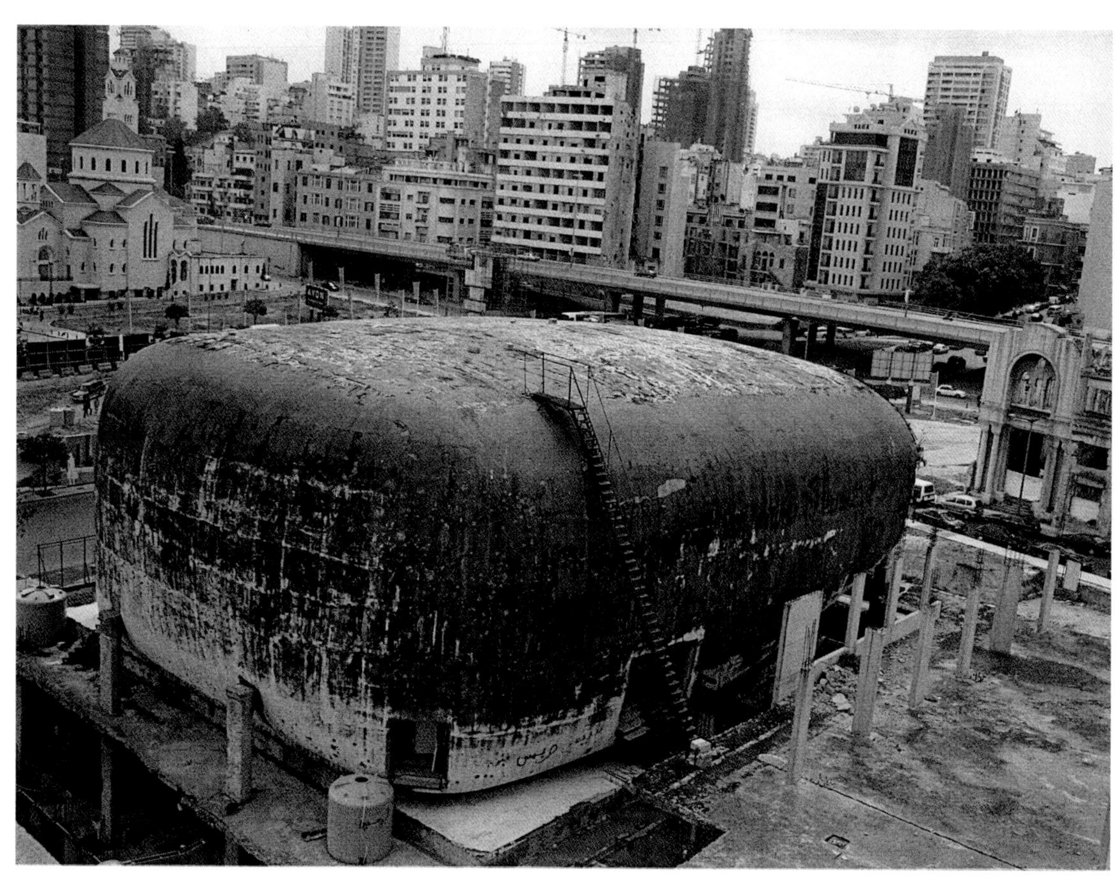

Joseph Philippe Karam, city center dome, commonly known as the "Egg," Beirut
Joseph Philippe Karam, le dôme du City Center, connu sous le nom de «l'Œuf», Beyrouth

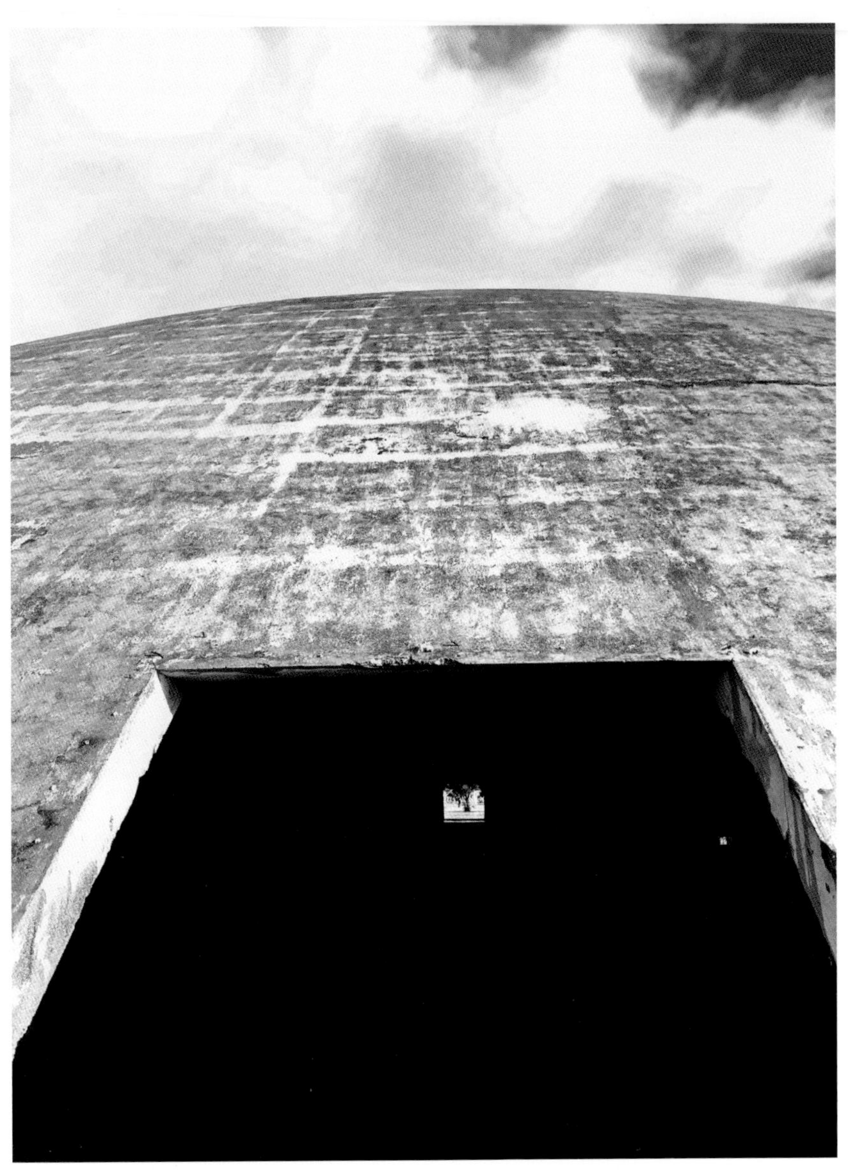

Oscar Niemeyer, Rachid Karami International Fair, Experimental Theater, Tripoli
Oscar Niemeyer, Foire internationale Rachid Karamé, théâtre expérimental, Tripoli

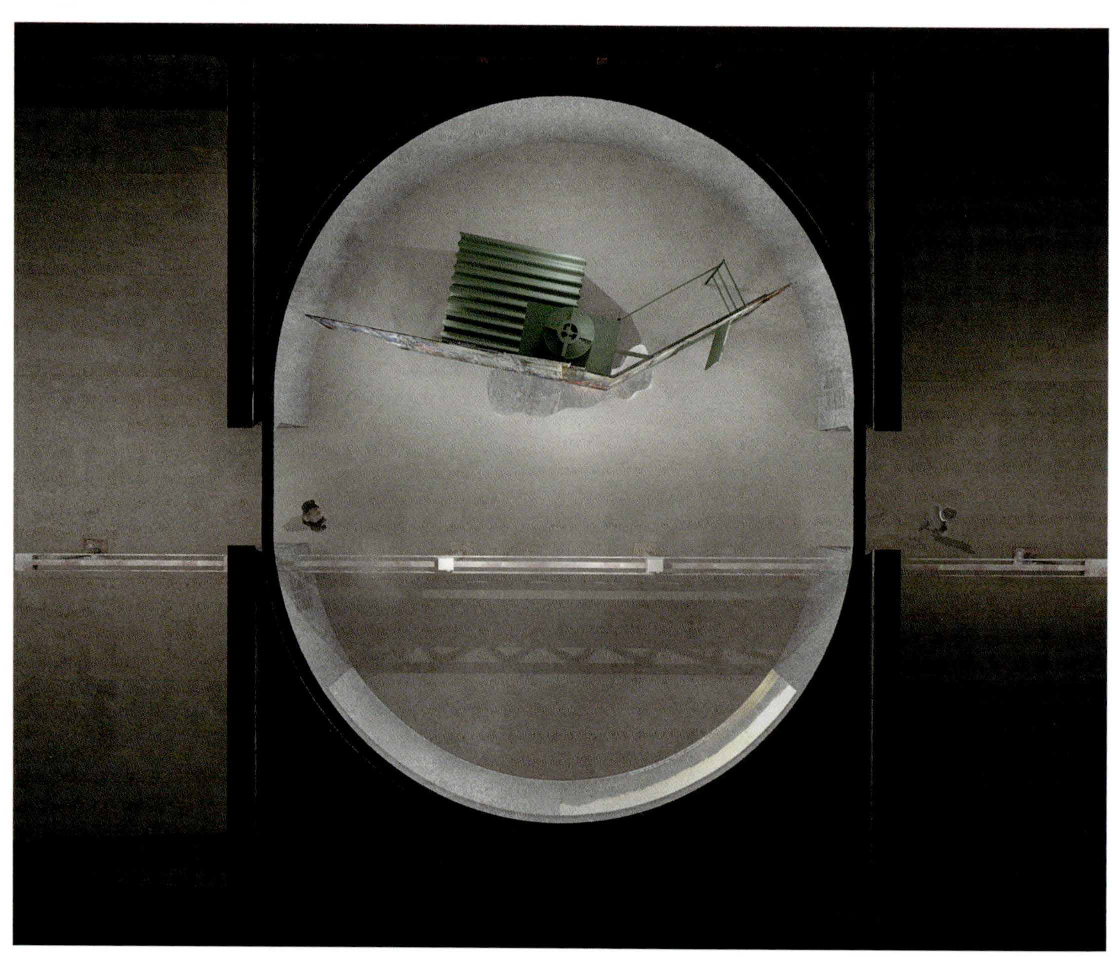

Aline Asmar d'Amman, scenography of the Lebanese Pavilion, 2022, floor plan
Aline Asmar d'Amman, scénographie du Pavillon libanais, 2022, plan

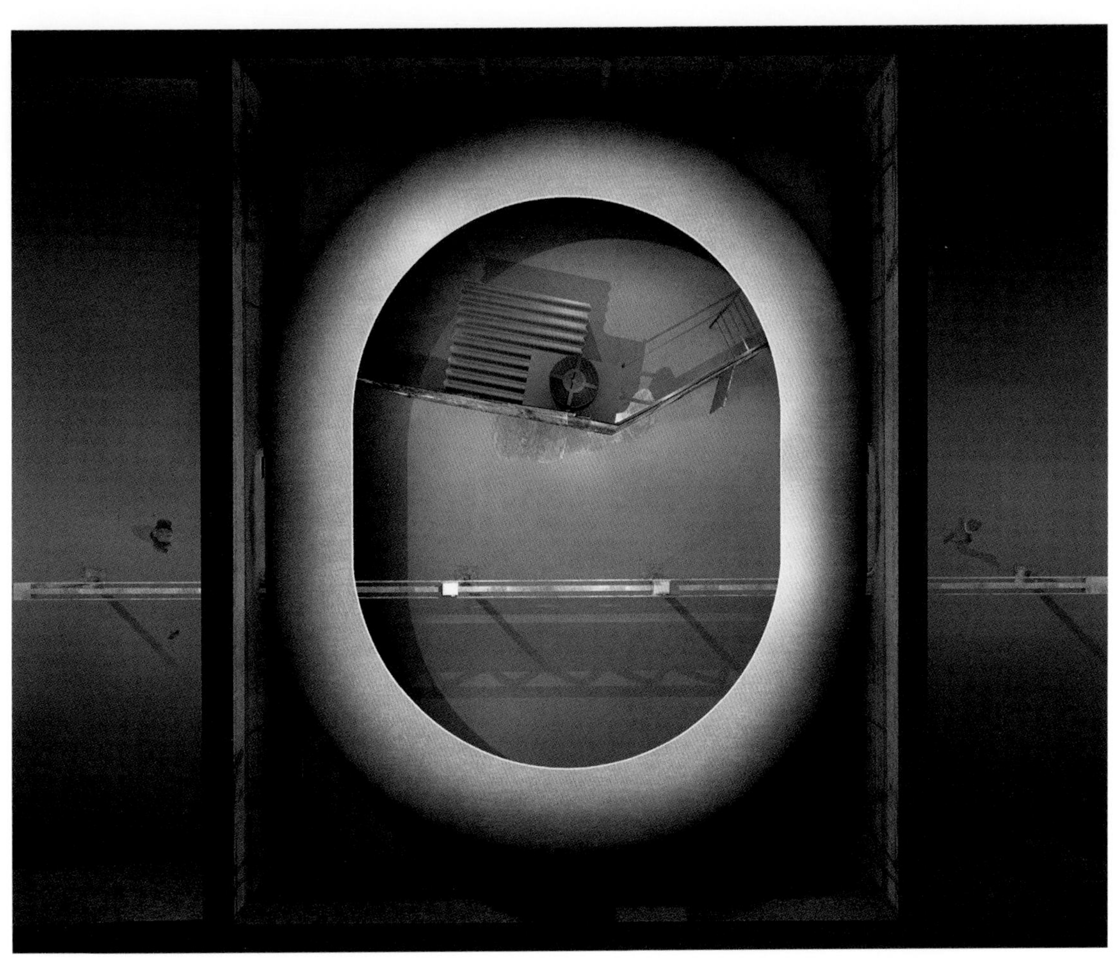

Aline Asmar d'Amman, scenography of the Lebanese Pavilion, 2022, floor plan
Aline Asmar d'Amman, scénographie du Pavillon libanais, 2022, plan

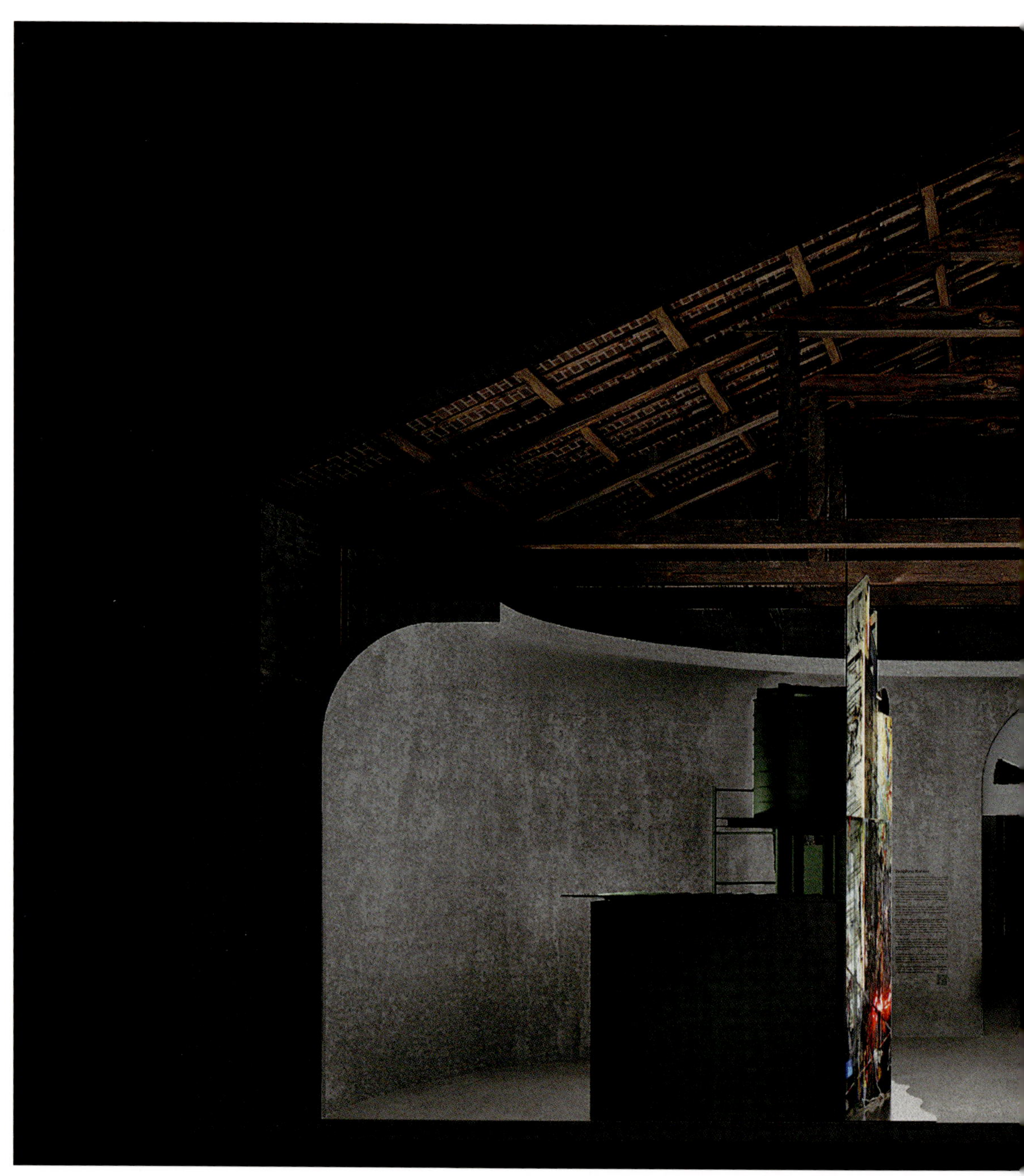

Aline Asmar d'Amman, scenography of the Lebanese Pavilion, 2022, section C
Aline Asmar d'Amman, scénographie du Pavillon libanais, 2022, section C

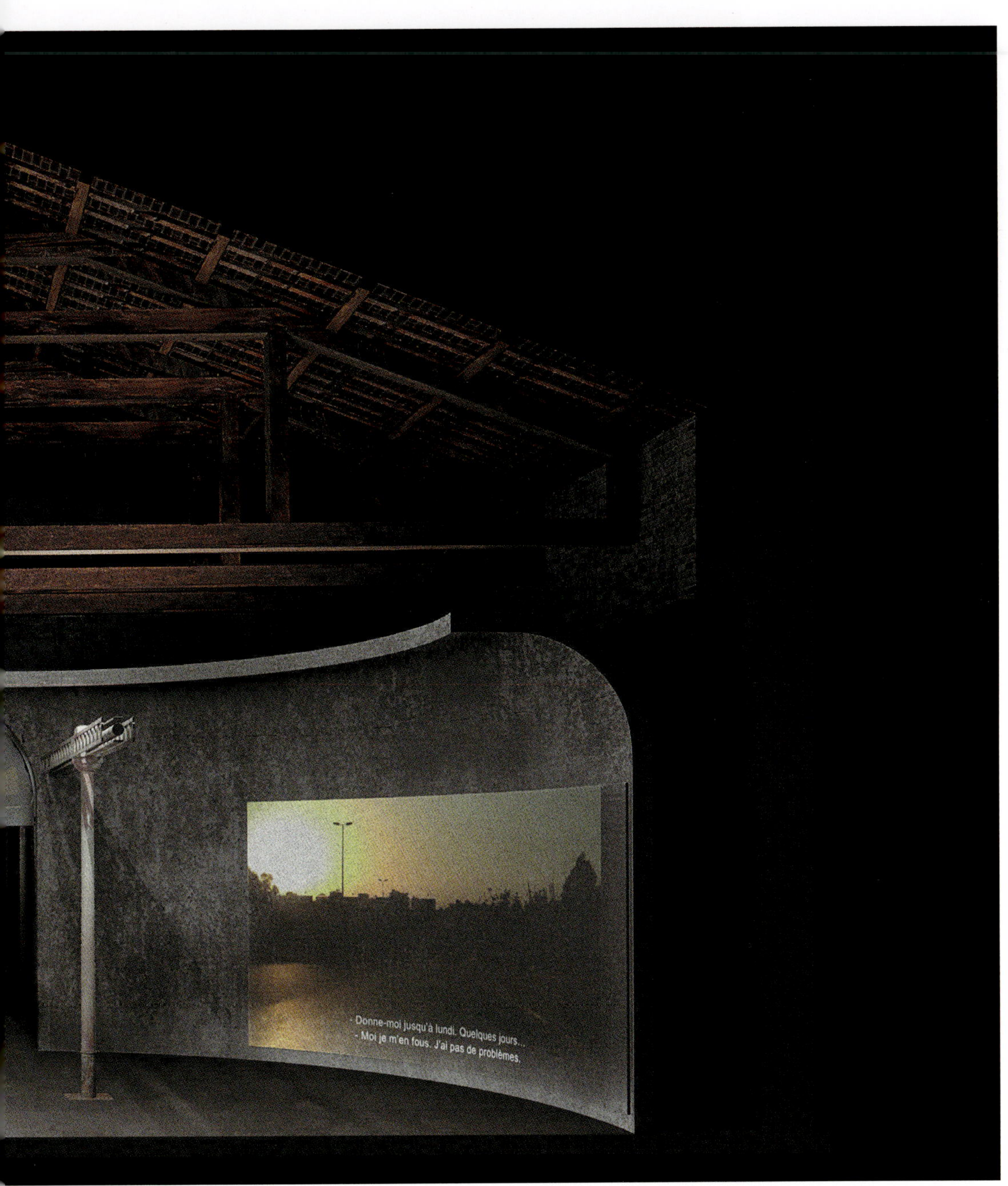

- Donne-moi jusqu'à lundi. Quelques jours...
- Moi je m'en fous. J'ai pas de problèmes.

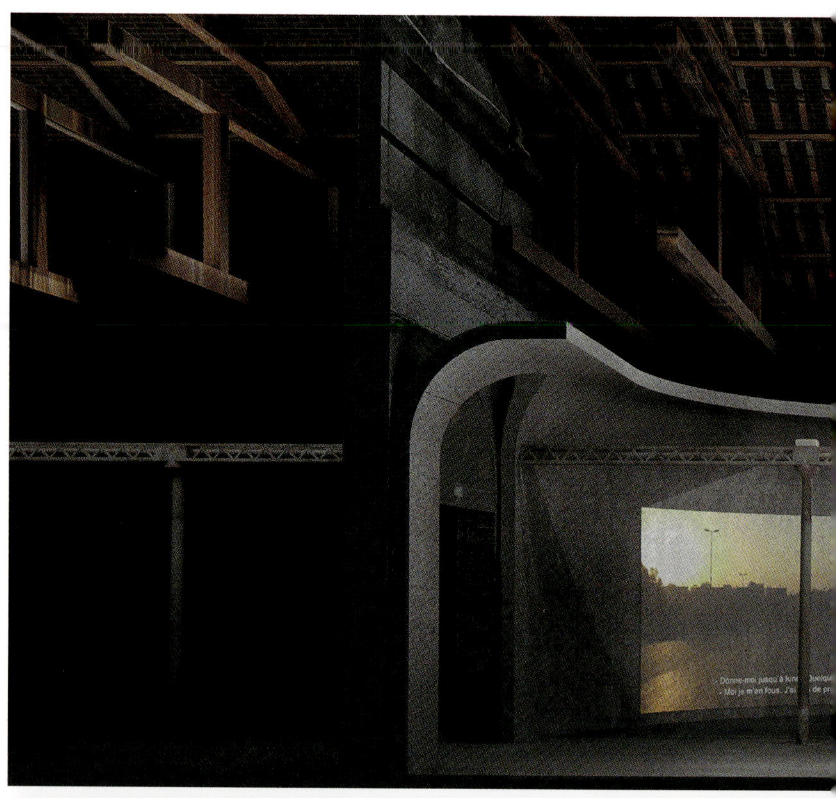

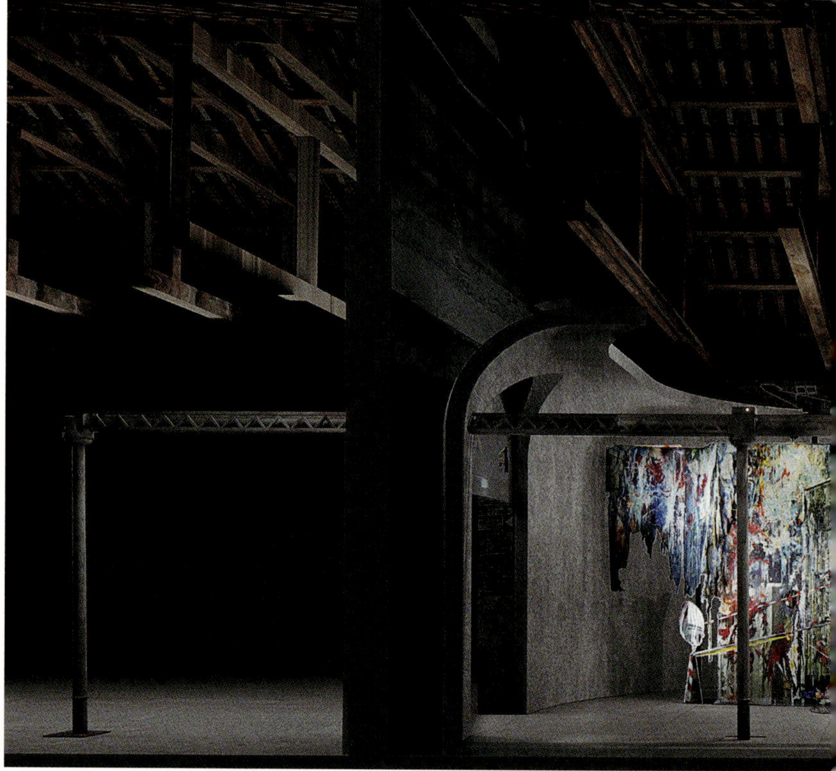

Aline Asmar d'Amman, scenography of the Lebanese Pavilion, 2022, section B
Aline Asmar d'Amman, scénographie du Pavillon libanais, 2022, section B

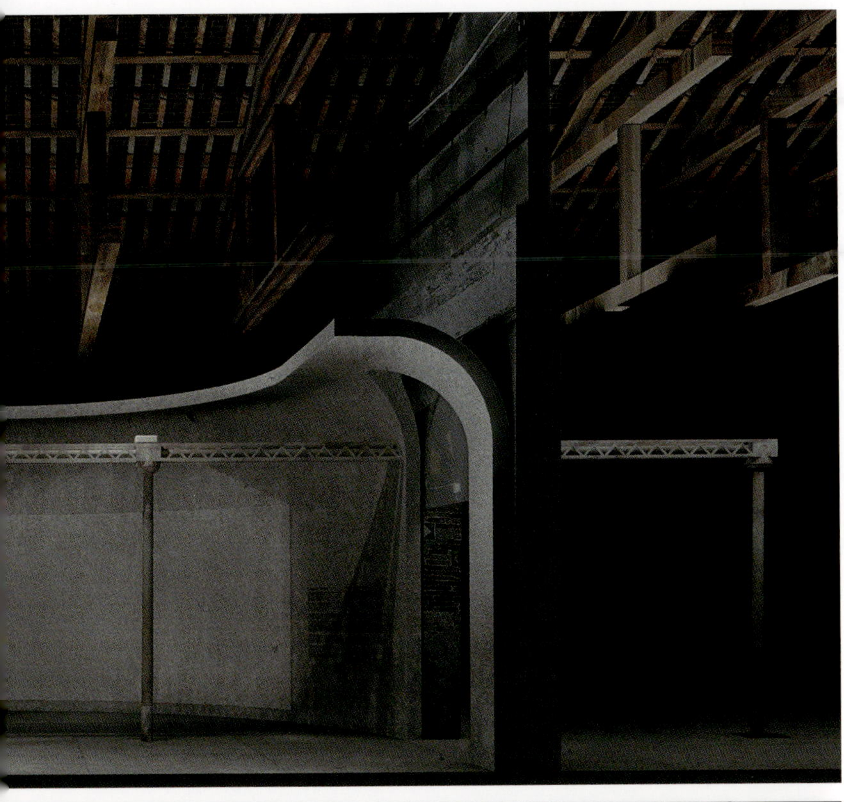

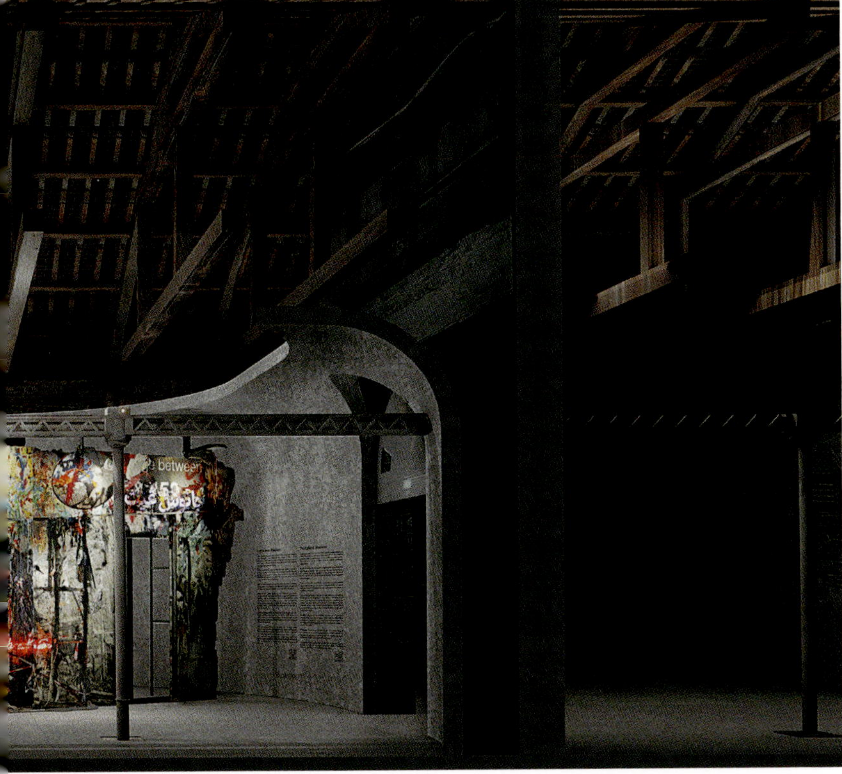

Aline Asmar d'Amman, scenography of the Lebanese Pavilion, 2022, section A
Aline Asmar d'Amman, Scénographie du Pavillon libanais, 2022, section A

Joint interview
Entretien croisé

Nada Ghandour with Danielle Arbid and Ayman Baalbaki
Nada Ghandour avec Danielle Arbid et Ayman Baalbaki

Joint interview
NADA GHANDOUR WITH DANIELLE ARBID
AND AYMAN BAALBAKI

Nada Ghandour: The theme that I approached you with for the Lebanese Pavilion is "The World in the Image of Man." How did you envision your projects for this Pavilion in the context of this theme?

Ayman Baalbaki: My starting point was Beirut that I see as a city rich in what Michel Foucault refers to as "other spaces." Beirut is both a heterotopia and a heterochrony, as if it is constantly evolving in two different space-times that only have in common shared borders. Moreover, along the model of the word "Lebanization," meant to describe the fragmentation of a state, "Beirutization" defines places troubled by barricades and borders – in other words, to speak of the urban dismemberment of a city and its fragmentation into separated silos. Beirut is not the only city that has suffered this phenomenon: there are others ones in the Middle East and in the West, such as Jerusalem, Berlin and Belfast.
I then thought of Janus, the two-faced Roman god who looks both inside and outside, to the past and to the future. The advertising tarpaulins that we see in front of buildings under construction operate on the same principle. They show the completed building, a bright future, but behind it, there is a totally different reality, that of the security guard's station. I built a structure in which two spaces coexist: a radiant exterior and an interior similar to all the slums in the world, or rather to the somewhat fantasized image of these slums or refugee camps.

Danielle Arbid: The video that will be projected facing Ayman's work is part of *My Lebanese Family*, a series of nine and soon to be ten video essays shot between 2001 and 2022. This work, which shows a stroll in Beirut, responds through its shots to Ayman's installation as we can distinguish different elements that are found in his installation, or which he refers to, namely concrete blocks, barriers that are used to divide the city, and advertising tarpaulins, whose use he mentions.
My Lebanese Family is my way of assembling my family tree. For me, it is a way of freezing in time Lebanon, a country that one feels could stop existing overnight. In this creation, my character – my mother – is a mirror image

Entretien croisé
NADA GHANDOUR AVEC DANIELLE ARBID
ET AYMAN BAALBAKI

Nada Ghandour : Le thème que je vous ai proposé pour le Pavillon libanais est « Le monde à l'image de l'Homme ». Comment avez-vous imaginé vos projets pour ce Pavillon dans le cadre de cette thématique ?

Ayman Baalbaki : Mon point de départ a été la ville de Beyrouth, que je vois comme une ville riche d'« espaces autres », au sens où l'entendait Michel Foucault. Beyrouth est à la fois une hétérotopie et une hétérochronie, comme si elle évoluait en permanence dans deux espaces-temps différents, délimités par des frontières. D'ailleurs, sur le modèle du mot « libanisation », qui désigne la fragmentation d'un État, je propose d'utiliser celui de « beyrouthisation » pour qualifier des lieux perturbés par la présence de barricades et de frontières – pour parler, autrement dit, du démembrement urbain d'une ville et de sa fragmentation en îlots séparés. Beyrouth n'est pas la seule ville à avoir connu ce phénomène : il en existe d'autres au Moyen-Orient et en Occident comme Jérusalem, Berlin et Belfast.
J'ai pensé alors à Janus, le dieu romain bifrons qui regarde à la fois vers l'intérieur et vers l'extérieur, le passé et le futur. Les bâches publicitaires que l'on voit en devanture des immeubles en construction fonctionnent selon le même principe. Elles montrent l'immeuble achevé, un futur radieux et, derrière, une réalité totalement différente, celle du kiosque du gardien.
J'ai construit une structure où deux espaces coexistent : un espace extérieur, radieux, et un autre, intérieur, qui ressemble à tous les bidonvilles du monde, ou qui est à l'image un peu fantasmée de ces bidonvilles ou des camps de réfugiés.

Danielle Arbid : La vidéo qui va être projetée en face de l'œuvre d'Ayman fait partie de « Ma famille libanaise », une série de neuf, et bientôt dix essais vidéo tournés entre 2001 et 2022.
Cette œuvre qui montre une déambulation dans Beyrouth répond, par ses prises de vue, à celle d'Ayman puisqu'on y distingue différents éléments qu'on retrouve dans son installation ou auxquels il fait référence, à savoir des blocs de béton, des barrières qu'on utilise pour sectoriser la ville ou les bâches publicitaires dont il mentionne l'emploi.

of Lebanon: she embodies it with her fatalistic mentality, her appetite for risk taking and her exuberance. She is caught in a frantic pursuit for money, in a car through Beirut. Her struggle is inseparable from the violence that prevails today in Lebanon, as was the case in other countries, in Europe and elsewhere.

Nada Ghandour: How do your projects translate on a formal level?

Ayman Baalbaki: This is the first time that I present such an ambitious and monumental installation, which is about five meters high. It was also a new experimentation from a technical point of view, as I used "flex," which is a material on which the colors do not cling easily. I also added posters and many other materials taken from the streets of Beirut.
This 3D structure has a front and a back. A door in the painting-installation allows a person to move between the two spaces. This echoes the expression "closing the gate of Janus," which means "making peace." The open gate means war. In my work, the gate is half-open or half-closed. This ambiguity is similar to a game of heads or tails, one of the world's first games that Romans used to play, with coins minted with the effigy of Janus.
The alternative is thus presented, and the choice still has to be made!

Danielle Arbid: The screening of my video in the Lebanese Pavilion will be a true revelation for me, because it is the first time that I have chosen to use a split screen. In addition, it is a division of the screen accompanied by a large-scale projection.
The idea was to create a feeling of immersion where one can take the place of my character and enter her life. This is why I chose to split the video in two. The split screen and the clipping of the sequences reinforce the feeling of shifting, rocking. It accentuates the effect of surprise. We find ourselves further immersed in the streets of Beirut. We are surrounded by the spaces of this city. We drive the car, the same way we penetrate Ayman's work. From a thematic point of view, my videos echo the genre of the portrait in painting or sculpture: I use one characteristic of the person so that the latter

«Ma famille libanaise» est ma façon d'assembler mon arbre généalogique. C'est pour moi une façon de figer le Liban, un pays dont on a l'impression qu'il pourrait ne plus exister demain. Dans cette œuvre, mon personnage est à l'image de ce pays : il l'incarne, avec sa mentalité fataliste, son goût du risque, son exubérance. Il est pris dans une course effrénée d'argent, en voiture à travers Beyrouth. Sa lutte est indissociable de la violence qui prévaut aujourd'hui au Liban et qui fut aussi celle vécue dans d'autres pays, en Europe ou ailleurs.

Nada Ghandour : Comment se traduisent vos projets au niveau formel ?

Ayman Baalbaki : C'est la première fois que je présente une installation aussi ambitieuse et monumentale. Elle fait environ 5 mètres de hauteur. C'était aussi une nouvelle expérimentation du point de vue technique car j'ai utilisé le «flex», qui est un matériau sur lequel les couleurs ne se fixent pas facilement. J'y ai aussi rajouté des posters et bien d'autres matières prises dans les rues de Beyrouth.
Cette structure en 3D présente une façade et un revers. Une porte, dans la peinture-installation, permet de passer d'un espace à l'autre. Cela fait également référence à l'expression «fermer la porte de Janus», qui signifie « faire la paix ». La porte ouverte signifie la guerre. Chez moi, la porte est semi-ouverte, ou semi-fermée. Cette ambiguïté évoque une sorte de jeu à pile ou face. Ce jeu, qui est l'un des plus anciens du monde, se jouait, chez les Romains, avec la monnaie frappée à l'effigie de Janus. L'alternative est ainsi posée et le choix reste à faire !

Danielle Arbid : La projection de ma vidéo dans le Pavillon libanais sera pour moi une vraie révélation car c'est la première fois, dans mon travail, que j'opte pour un *split screen*. Cette division de l'écran sera, de plus, accompagnée d'une projection à grande échelle.
L'idée, pour ce pavillon, était de créer une immersion dans la vidéo pour que l'on puisse être mon personnage et entrer dans sa vie. Personne ne devait s'interposer entre nous, spectateurs, et les rues de Beyrouth.

embodies a whole, like an allegorical figure. The same way a painter would rework a detail or a favorite theme.
With this re-edition and fragmentation of the video, my work responds and interacts with Ayman's work. Furthermore, facing *Janus Gate*, and in the light of the current situation in Lebanon, *Allô Chérie* has developed a whole new meaning.

Nada Ghandour: Since your first meeting about this project, I had the impression that the dialogue was initiated naturally between you. How does it translate at the level of your creations?

Ayman Baalbaki: In reality, the dialogue between us revolves around the city of Beirut. Danielle and I work with two different mediums, which give rise to two different interpretations and two different languages. She is more into the long term, whereas I am into a more global and direct vision. And in space, our creations communicate with each other. Once my work was finished, I added two rearview mirrors that I will prop on site, at the Pavilion, in order to reflect the light that originates from Danielle's video facing my work. This effect will boost this dialogue.

Danielle Arbid: For me, what makes the beauty of Ayman's work is its grandeur. It is not something you merely notice. It is a human-scale installation. Our two creations deal with the issue of rapport. Both of us are in the street, the spectator is in the car with me, and from there they will move into Ayman's skyscraper. There is an interaction.

Nada Ghandour: How do your creations relate to the contemporary world?

Danielle Arbid: Beirut is a city where people live outdoors, and where they

C'est pour cela que j'ai choisi, avec mon monteur, de couper la vidéo en deux. Le *split screen* et le découpage des séquences viennent renforcer le sentiment de virage, de bascule, accentuent la surprise. On est dans les rues de Beyrouth. On est dans les espaces de cette ville. On pénètre la vidéo comme on pénètre dans l'œuvre d'Ayman.
Du point de vue thématique, il existe une parenté entre les thèmes de mes vidéos et ceux de l'art plus traditionnel, peinture ou sculpture, comme dans le genre du portrait ou plutôt celui de l'allégorie : je me saisis d'une particularité de la personne pour qu'elle incarne un tout, comme une figure allégorique. Comme le ferait un peintre qui retravaille un thème de prédilection, j'ai revu cette vidéo de 2015 pour en faire une nouvelle édition spécifiquement réalisée pour le Pavillon libanais et qui, par ce découpage et cette fragmentation, répond à l'œuvre d'Ayman et dialogue avec elle. D'ailleurs, face à la *Porte de Janus* et à la lumière de la situation actuelle au Liban, *Allô Chérie* s'enrichit d'une lecture nouvelle.

Nada Ghandour : Dès votre première rencontre autour de ce projet, j'ai eu l'impression que le dialogue s'était établi naturellement entre vous. Comment s'opère-t-il au niveau des œuvres ?

Ayman Baalbaki : Le dialogue entre nous s'effectue vraiment autour de la ville de Beyrouth. Danielle et moi travaillons deux médiums différents, qui suscitent deux lectures et deux langages différents. Elle est dans le temps long, moi dans une vision globale et directe et, dans l'espace, les œuvres parlent entre elles.
Une fois mon œuvre terminée, j'ai ajouté deux rétroviseurs que je vais caler sur place dans le pavillon de façon à ce qu'ils puissent réfracter la lumière en provenance de la vidéo de Danielle, projetée en face, sur mon œuvre. Cet artifice vient appuyer ce dialogue.

have this Mediterranean habit of putting a chair outside their doorstep.
For me, the city is the street. A street where there is a perpetual feeling
of astonishment, where everything can happen and where you never get
bored. You can find everything in Beirut, because Lebanese people come
from everywhere and they bring the whole world with them.

Ayman Baalbaki: Beirut has been a mosaic for hundreds of years, and a sort
of laboratory for minorities, where people live together. This city has
somehow become an example of the breakdown of globalization, an image
of a fragmented world in which our internal borders have been imposed and
have taken the place of our external borders. Otherwise, how does one justify
the reoccurrence of these borders in our globalized world?
My installation summarizes the archive work of regional geopolitics that
I started several years ago, but this time in a broader geographical context.

**Nada Ghandour: Both compositions deal with issues inherent to
humankind . Each one has its own subject, its own means of expression
and its own codes. Through Beirut, a world city, they highlight the
challenges and the sociopolitical issues of our world today. They echo
and complement each other.**

Danielle Arbid : Pour moi, la beauté de l'œuvre d'Ayman c'est sa grandeur, ce n'est pas quelque chose que l'on observe simplement, c'est une installation à l'échelle de l'homme. Nos deux œuvres travaillent cette question du rapport. Nous sommes tous les deux dans la rue, le spectateur est en voiture avec moi pour pénétrer ensuite dans son gratte-ciel.

Nada Ghandour : Quel est le rapport de vos œuvres au monde contemporain ?

Danielle Arbid : Beyrouth est une ville où l'on vit dehors, avec cette habitude très méditerranéenne de mettre une chaise devant sa porte. Pour moi, Beyrouth c'est la rue. Une rue où l'étonnement est permanent, où tout peut arriver et où l'on ne s'ennuie jamais. On trouve tout à Beyrouth, car les Libanais viennent de partout et emmènent le monde avec eux.

Ayman Baalbaki : Depuis des centaines d'années, Beyrouth est une mosaïque, un laboratoire de minorités où les gens vivent ensemble. Cette ville est en quelque sorte devenue un exemple de l'échec de la mondialisation, une image du monde fragmenté, dans lequel nos frontières intérieures ont été imposées et ont pris la place de nos frontières extérieures. Comment expliquer, sinon, le retour de ces frontières dans notre monde globalisé ?
Mon installation condense le travail d'archive de la géopolitique régionale que j'ai commencé il y a déjà plusieurs années, pris cette fois-ci dans un contexte géographique plus large.

Nada Ghandour : Les deux œuvres traitent de questions inhérentes à l'homme. Chacune possède son sujet, ses moyens d'expression et ses codes. À travers Beyrouth, ville-monde, elles pointent les défis et les enjeux politico-sociaux de notre monde actuel. Elles se répondent et sont complémentaires.

The artworks: progression and excerpts
Les œuvres : évolution et extraits

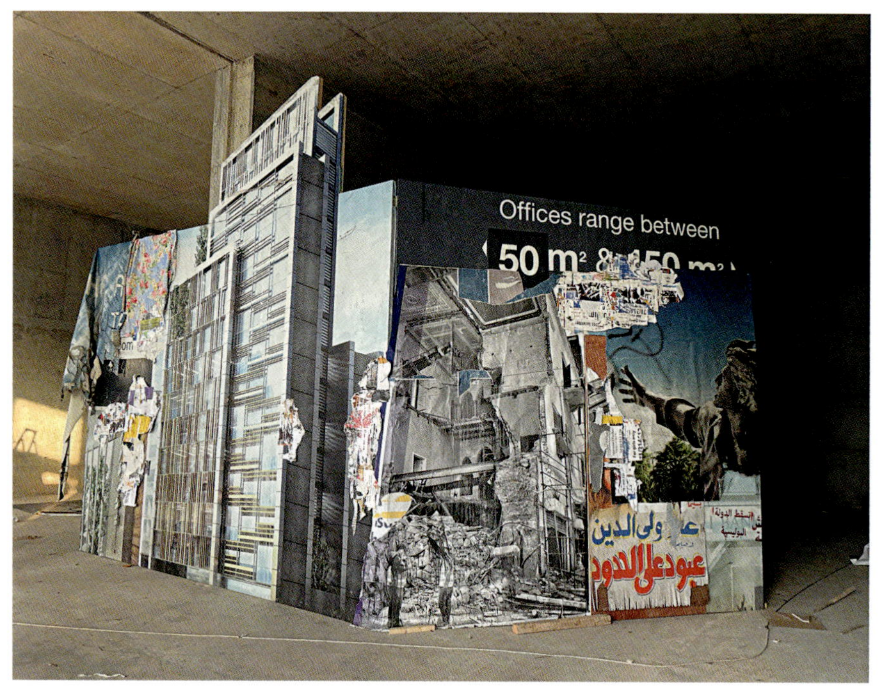
Offices range between
50 m² & 150 m²

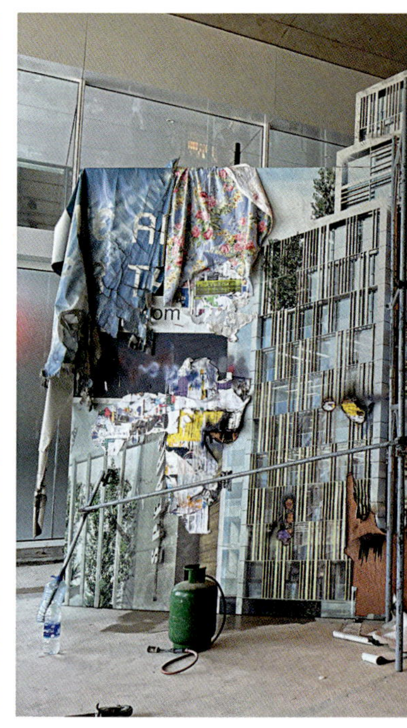

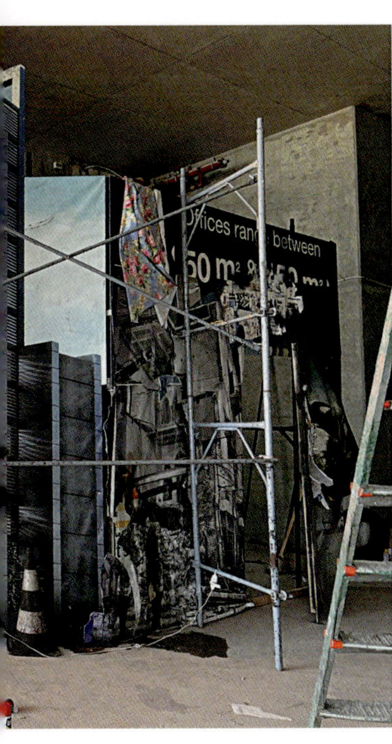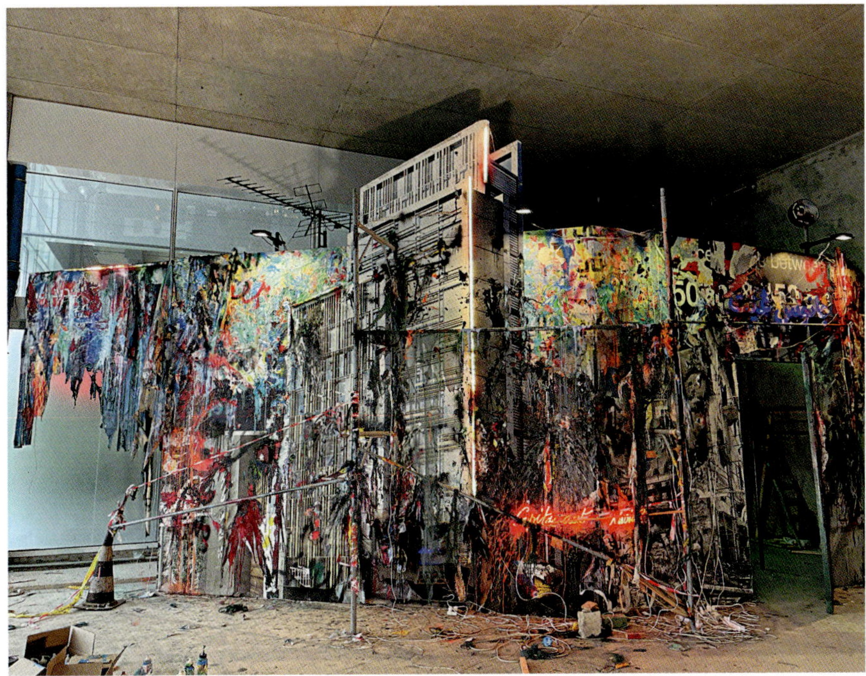

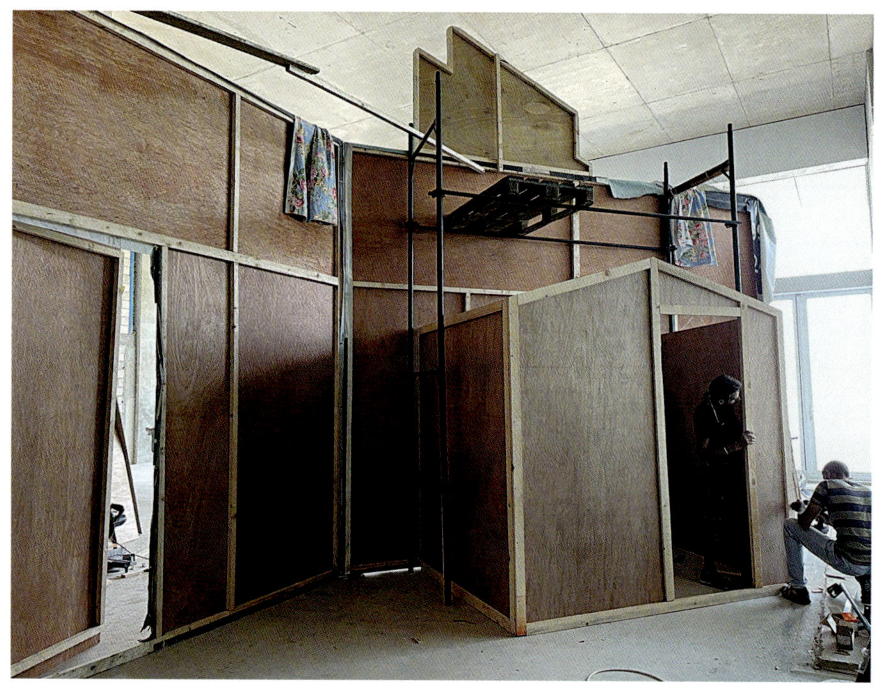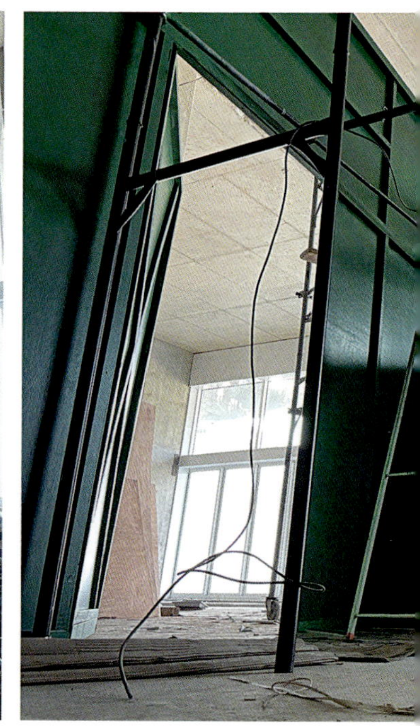

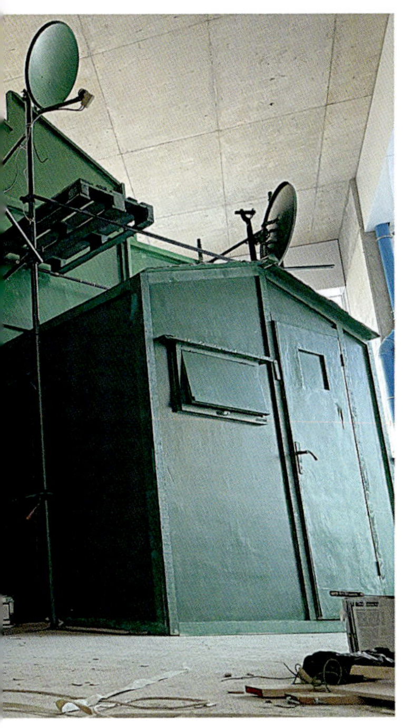 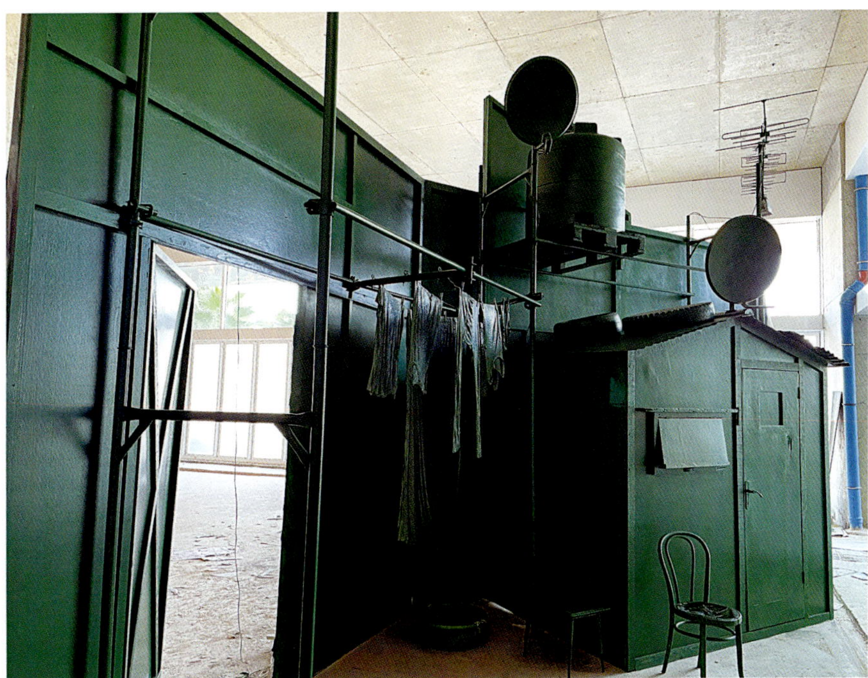

Ayman Baalbaki, sources of inspiration
Ayman Baalbaki, sources d'inspiration

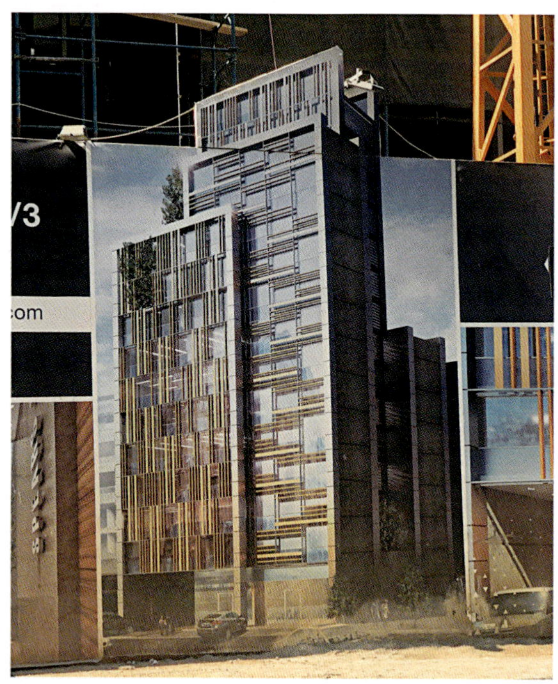
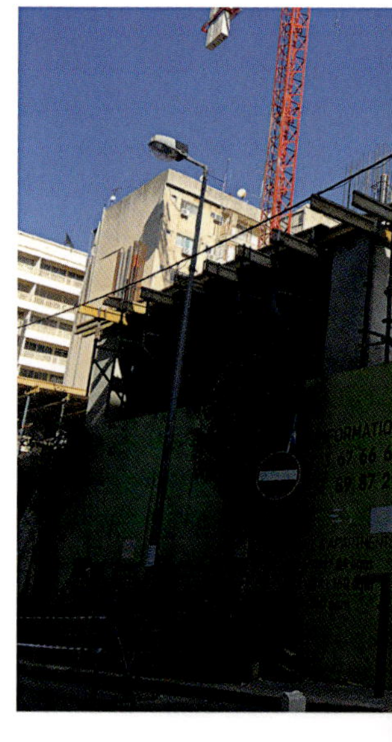
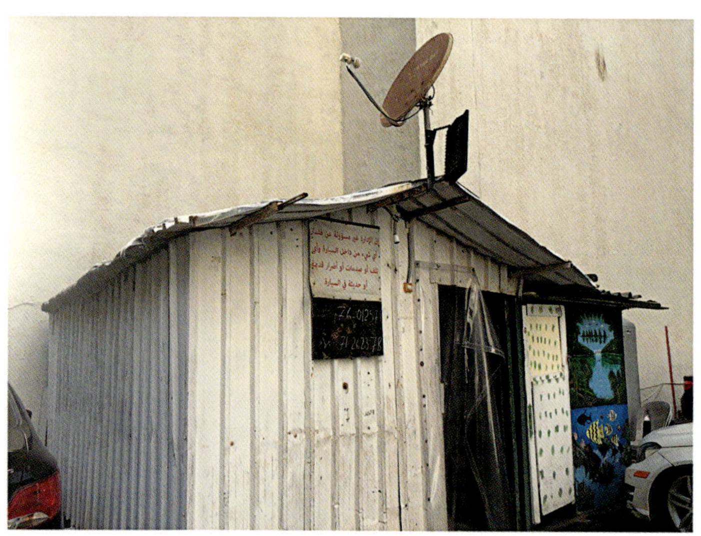
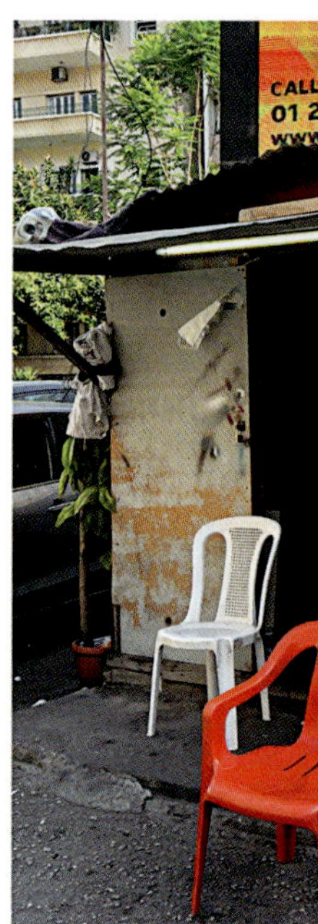

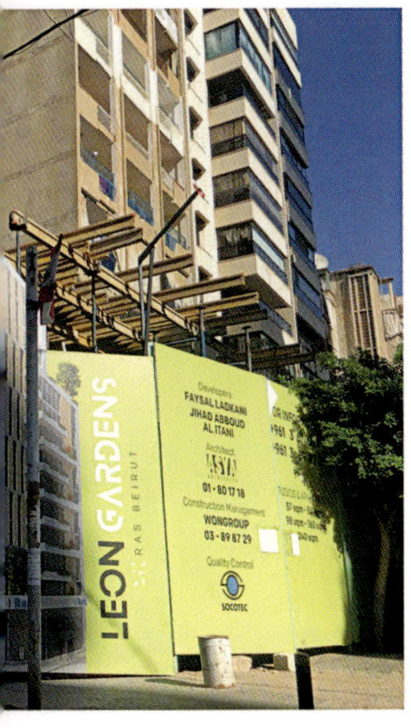

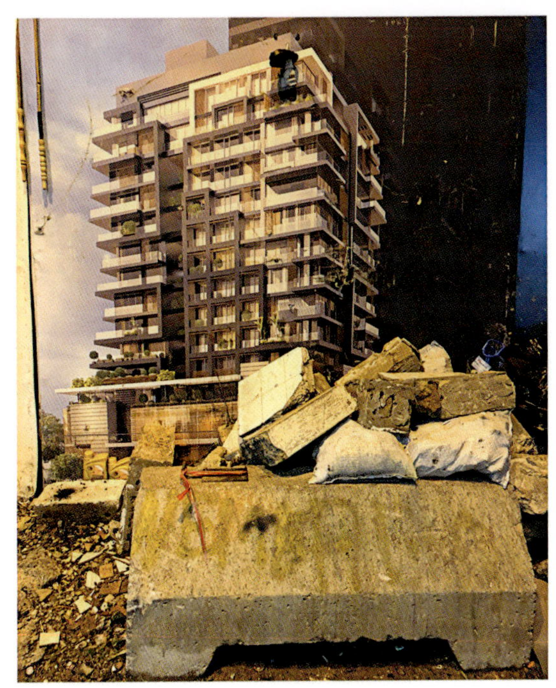

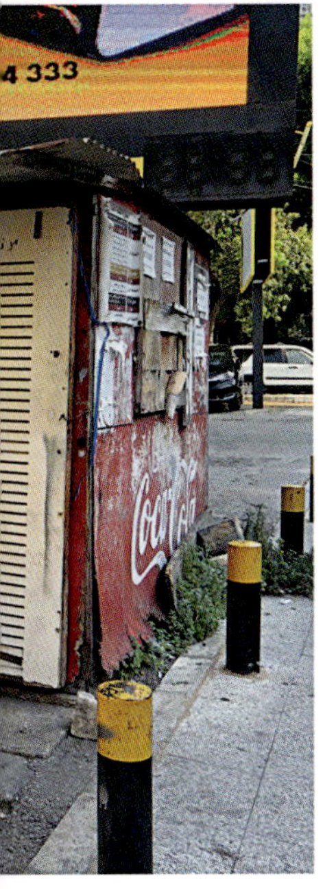

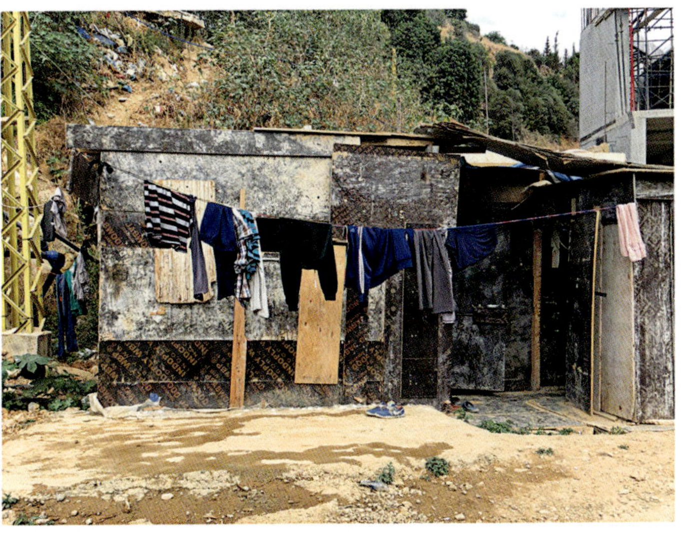

Danielle Arbid, video excerpts
Danielle Arbid, extraits vidéo

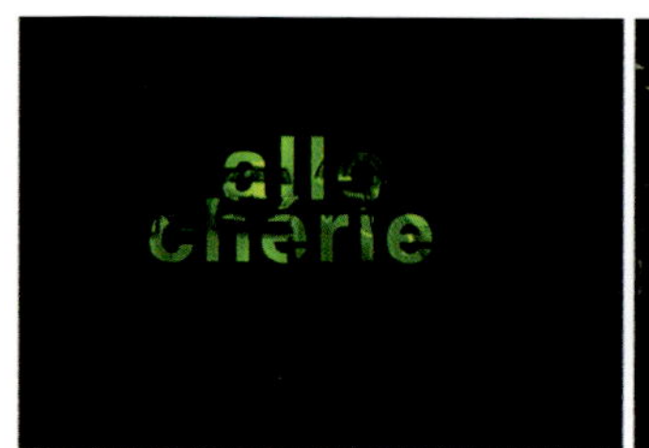

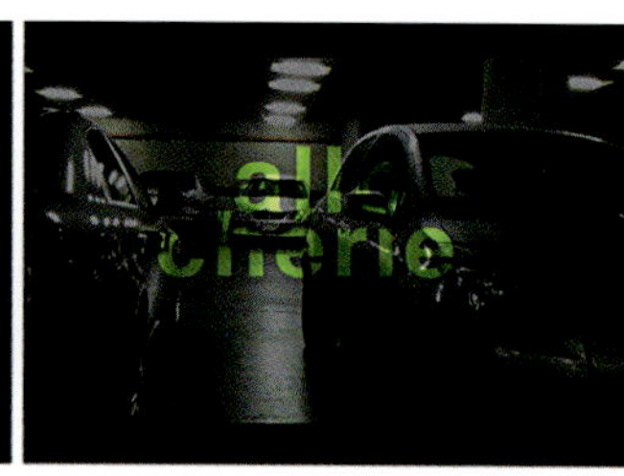

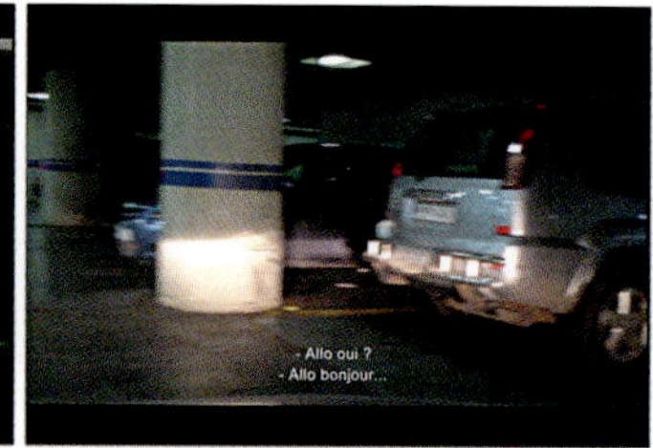

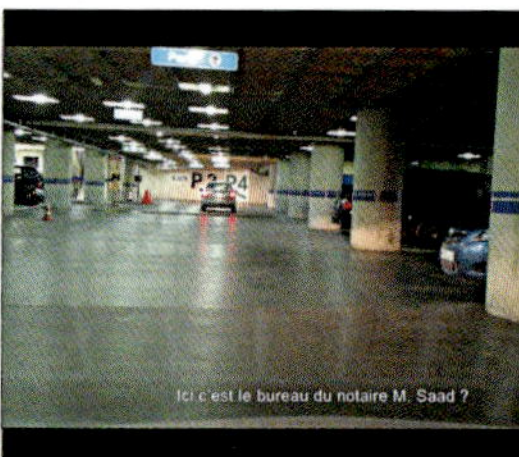

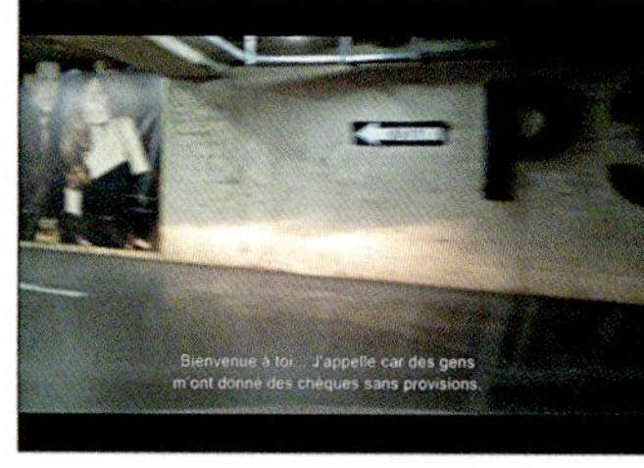

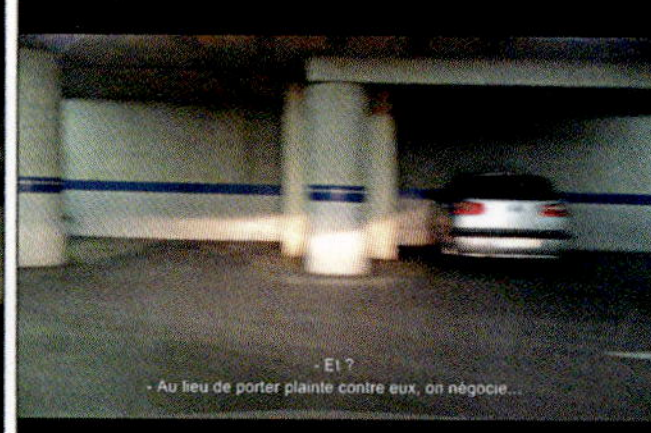

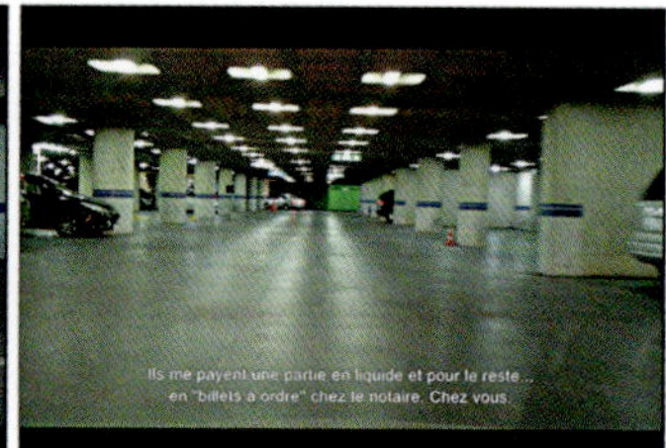

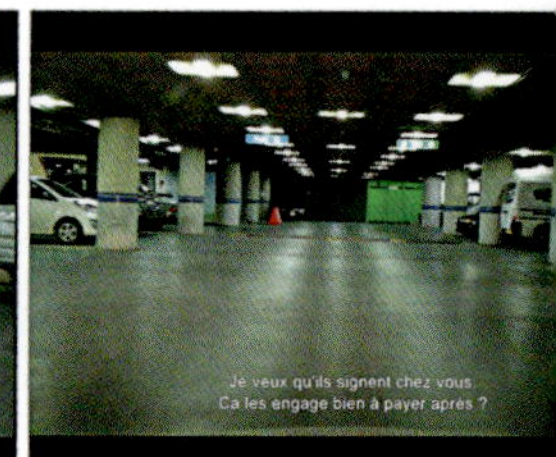

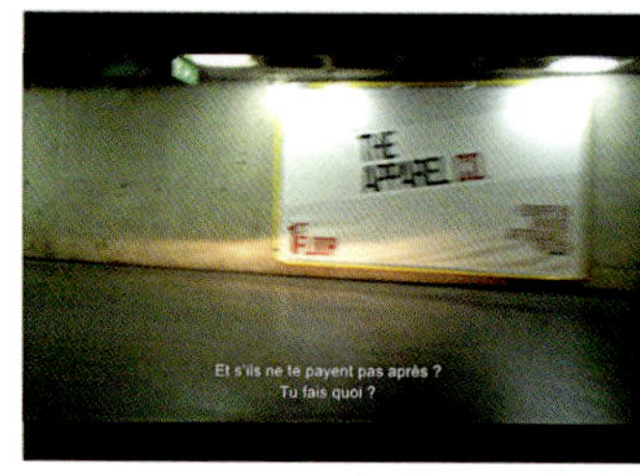

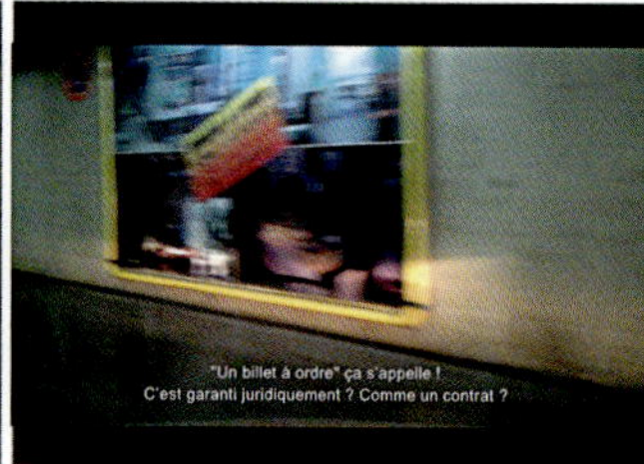

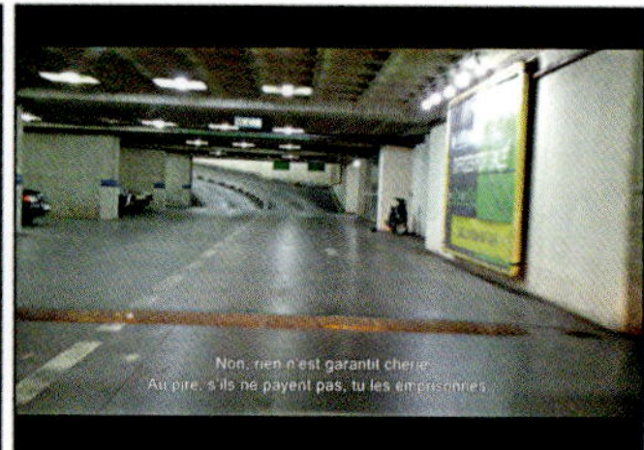

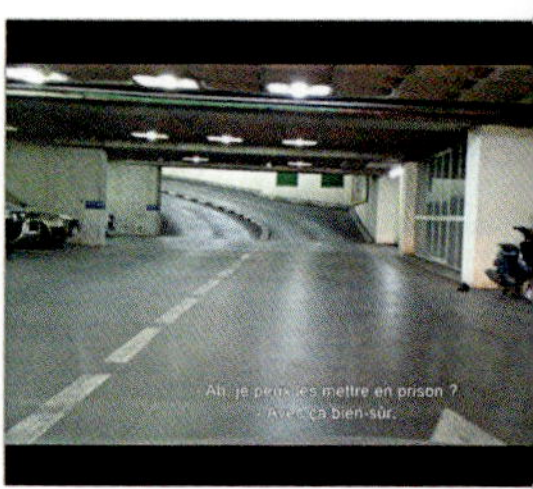

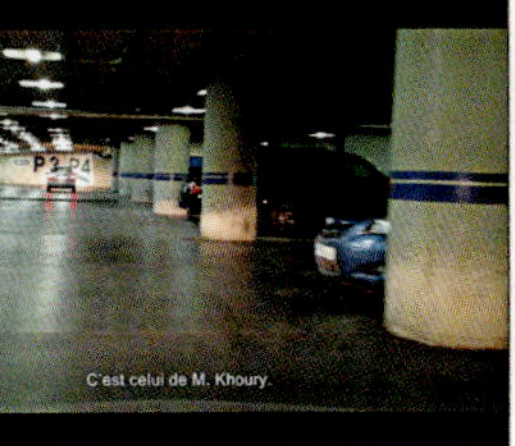
C'est celui de M. Khoury.
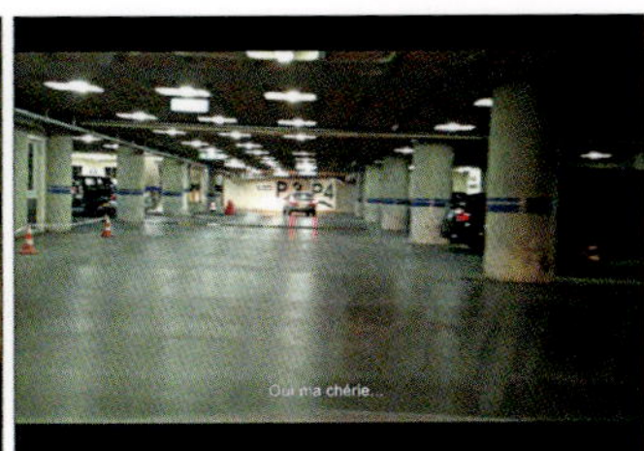
Oui ma chérie.
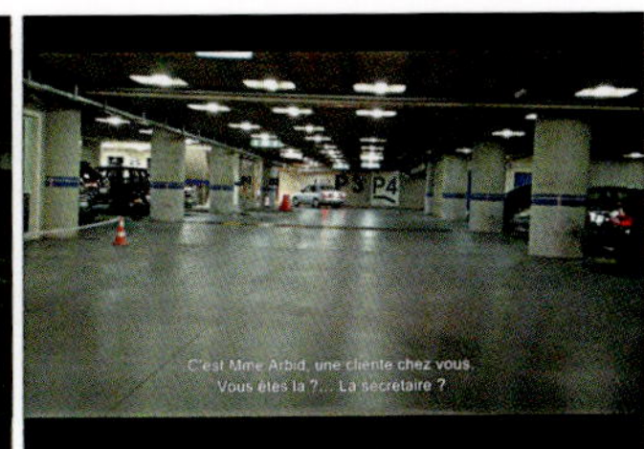
C'est Mme Arbid, une cliente chez vous.
Vous êtes la ?... La secrétaire ?
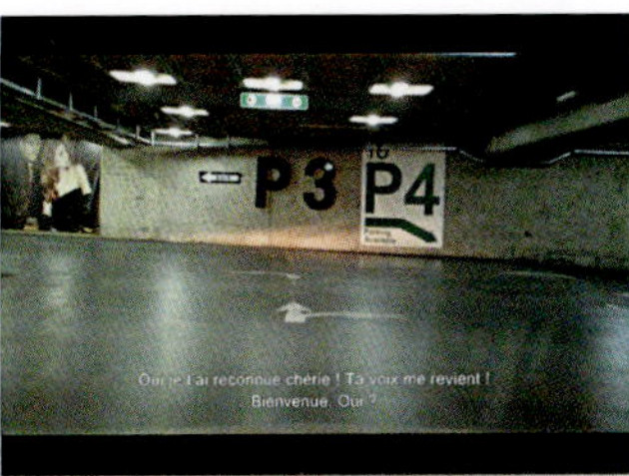
Oui je t'ai reconnue chérie ! Ta voix me revient !
Bienvenue. Oui ?

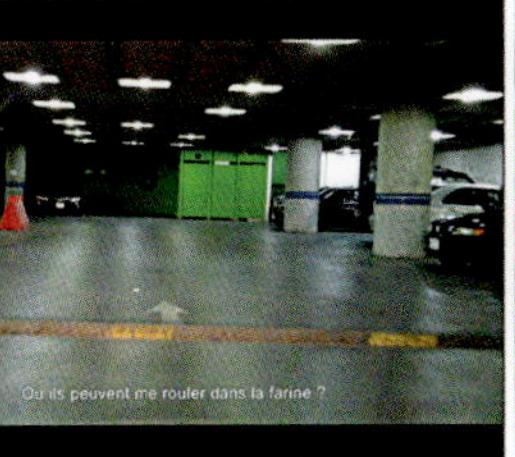
Ou ils peuvent me rouler dans la farine ?
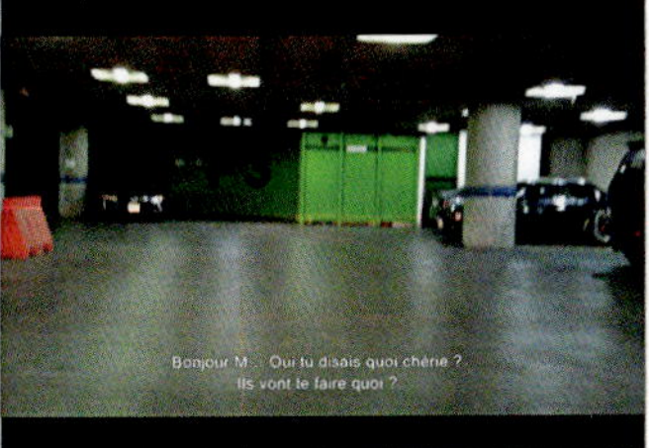
Bonjour M . Oui tu disais quoi chérie ?
Ils vont te faire quoi ?
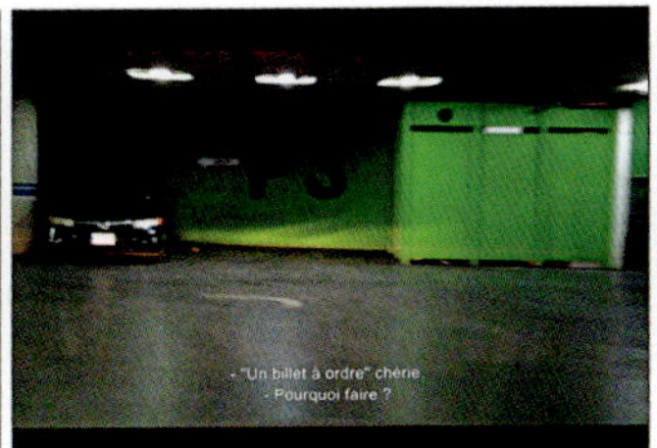
- "Un billet à ordre" chérie.
- Pourquoi faire ?
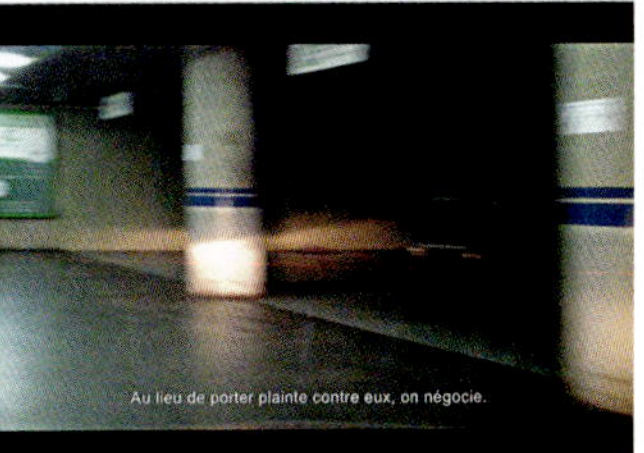
Au lieu de porter plainte contre eux, on négocie.

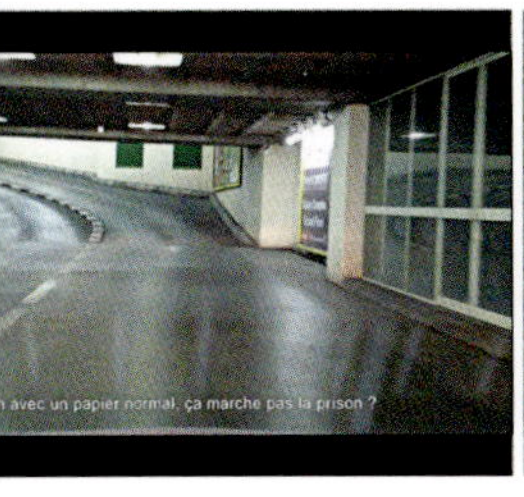
h avec un papier normal, ça marche pas la prison ?
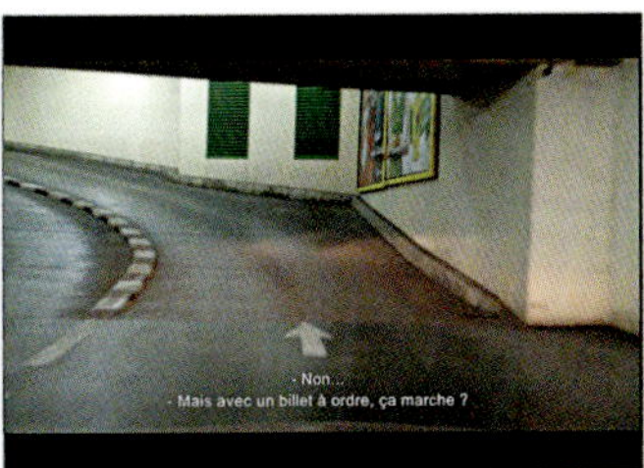
- Non...
- Mais avec un billet à ordre, ça marche ?
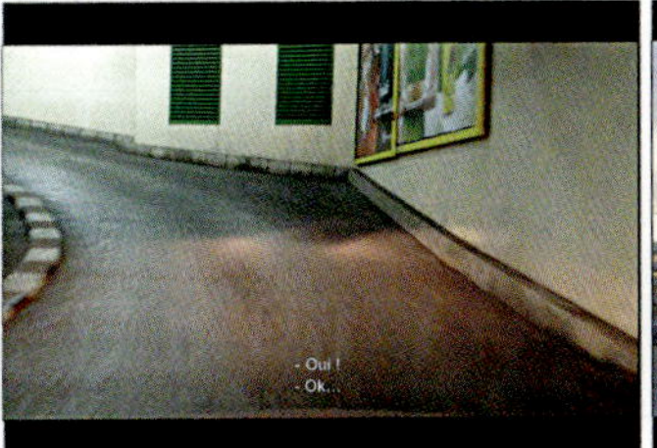
- Oui !
- Ok...
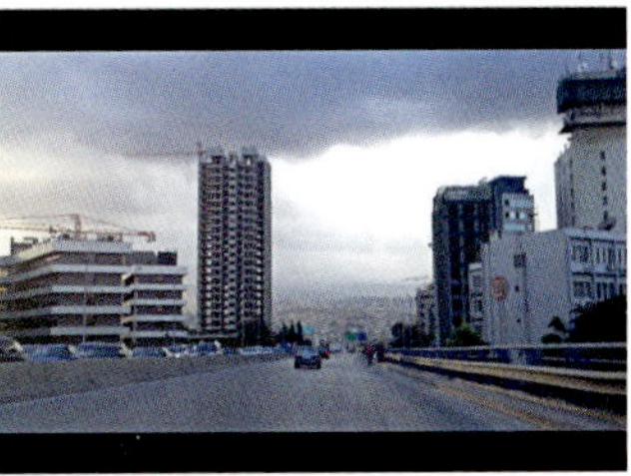

Danielle Arbid, video excerpts
Danielle Arbid, extraits vidéo

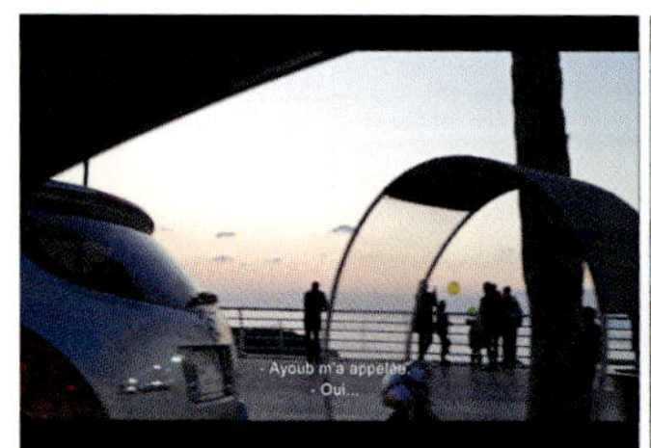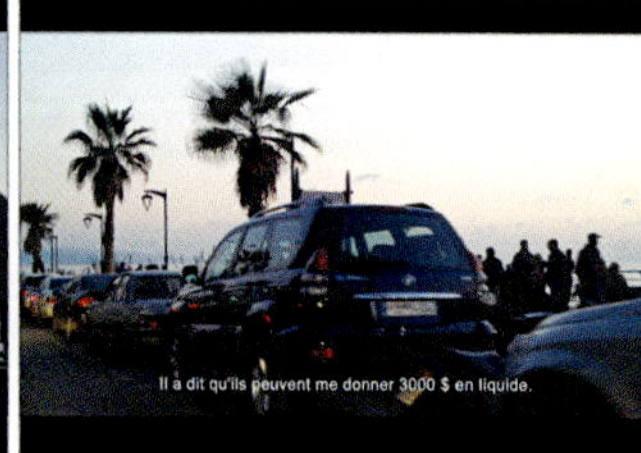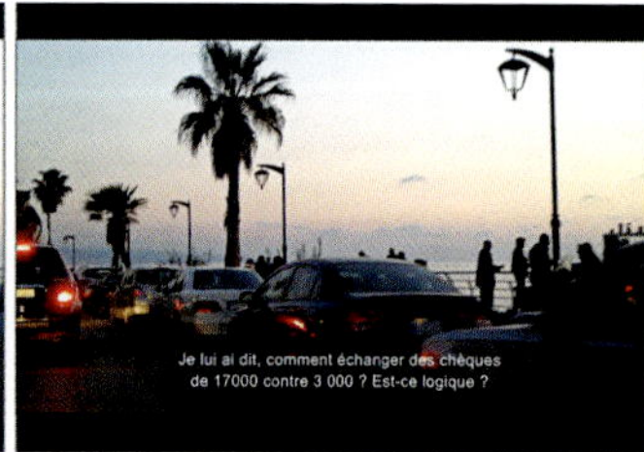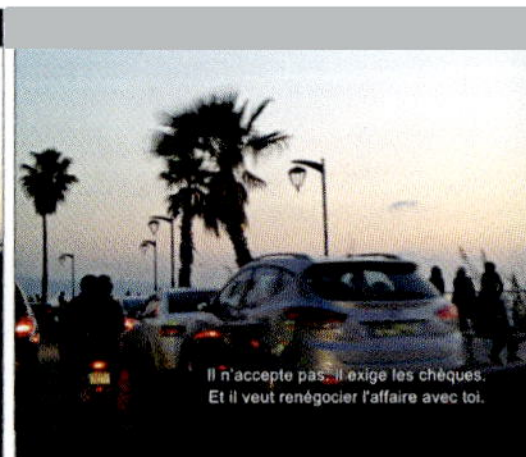

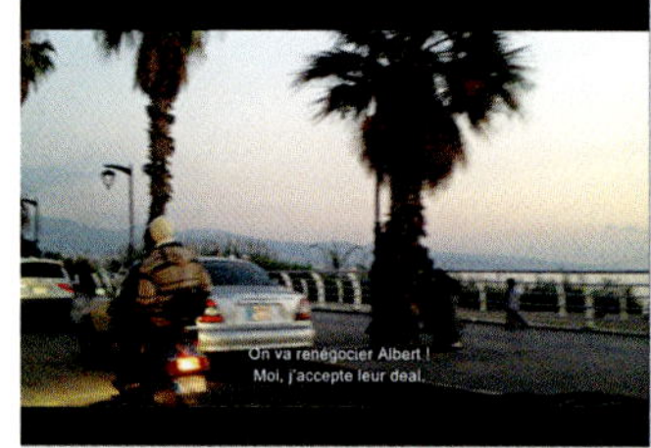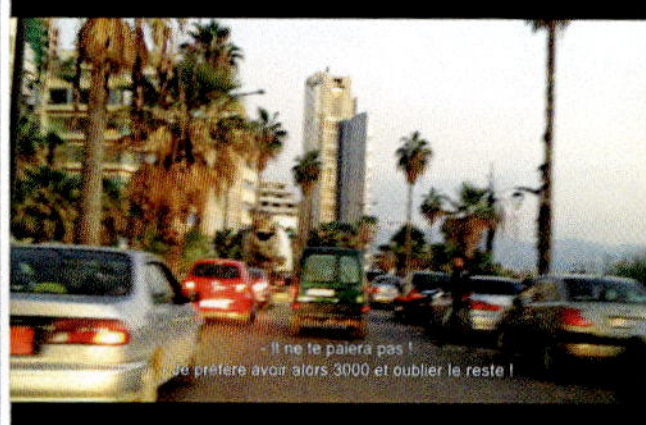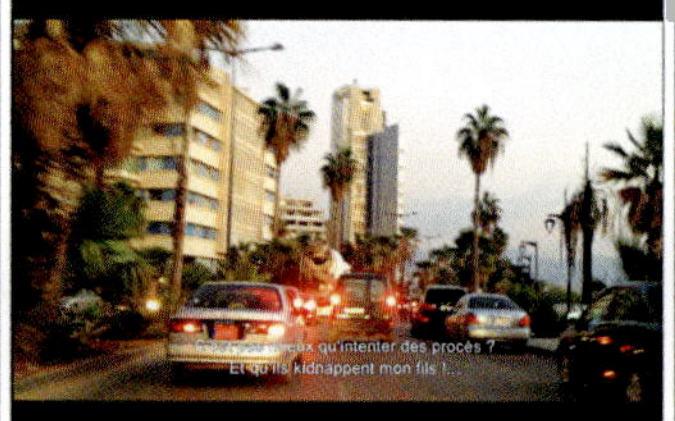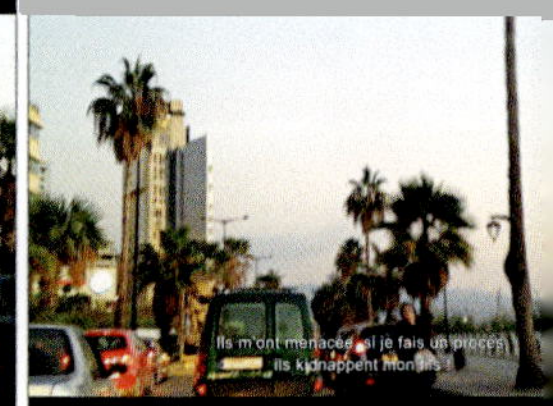

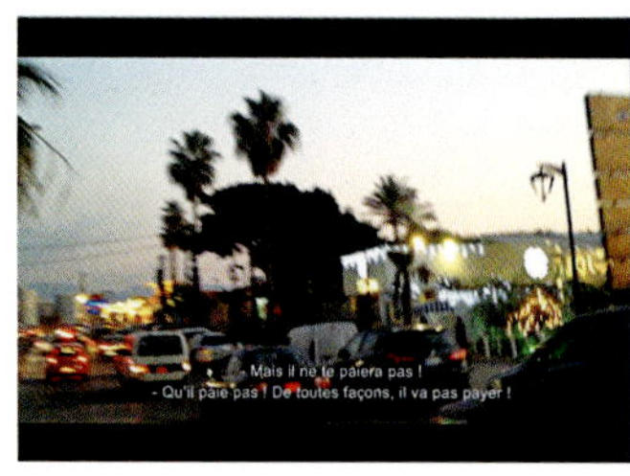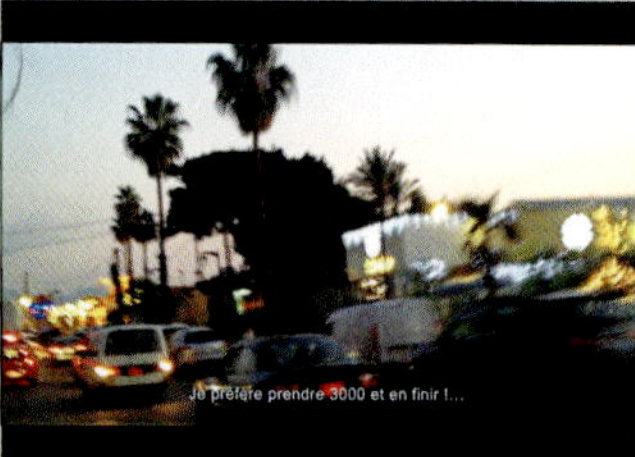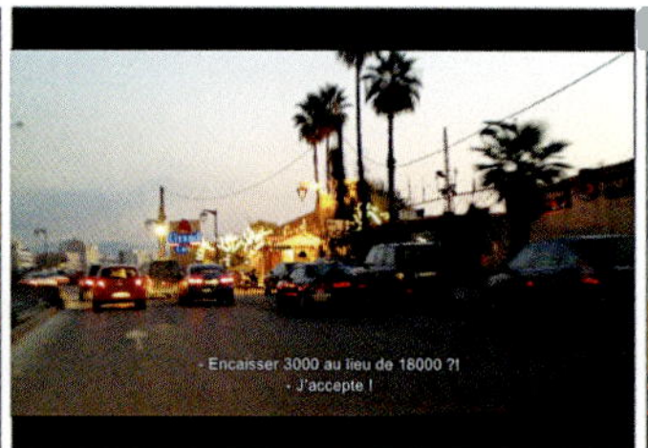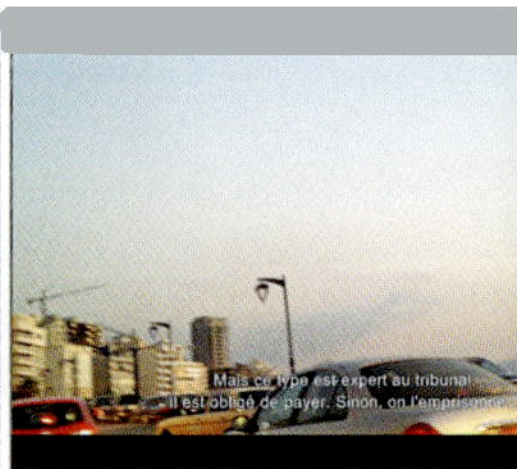

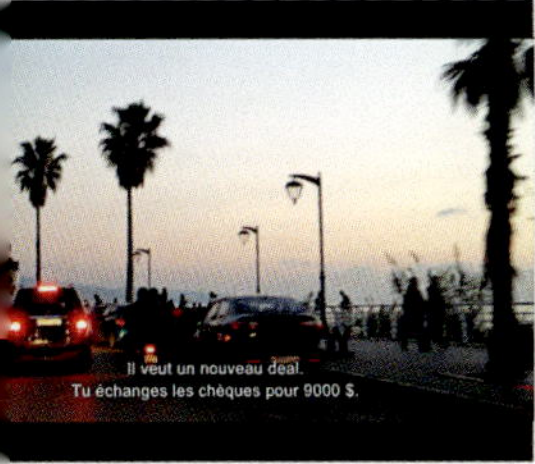

Il veut un nouveau deal.
Tu échanges les chèques pour 9000 $.

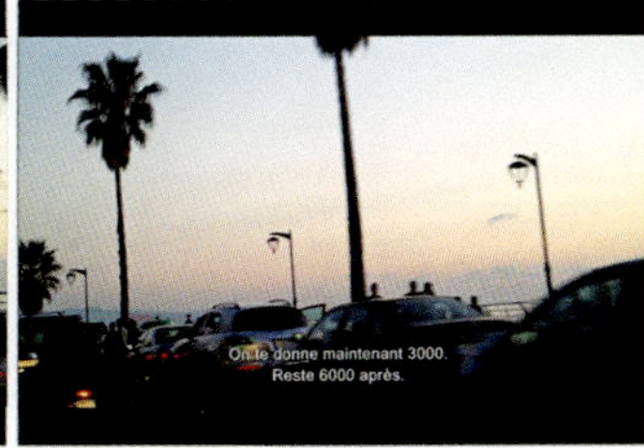

On te donne maintenant 3000.
Reste 6000 après.

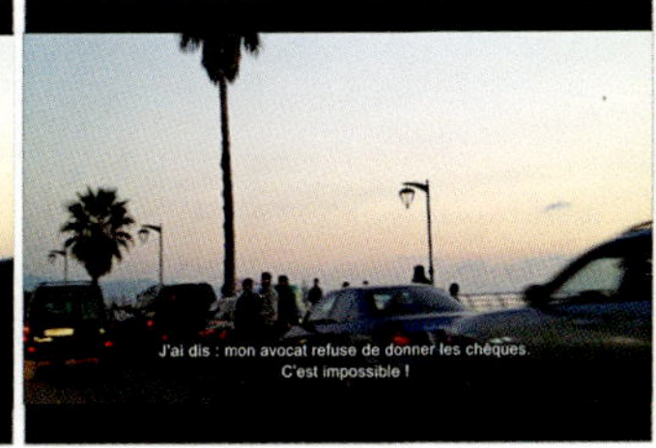

J'ai dis : mon avocat refuse de donner les chèques.
C'est impossible !

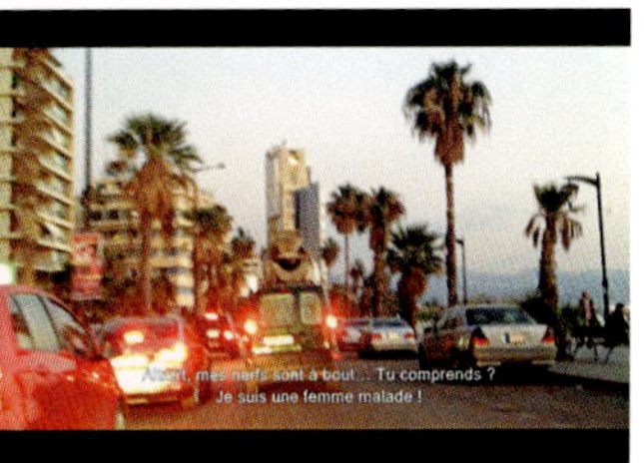

Albert, mes nerfs sont à bout... Tu comprends ?
Je suis une femme malade !

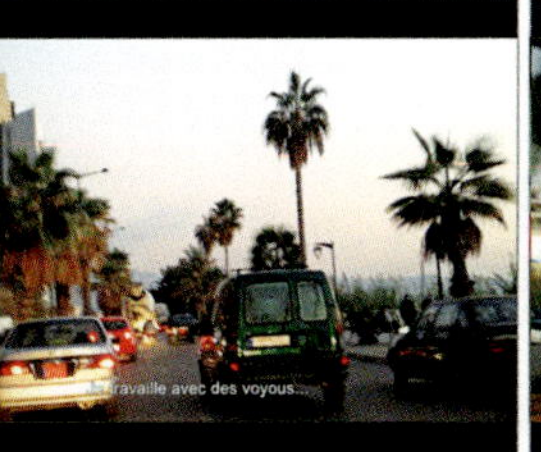

travaille avec des voyous...

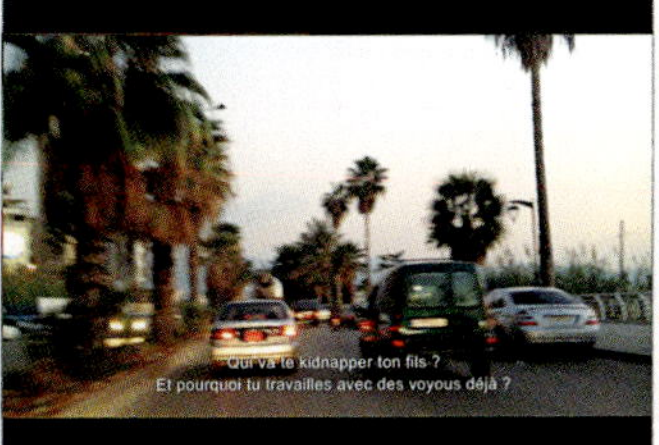

Qui va le kidnapper ton fils ?
Et pourquoi tu travailles avec des voyous déjà ?

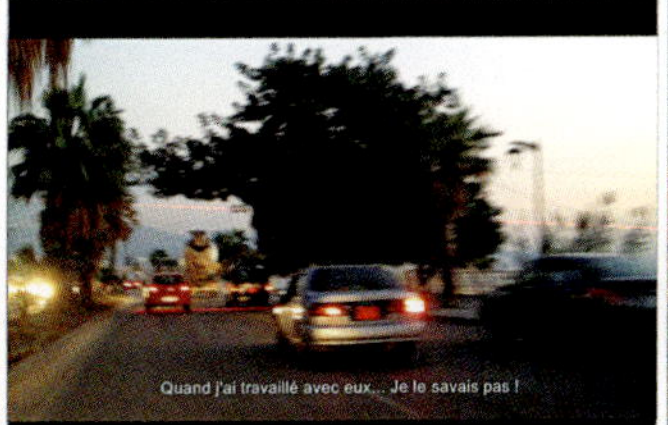

Quand j'ai travaillé avec eux... Je le savais pas !

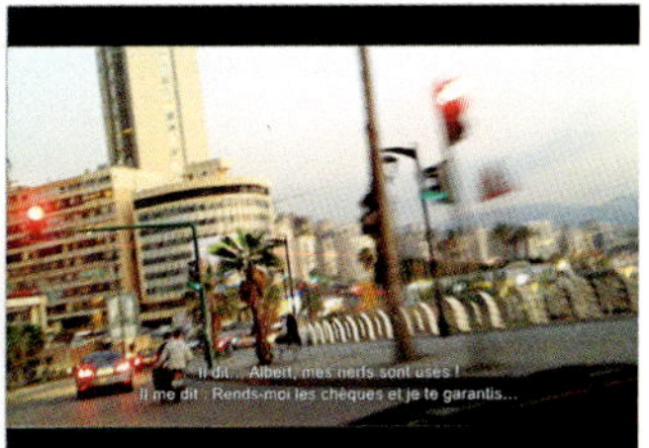

Il dit... Albert, mes nerfs sont usés !
Il me dit : Rends-moi les chèques et je te garantis...

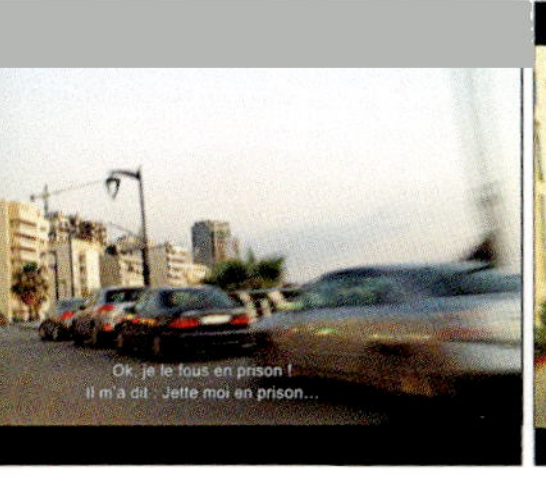

Ok, je le fous en prison !
Il m'a dit : Jette-moi en prison...

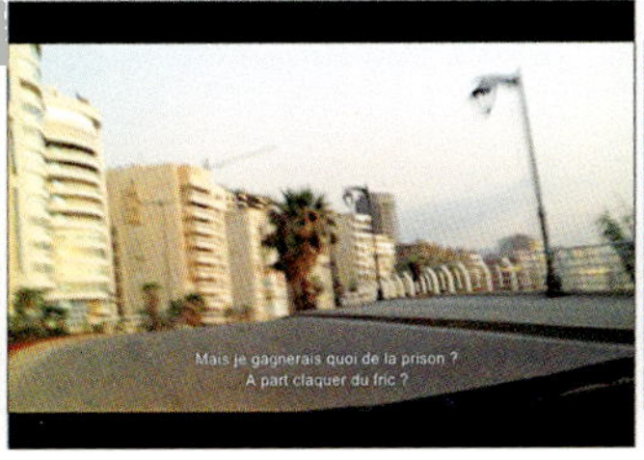

Mais je gagnerais quoi de la prison ?
A part claquer du fric ?

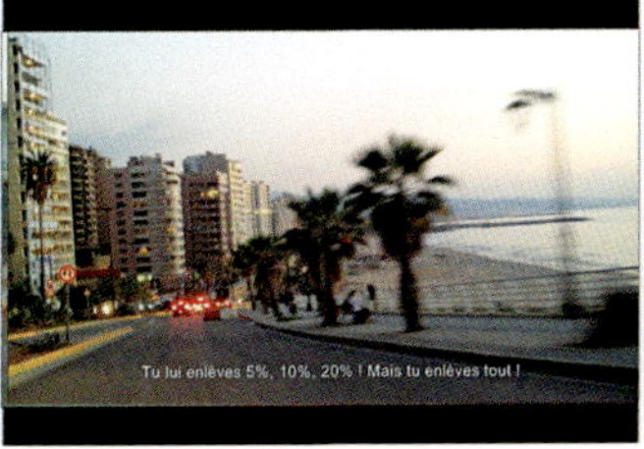

Tu lui enlèves 5%, 10%, 20% ! Mais tu enlèves tout !

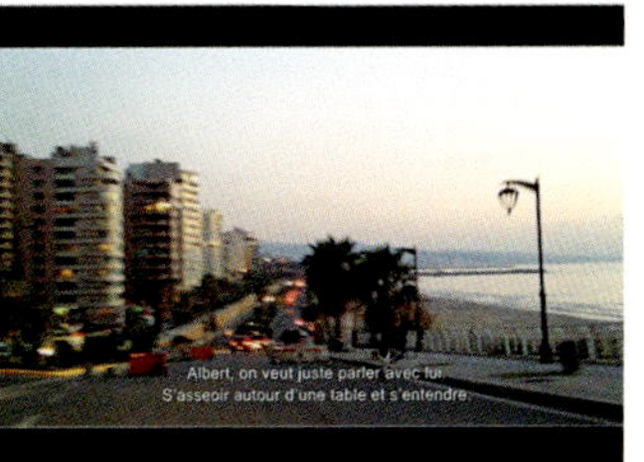

Albert, on veut juste parler avec lui.
S'asseoir autour d'une table et s'entendre.

Essays

Essais.

Danielle Arbid, Finding a pathway
PASCALE CASSAGNAU

*"I have shown elsewhere that beauty presents itself as an absolute end:
it is the free appeal that creative freedom addresses to all other freedoms."*

Jean-Paul Sartre, *Saint Genet, Actor and Martyr*

In Danielle Arbid's cinema, the Lebanese family saga makes up the very space of films, as it constitutes a field of adventure, a ground to explore and a language territory. In *Conversations de salon*, the regulated play on words makes for the fundamental scene of a language conflict. Arbid's films feature "integration rituals," which the American sociologist Erving Goffman tackles in his essay about the role of language and words in the composition of social identities. Through short and feature films, Arbid focuses on the space of dialogues that fully lead the action and progress of narratives. From *Alone with War* (2000), *On Borders* (2002), *Conversations de salon* (2004-2009) and *Us* (2005) to *In the Battlefields* (2004), *A Lost Man* (2007), *Beirut Hotel* (2012), *Parisienne* (2015), *Fire at Heart* (2017) and *Simple Passion* (2020) and the multiple micro-narratives of all of her films, one finds so many micro-stories that engage with the history of Lebanon, a mirror that in turn, bears witness to the French political reality, such as in *Parisienne* (2015) or *Fire at Heart* (2017).

What's more, the chronologies of the films create a meeting point between the present and the past on one hand and the past and the present on the other. It is as if in the autobiographical pact to which this cinema invites us, history and its tales keep repeating themselves, as if to blur hidden content or conceal human and factual dimensions. With *Beirut Hotel*, the dissimulation hypothesis and the play on political mystifications result in an aspect of blurring of scenes and counter-scenes in the film.

The family saga, or the historical saga, is manifested in the interplay between fictional and documentary aspects under the gaze of a camera that absorbs, just like a sieve, and remembers all the data it observes. In Arbid's cinema, seeing and observing characters, places and situations result from a sort of insistence. Insistence is notably a pattern in *Simple Passion* (2020), the first film unrelated to Lebanon and an adaptation of the eponymous novel by

Danielle Arbid, Trouver un passage
PASCALE CASSAGNAU

*«J'ai montré ailleurs que la beauté se présente comme une fin absolue :
c'est le libre appel qu'une liberté créatrice adresse à toutes les autres libertés.»*

Jean-Paul Sartre, *Saint Genet. Comédien et martyr*

Le cinéma de Danielle Arbid fait du roman familial libanais l'espace même du film, un terrain d'aventures, un motif à explorer, un territoire de langage. Dans *Conversations de salon*, le jeu réglé de la parole est le lieu cardinal d'un conflit langagier. Ses films mettent en scène les « rites d'intégration » dont parle le sociologue américain Erving Goffman dans son essai sur la place du langage et de la parole dans la constitution des identités sociales. À travers courts et longs métrages, son attention se porte en effet sur l'espace des dialogues qui portent intégralement l'action et l'avancée des récits. De *Seule avec la guerre* (2000), *Aux Frontières* (2002), *Conversations de salon* (2004-2009), *Nous* (2005) à *Dans les champs de bataille* (2004), *Un homme perdu* (2007), *Beyrouth Hôtel* (2012), *Peur de rien* (2015), *Le Feu au cœur* (2017) et *Passion simple* (2020), les multiples microrécits qui scandent tous ses films sont autant de microhistoires qui engagent l'histoire du Liban, miroir à son tour qui témoigne de la réalité politique de la France, comme dans *Peur de rien* (2015) ou le *Feu au cœur* (2017).

En outre, les chronologies mises en jeu dans les films croisent le présent au passé et le passé au présent, comme si dans le pacte autobiographique auquel ce cinéma nous invite, l'histoire et ses histoires se répètent, reviennent toujours sur elles-mêmes, comme pour brouiller des contenus cachés, des dimensions humaines et factuelles à dissimuler. Avec *Beyrouth Hôtel*, l'hypothèse d'une dissimulation, le jeu des mystifications politiques donnent au film la forme d'un brouillage généralisé des scènes et contre-scènes.

Le roman familial ou le roman historique est décliné au travers du jeu croisé de la fiction et du documentaire, sous le regard d'une caméra qui absorbe, à la manière d'un tamis, toutes les données observées en les retenant. Le regard et l'observation des personnages, des lieux et des situations s'effectuent dans le cinéma de Danielle Arbid sous le régime de l'insistance.

Annie Ernaux, whose closed-door structure exposes the exhaustion of content as its fundamental purpose. The room and the world constitute two systematic and irreconcilable scenes, embodied by the characters, to be explored separately. In this cinema, the here and there are mirrored without really coinciding, like *In the Battlefields*, where imprisonment is inevitably shown.

Even in the film *Fire at Heart* (after Aimé Césaire), insistence takes the form of a choreographic pattern, as Arbid films teenagers performing repetitive street dance moves to the sound of an infinite ritornello. The camera frames characters as they perform the steps like spinning tops, performing by turns the same sequence until they wear themselves out.

This sort of repetition compulsion literally affects the *Conversations de salon* series, in an episode of which a character calls another character a "broken record." The very space of the dialogues in the films evokes a genuine psalmody and determines a kind of polyphony between the different sound levels, as dialogues degenerate into cacophony. Be it in a dilated or accelerated tempo, the space of dialogues establishes a specific repetitive period revealing misunderstandings, malfunctions and deadlocks in each and every intra-personal communication.

While repeatedly inventing formal mechanisms and singular narrative modes, Arbid's cinema highlights the apparent and hidden dimensions of the city of Beirut and of Lebanese society, and of the relationship between men and women, and these are behind so many of the problems covered in Arbid's work.

For her project titled *This Smell of Sex* (2008), Arbid designed a diptych-structured film on sex in Beirut in times of virtual war. The two sound and visual aspects constitute a two-tier film: a film where the sound is recorded, edited and mixed, and a film where the image is edited and calibrated.

L'insistance est notamment le motif de *Passion simple,* premier film sans rapport avec le Liban et adaptation du roman éponyme d'Annie Ernaux, dont la structure du huis clos expose l'épuisement du contenu comme son objet profond. La chambre et le monde constituent deux scènes systématiques et irréconciliables, incarnées par les personnages, à explorer séparément. Dans ce cinéma, l'ici et l'ailleurs sont placés en miroir sans véritablement coïncider, comme dans *Dans les champs de bataille,* qui montre un enfermement par nécessité.

L'insistance devient un motif chorégraphique même dans le film *Le Feu au cœur* (d'après Aimé Césaire), dans lequel Danielle Arbid filme des adolescents en train d'exécuter des figures répétitives de *street dance* sur le mode d'une ritournelle infinie. La caméra accompagne par le cadrage les figures qui effectuent les pas dansés comme des toupies exécutant tour à tour une même séquence répétée jusqu'à l'usure.

Cette sorte de compulsion de répétition affecte littéralement la série des *Conversations de salon* dans un épisode de laquelle un personnage traite un autre personnage de « disque rayé ». En effet, l'espace même des dialogues des films relève d'une véritable psalmodie, détermine une sorte de polyphonie entre les différents niveaux sonores. L'échange des dialogues tourne à la cacophonie. Temps dilaté ou temps accéléré, l'espace des dialogues instaure une durée spécifique répétitive qui révèle les malentendus, les ratés et les impasses de toute communication intrapersonnelle.

Le cinéma de Danielle Arbid met en exergue, en inventant à chaque fois des dispositifs formels et des modes narratifs singuliers, les dimensions avérées et cachées de la ville de Beyrouth, de la société libanaise, du rapport entre les hommes et les femmes qui sont autant de problématiques propres au travail de Danielle Arbid.

"But not together. Two films in one. But two very contradictory films," as stated by the filmmaker when asked about the form of the film. The film's diptych structure underlines the very nature of this theater of words that witnessed a "confrontation" between the masculine and the feminine. The in-between notion constitutes here an important element of the filmic space, familiar with Arbid's cinema, testifying to the place of a dialectic narrative that disturbs the stories. The secret also lies in this fractured space, as in *In the Battlefields*, where the work of approximate memory underlines the missing part with which reality is affected. It is in the direction of this missing part of memory and secrecy that the films engage, as they notably take the form of instructive films, such as *Parisienne*. As far as society and an entire country are concerned, instructions about oneself and others inevitably take the form of a solitary journey through a dual family and national saga. Directed solely by Danielle Arbid, the films *Alone with War* and *On the Borders* expose an interrogative and courageous journey from Lebanon to Syria toward Egypt and Jordan to question the stigmas and fractures plaguing territories still at war, the open space of a void left after the end of hostilities, the unspoken, the amnesia. The first short film *Raddem* (*Demolition*) produced in 1998 already questioned the hiatus between an archival photography and Lebanon's geopolitical reality at the end of the civil war, which photography was supposed to reproduce.

Arbid's films are all about travel, paths through conflicting realities, and *Allô Chérie* (2015) perfectly models a filmic space inviting spectators to dive into a space of logorrheic and paranoid language, accompanied by the only exercise of proliferating words while engaged in successive autistic dialogues with interchangeable and invisible interlocutors.

With *Allô Chérie*, a long forward tracking shot taken in Beirut, the exercise of words manifests itself as the site of a solitary and conflicting monologue

Pour son projet intitulé *This Smell of Sex* (2008), Danielle Arbid a conçu un film en forme de diptyque sur le sexe à Beyrouth en temps de quasi-guerre. Les deux tableaux sonores et visuels constituent un film à deux vitesses : un film où le son est enregistré, monté et mixé. Puis à son tour, un film où l'image est montée et étalonnée. « Mais pas ensemble. Deux films en un. Mais deux films très contradictoires », comme l'écrit la cinéaste au sujet de la forme du film. La structure en diptyque du film souligne la nature même de ce théâtre de parole qui voit « s'affronter » le masculin et le féminin. La notion d'entre-deux constitue ici un élément important de l'espace filmique, familier du cinéma de Danielle Arbid, témoignant de la place d'une dialectique narrative qui déréalise de l'intérieur les récits. Le secret habite aussi bien cet espace fracturé, comme dans *Dans les champs de bataille*, où le travail du souvenir approximatif souligne la part manquante dont est affecté le réel. C'est en direction de cette part manquante du souvenir et du secret que s'engagent ici les films, prenant notamment la forme de films d'apprentissage, tel *Peur de rien*. L'apprentissage de soi et des autres, à la hauteur d'une société et d'un pays entier, prend nécessairement la forme d'un cheminement solitaire à travers un double roman familial et national. Réalisés par Danielle Arbid seule, les films *Seule avec la guerre* et *Aux frontières* exposent un cheminement interrogatif et courageux du Liban, à la Syrie, vers l'Égypte et la Jordanie, pour interroger les stigmates et les fractures de territoires encore récemment en guerre, la béance d'un vide laissé après la fin des hostilités, les non-dits, l'amnésie. Le premier court-métrage, *Raddem* (« Démolition »), réalisé en 1998, interrogeait déjà le hiatus entre une photographie-archive et la réalité géopolitique du Liban, à la fin de la guerre civile que la photographie était censée reproduire.

Si les films de Danielle Arbid sont tous des récits de voyages, des cheminements à travers des réalités conflictuelles, *Allô Chérie* modélise à la perfection un espace filmique qui convie le spectateur à une plongée dans

that is less engaged in an intention of communication than in its own perpetuation.

The main character (the filmmaker's own mother) drives around town while calling her bankers, her lawyer, her friends, her creditors and her debtors. All of the conversations bear witness to a gradually unveiled enigmatic reality yet fail to resolve the questions raised, the underlying conflicts and the tensions suggested. At times, the emphatic nature of the language is marred by absurdity and burlesque. Film critic Charlotte Garson once wrote that "calling the secretaries 'Chérie' is fruitless: Jeanette says she is exhausted, drained by worries and insomnia, even if her ability to make one call after another suggests that she still has verbal fuel to spare. As far as friendly interludes are concerned, the exchanges with her friends rather underline the gap between the agonizing urgency of her situation ('I'm afraid they'll kidnap my son!'; 'I worked with thugs') and the light-hearted humor of some interlocutors ('a 110-year-old woman gave birth yesterday')." The car serves as an intimate cabin where the theater of words privately rolls out, framed by the dimensions of a windshield giving onto an urban landscape, supported by sequences of long shots.

Arbid's cinema is an attempt to solve enigmas, her films being instructive journeys and enlightening walks. And *Allô Chérie* exposes the city as an experience, knowing that the experiences covered by the film constitute so many attempts at finding a pathway through the opacity of the world.

un espace de langage logorrhéique et paranoïaque, porté par le seul exercice de la parole proliférante, engagée dans des dialogues autistes successifs avec des interlocuteurs interchangeables et invisibles.

Avec *Allô Chérie* (2015), long travelling avant filmé dans Beyrouth, l'exercice de la parole en effet se présente comme le lieu d'un monologue solitaire et conflictuel, moins engagé dans une intention de communication que dans sa propre perpétuation.

Le personnage principal – la propre mère de la cinéaste – parcourt la ville en téléphonant au volant de sa voiture à ses banquiers, son avocat, ses amis, ses créanciers, ses débiteurs. Toutes ces conversations témoignent d'une réalité énigmatique dévoilée par bribes, sans véritable résolution des questions posées, des conflits sous-jacents et des tensions suggérées. La nature emphatique du langage confine ici parfois à l'absurde et au burlesque. Comme l'écrit la critique de cinéma Charlotte Garson : « Les "Chérie" prodigués aux secrétaires n'y font rien : Jeannette se dit à bout, épuisée par le souci et l'insomnie, même si sa capacité à enchaîner les appels suggère qu'elle a encore du carburant verbal à revendre. Intermèdes amicaux, les échanges avec ses amies soulignent plutôt le fossé entre l'urgence angoissante de sa situation (« J'ai peur qu'ils kidnappent mon fils ! », « J'ai travaillé avec des voyous ») et l'humeur badine de certaines interlocutrices (« Une femme de 110 ans a accouché hier »). La voiture est un habitacle intime où se joue le théâtre privé de la parole, cadré aux dimensions du parebrise ouvert sur le paysage urbain qui défile, porté par de longs plans-séquences.

Si le cinéma de Danielle Arbid est une tentative de résoudre des énigmes, si ses films sont des voyages et des promenades d'apprentissage, *Allô Chérie* expose la ville comme expérience, et les expériences de la ville menées par le film sont autant de tentatives pour trouver un passage dans l'opacité du monde.

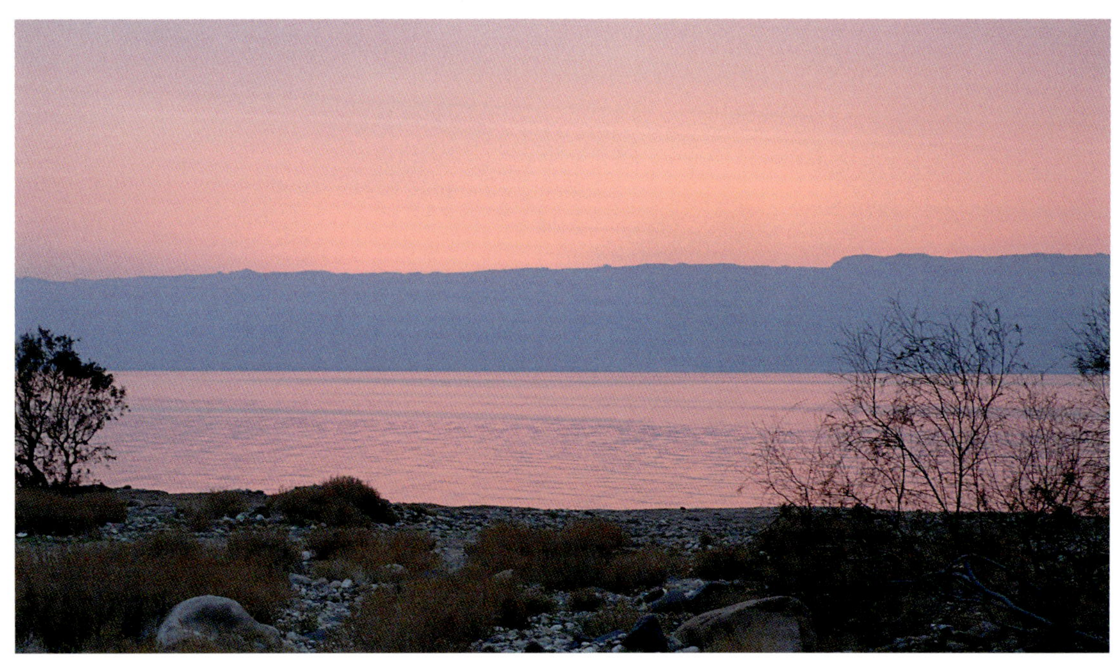

Danielle Arbid, *A Lost Man*, 2007, film still
Danielle Arbid, *Un homme perdu*, 2007, capture de film

    Danielle Arbid, Finding a pathway - PASCALE CASSAGNAU

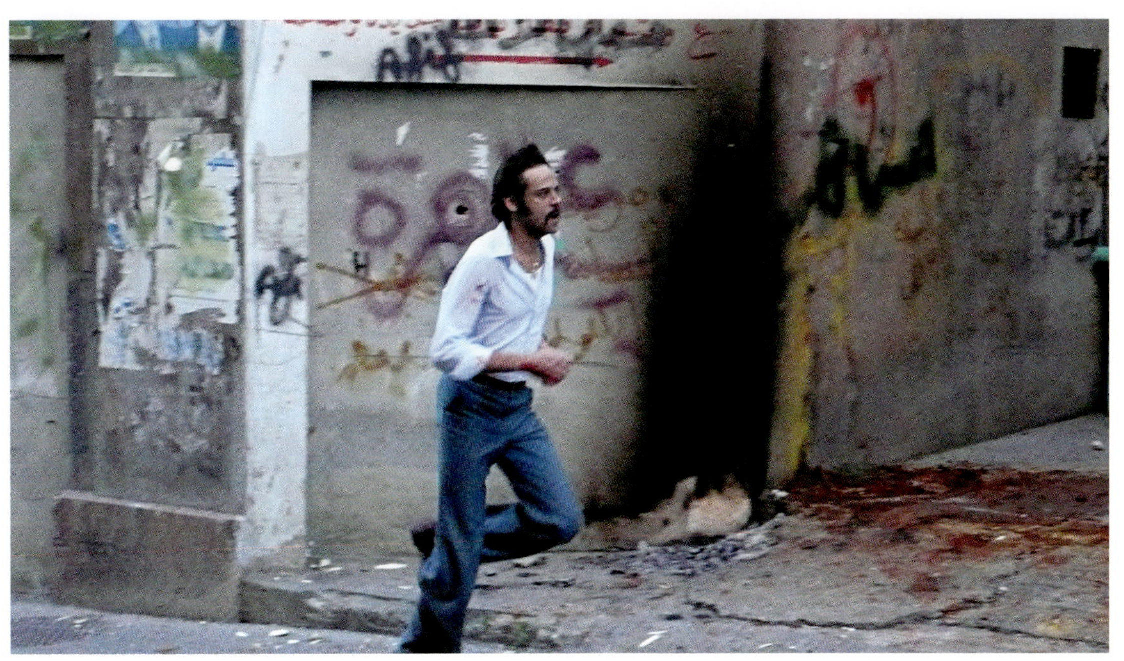

Danielle Arbid, *A Lost Man*, 2007, film still
Danielle Arbid, *Un homme perdu*, 2007, capture de film

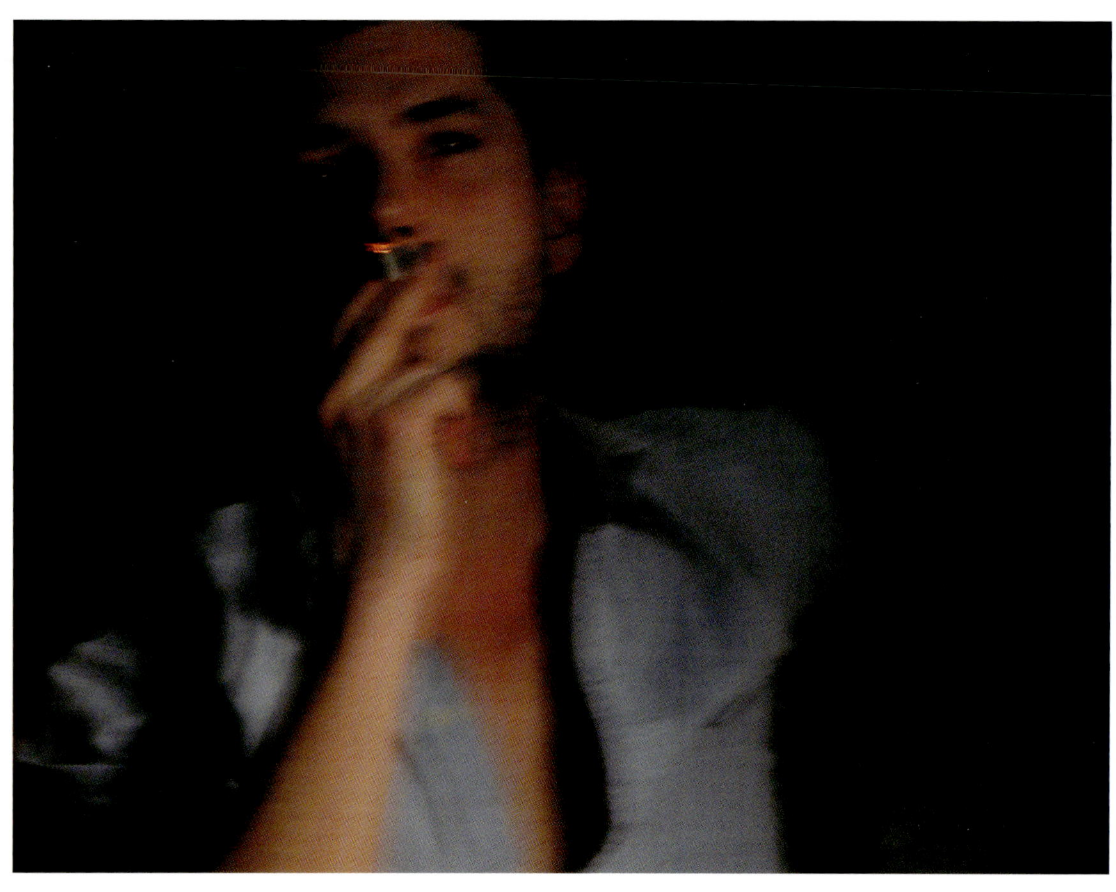

Danielle Arbid, *A Lost Man*, 2007, film still
Danielle Arbid, *Un homme perdu*, 2007, capture de film

Danielle Arbid, Finding a pathway - PASCALE CASSAGNAU

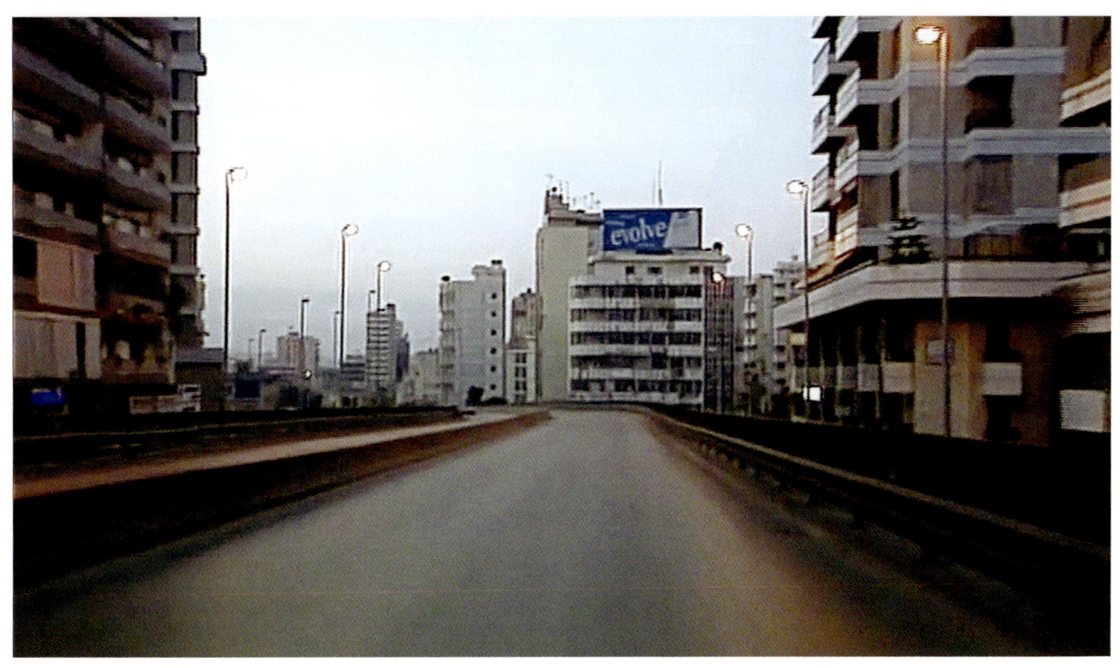

Danielle Arbid, *Alone with War*, 2000, film stilll
Danielle Arbid, *Seule avec la guerre*, 2000, capture de film

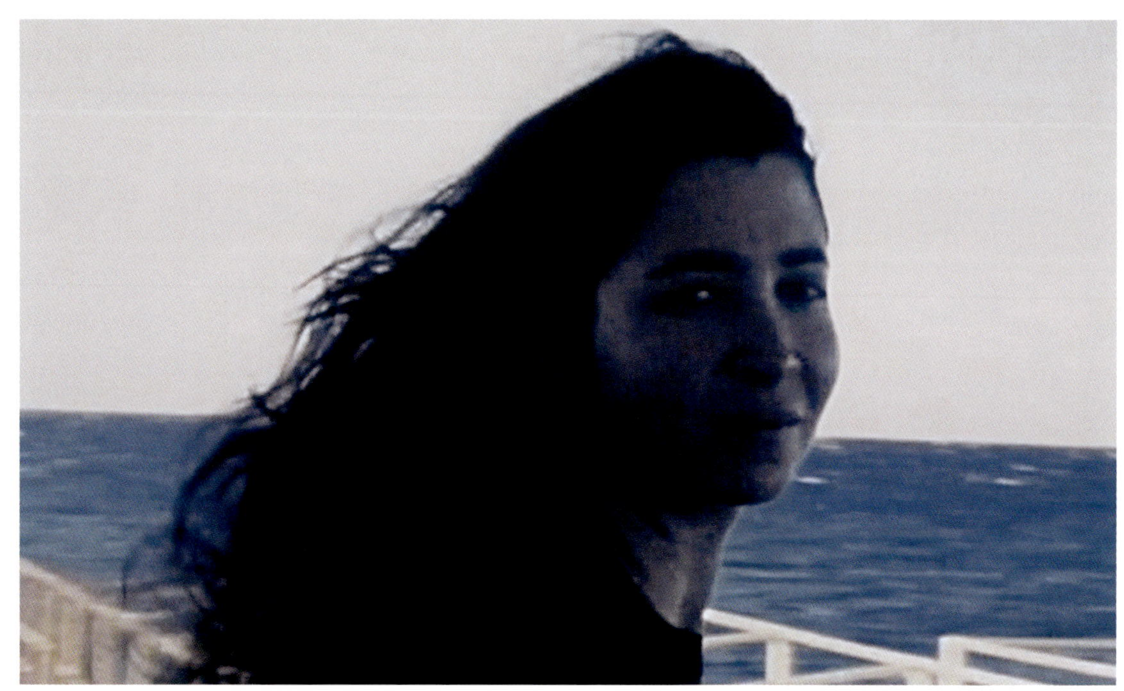

Danielle Arbid, *Alone with War*, 2000, film still
Danielle Arbid, *Seule avec la guerre*, 2000, capture de film

 Danielle Arbid, Finding a pathway - PASCALE CASSAGNAU

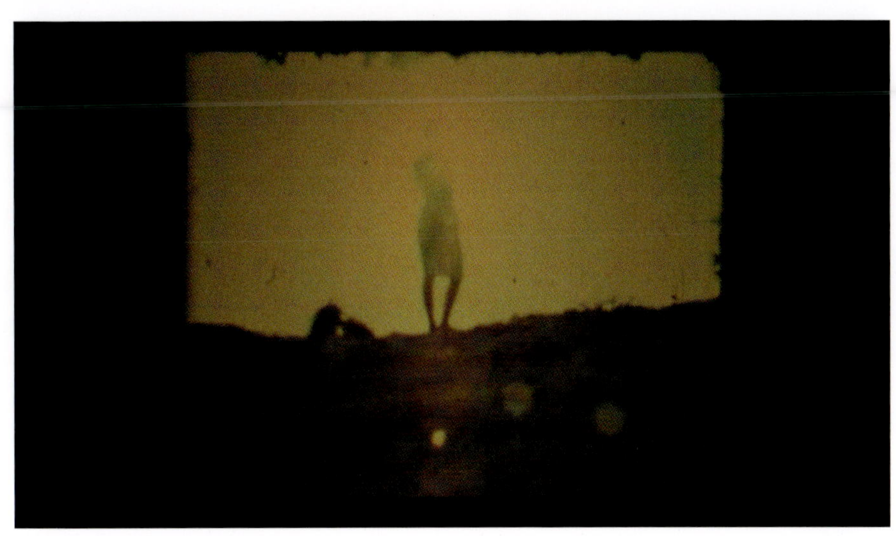

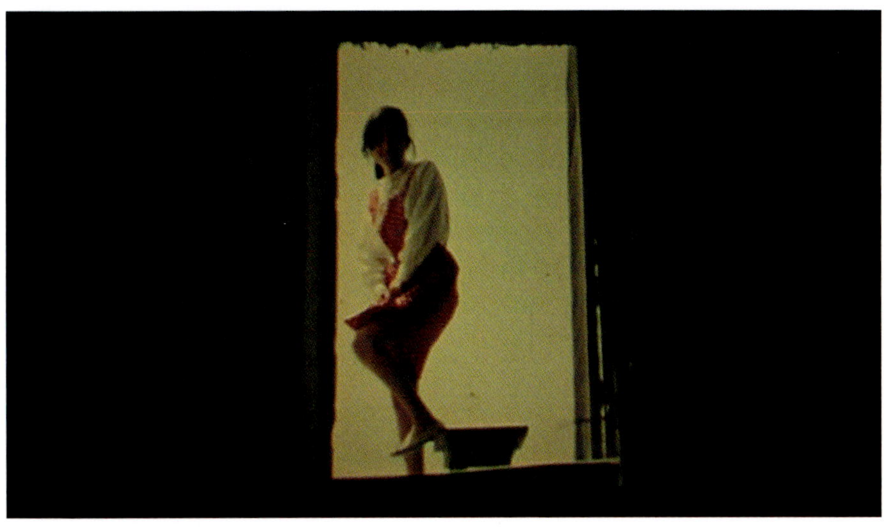

Danielle Arbid, *This Smell of Sex*, 2008, film stills
Danielle Arbid, *This Smell of Sex*, 2008, captures de film

A journey in the art of Ayman Baalbaki

NAYLA TAMRAZ

Born in Beirut in 1975, at the cusp of the Lebanese Civil War (1975-1990), Ayman Baalbaki began his career in the 1990s, as the war drew to an end. It is possible while following the career of this artist, the evolution of his style and the themes he tackles, to outline five main stages beginning with a small urban landscape of the district of Wadi Abou Jmil, terminating with the installation commissioned by the Lebanese Pavilion at the 59th Venice Biennale.

Wadi Abou Jmil (1995-2000)

In 1994, Ayman Baalbaki enrolled in the Lebanese University's Institute of Fine Arts in Beirut and obtained his graduate degree in painting and sculpture in 1998. In a small pastel on paper entitled *Wadi Abou Jmil*, completed in 1995, one can detect the beginning of a reflection on the urban landscape and an interest, later confirmed, in the built environment, a focus of his subsequent works. This interest is rooted in experience: because of the vagaries of the war, his family, which is originally from Odeissé, a village in South Lebanon, was forced to resettle in various urban environments, notably the Wadi Abou Jmil district. *A Stadium,*[1] completed afterward, will also reappear in the following periods.

Side of Beef (2000-2003)

Between 2000 and 2003, Baalbaki pursued his training in Paris. As a continuation of the previous period, he painted a series of stadiums in large formats and, in 2001, a second version of *Wadi Abou Jmil.*[2] In his first personal exhibition (*Presence Absence*, CIUP, 2002), one can notice his first mattresses and backpacks[3] that constitute his first installations. Complementary to his seminal works on the space of the city, they mark the inception of the theme

---

[1] *The Stadium*, 1997, acrylic on cardboard, 21 x 29 cm, personal collection of the artist.
[2] *Wadi Abou Jmil*, 2001, oil on cardboard, 70 x 50 cm, personal collection of the artist.
[3] *Raft* and *Wrapped Patience*, 2002, fabrics, cushions, mattresses, rope and wood, 190 x 190 x 70 and 200 x 140 x 150 cm respectively.

Itinéraire dans l'art d'Ayman Baalbaki

NAYLA TAMRAZ

Né en 1975 à Beyrouth, au début de la guerre civile libanaise (1975-1990), Ayman Baalbaki débute sa carrière dans les années 1990, au sortir de cette guerre. Il est possible, si l'on suit le parcours de cet artiste, l'évolution de son style et des thèmes qu'il aborde, de définir cinq grandes étapes qui commencent avec un petit paysage urbain du quartier de Wadi Abou Jmil, pour aboutir à l'installation qui lui fut commandée pour le Pavillon libanais de la 59ᵉ Biennale de Venise.

Wadi Abou Jmil (1995-2000)

En 1994, Ayman Baalbaki s'inscrit à l'Institut des Beaux-Arts de l'Université libanaise à Beyrouth et obtient son diplôme d'études supérieures en peinture et en sculpture en 1998. Dans un petit pastel sur papier intitulé *Wadi Abou Jmil* qu'il exécute en 1995, on décèle le début d'une réflexion sur le paysage urbain et un intérêt qui se confirmera pour le bâti, qui feront l'objet de ses travaux ultérieurs. Cet intérêt prend racine dans le vécu : en raison des aléas de la guerre, sa famille, originaire de Odeissé, au sud du Liban, doit se déplacer et s'installer dans des environnements urbains divers, dans le quartier de Wadi Abou Jmil notamment. *Le Stade*[1], exécuté un peu plus tard, sera également repris dans les périodes suivantes.

Quartier de bœuf (2000-2003)

De 2000 à 2003, Baalbaki poursuit sa formation à Paris. Dans le prolongement de la période précédente, il peint une série de stades en grands formats et, en 2001, une deuxième version de Wadi Abou Jmil[2]. Dans sa première exposition personnelle («Présence Absence», CIUP, 2002), on remarque ses premiers matelas et baluchons[3] qui constituent ses premières installations qui, complémentaires de ses travaux séminaux sur l'espace de la ville,

---

[1] *Le Stade*, 1997, acrylique sur carton, 21 x 29 cm, collection personnelle de l'artiste.
[2] *Wadi Abou Jmil,* 2001, huile sur carton, 70 x 50 cm, collection personnelle de l'artiste.
[3] *Radeau* et *Wrapped patience*, 2002, tissus, cousins, matelas, corde et bois, 190 x 190 x 70 cm et 200 x 140 x 150 cm respectivement.

of nomadism and wandering. This is also the period of his first attempts on the *Al-Moulatham*, the figure of the *fida'i* warrior, and that of a first version of the *Parliament*.[4]

Alongside his university education, Baalbaki follows the teachings of the painter Marwan Kassab Bachi (1934-2016). The latter will come to have a decisive influence on his work. At Marwan's, as part of the summer schools in Amman, he focuses on the fundamentals and undertakes to paint a series of beef sides. Baalbaki's work will develop, in many places, in a dialogue with the pictorial tradition, in this case that of Rembrandt, then Soutine and Bacon. He also painted crosses, inspired by the crucifixions of the Spanish painter Antonio Saura.

Tammuz and *Al-Moulatham* (2004-2014)

Baalbaki made his first self-portrait at the beginning of this period during which his identity as an artist would be established at the same time as his success. This is the longest period of Baalbaki's artistic journey, and also the richest one.

After years of training during which he painted mainly in oil, Baalbaki can now develop his taste for acrylic which was also the material used by his father, the artist Fawzi Baalbaki. Since he was a child, he has also been attracted by "other" or minor techniques that will find, in "mixed media," the opportunity to flourish. He can then, as he says, "play."

This period began with the spectacular: in 2004, at the Beirut Theater, Baalbaki exhibited *Destination X:* a car topped with mattresses and various objects. He then made a first solo exhibition at the Agial Gallery in Beirut (*Here is Elsewhere*, 2006). The studies on Babel that are on display open up the mythological dimension, within the same concern for dialogue with the great masters, referencing Breughel's Babel. The flower motif,[5] referring to that of the fabric prints adopted by women in South Lebanon, also makes its debut, alongside a politically strong work, the *Face à Face* series, considered as a foretaste of the *Al-Moulatham* of the following period.

---

[4] *The Parliament*, 2002, acrylic on canvas, 150 x 200 cm, personal collection of the artist.
[5] *Sky Loaded with Flowers,* 2004, acrylic on fabric mounted on MDF, 180 x 180 cm, private collection.

marquent le début de la thématique du nomadisme et de l'errance. C'est également la période de ses premiers essais sur *Al-Moulatham*, la figure du guerrier fida'i, et celle d'une première version du *Parlement*[4].

Parallèlement à sa formation universitaire, Baalbaki suit l'enseignement du peintre Marwan Kassab Bachi (1934-2016). Ce dernier aura une influence décisive sur son travail. Chez Marwan, dans le cadre des écoles d'été à Amman, il se concentre sur les fondamentaux et entreprend de peindre une série de quartiers de bœuf. Le travail de Baalbaki se développera, à maints endroits, dans un dialogue avec la tradition picturale, en l'occurrence ici celle de Rembrandt, puis de Soutine et Bacon. Il peint aussi des croix, inspirées des crucifixions du peintre espagnol Antonio Saura.

Tammouz et *Al-Moulatham* (2004-2014)

Baalbaki réalise son premier autoportrait au début de cette période au cours de laquelle s'affirmera son identité d'artiste en même temps que son succès. C'est la période la plus longue de la vie artistique de Baalbaki et aussi la plus riche.

Après des années de formation durant lesquelles il peignait surtout à l'huile, Baalbaki peut maintenant développer son goût pour l'acrylique, qui était également la matière qu'utilisait son père, l'artiste Fawzi Baalbaki. Depuis qu'il est enfant, il est aussi attiré par les techniques « autres » ou mineures qui trouveront, dans les « mixed media », l'occasion de s'épanouir. Il peut alors, comme il le dit, « jouer ».

Cette période débute donc dans le spectaculaire : en 2004, au théâtre de Beyrouth, Baalbaki expose *Destination X* : une voiture surmontée de matelas et d'objets divers. Il réalise ensuite une première exposition personnelle à la galerie Agial à Beyrouth (« Ici est ailleurs », 2006). On y voit ses études sur Babel qui ouvrent la dimension mythologique, dans ce même souci de dialoguer avec les grands maîtres, en référence ici à la Babel de Breughel. Le motif des fleurs[5], qui renvoie à celui des imprimés de tissu adoptés par les femmes du

---

[4] *Le Parlement*, 2002, acrylique sur toile, 150 x 200 cm, collection personnelle de l'artiste.
[5] *Ciel chargé de fleurs*, 2004, acrylique sur tissu marouflé sur MDF, 180 x 180 cm, collection privée.

The turning point of 2006 will give rise to new themes that will be the subject of a second exhibition at the Agial Gallery (*Apocalyptic Transfiguration*, 2008). Following the July War, Baalbaki painted the ruined buildings of the *Tammouz*[6] series. The gutted buildings recall the dissected anatomy of his *Side of Beef* series. They also recall his studies of the uninhabited Babel. *Wake-Up Sisyphus*[7] also translates an absurd and cyclical vision of history, in reference to the mythological hero Sisyphus. This vision extends to a series of public buildings such as Burj El-Murr,[8] the Holiday Inn,[9] the Hilton,[10] the US Embassy[11] or even the Parliament, in a second version.[12] Certain motifs reemerge, that of the stadium[13] and the bundle that appears in several installations. Others enter the world of Baalbaki and bring a subversive dimension, like all those burned tires that are the subject of a series.

As for the figure of *Al-Moulatham*, it multiplies, with some portraits painted on the flowery background, which has now become the registered trademark of Baalbaki, and others painted on a background of gold leaf, borrowing from the aesthetics of icons. They seem to exalt a romantic heroism that Baalbaki exhorts us not to take at face value. In a playful and distanced way, he will make a whole series of small formats between 2011 and 2018, entitled *Anonymus*. From then on, Baalbaki's works will be regularly offered in major auction houses. The numerous solo and collective exhibitions carried out during this period in Beirut and London, with Rose Issa in particular, testify to this both intense and rich activity.

Blowback (2014-2021)

The solo exhibition that Baalbaki began to prepare in 2014 will took place in 2016 in the new Saleh Barakat Gallery space, intended to accommodate

---

[6] "Tammuz" in Arabic means "July."
[7] *Wake-Up Sisyphus*, 2008, acrylic on canvas and neon, 266 x 200 cm, private collection.
[8] Series that started in 2010.
[9] *Seeking the Heights (Holiday Inn)*, 2010, acrylic on canvas, 200 x 210 cm, private collection.
[10] *Hilton*, 2011, acrylic on printed fabric laid down on canvas, 176 x 210 cm, private collection.
[11] *American Embassy*, 2011, acrylic on canvas, 205.5 x 155 cm and *Embassy*, 2013, acrylic on canvas and various materials, 225 x 140 cm, private collections.
[12] *The Parliament*, 2014, acrylic on canvas, 200 x 250 cm, private collection.
[13] *Cité Sportive*, 2010, acrylic on canvas, 144 x 206 cm, private collection.

sud du Liban, y fait également son entrée, aux côtés d'une œuvre politiquement forte, la série «Face à Face», prémices de la série «Al-Moulatham» de la période suivante.

Le tournant de 2006 donnera lieu à de nouvelles thématiques qui feront l'objet d'une deuxième exposition à la galerie Agial («Transfiguration apocalyptique», 2008). Suite à la guerre de juillet, Baalbaki peint effectivement les immeubles en ruines de la série «Tammouz»[6]. Les édifices éviscérés rappellent l'anatomie disséquée des œuvres de la série «Quartier de bœuf». Ils rappellent également ses études sur la Babel inhabitée. Avec *Wake Up Sisyphus*[7], il s'y traduit également une vision absurde et cyclique de l'histoire, en référence au héros de la mythologie Sisyphe. Cette vision s'élargit à une série de bâtiments publics comme *Burj El Murr*[8], le *Holiday Inn*[9], le *Hilton*[10], l'ambassade des États-Unis[11] ou encore le Parlement, dans une deuxième version[12]. Certains motifs réapparaissent, celui du stade[13] et du baluchon qui apparaît dans plusieurs installations. D'autres s'introduisent dans l'univers de Baalbaki et y apportent une dimension subversive, comme tous ces pneus brûlés qui font l'objet d'une série.

Quant à la figure du *Al-Moulatham*, elle se multiplie, certains portraits sur le fond fleuri qui est désormais la marque déposée de Baalbaki, d'autres peints sur un fond de feuille d'or, empruntant à l'esthétique de l'icône. Ils semblent exalter un héroïsme romantique que Baalbaki nous invite à prendre au second degré. Sur un mode devenu ludique et distancié, il en fera toute une série de petits formats entre 2011 et 2018, intitulée «Anonymus». À partir de ce moment, les œuvres de Baalbaki seront régulièrement proposées dans les grandes maisons de vente. Les nombreuses expositions personnelles, ainsi que collectives, réalisées durant cette période à Beyrouth et à Londres, avec Rose Issa notamment, témoignent de cette activité aussi intense que riche.

---

[6] « Tammouz » dans la langue arabe signifie «juillet».
[7] *Wake Up Sisyphus*, 2008, acrylique sur toile et néon, 266 x 200 cm, collection privée.
[8] Série qui a commencé en 2010.
[9] *Seeking the Heights (Holiday Inn)*, 2010, acrylique sur toile, 200 x 210 cm, collection privée.
[10] *Hilton*, 2011, acrylique sur tissu imprimé posé sur toile, 176 x 210 cm, collection privée.
[11] *American Embassy*, 2011, acrylique sur toile, 205,5 x 155 cm et *Embassy*, 2013, acrylique sur toile et matériaux divers, 225 x 140 cm, collections privées.
[12] *The Parliament*, 2014, acrylique sur toile, 200 x 250 cm, collection privée.
[13] *Cité Sportive*, 2010, acrylique sur toile, 144 x 206 cm, collection privée.

larger works. At the same time as it summarizes the previous periods, the *Blowback* exhibition therefore launches the artist's work into a new dimension. The vision becomes almost epic. Thus, his work on ruined buildings continues, but in monumental formats. Other works are also exhibited there: the *Concrete Barrier* series points to a representation of the city and its internal borders. More recent, the *No Flag Zone* series shows flags of different nations and organizations. They are burning, recalling the subversive charge contained in the tire paintings of the previous period.

New themes also impose themselves, like the series of planes of Middle East Airlines. These representations hint to the bombing of the airline's planes by the Israeli air force in 1968. These paintings thus refer to distant yet politically relevant events in time, such as the reference to the devastated US Embassy during the attack of April 18, 1983.[14] As such, they constitute a set that resembles an archive of regional geopolitics.

Janus Gate, Venice, 2021

It all starts with a tarpaulin covering a construction site and touting a real estate project – as there are many in the city – that Baalbaki finds in Spears Street and picks up. One structure, one cutaway, two faces. This is *Janus Gate,* which can be read in fluorescent neon on the exterior facade of this very new multimedia installation that also constitutes a synthesis of previous stages. In other words, a monument in a genre that is both pop and kitsch and that testifies, with grandeur and glory, to all the disenchantments of postmodernity.

Thus, *Janus Gate*, like the guardian of the doors whose name it bears, the Roman god of passages represented with two opposite faces, allows here the transition between the exterior and the interior, the promise and the reality, utopia and dystopia. Juxtaposing multiple temporalities and spatialities, the site presented evokes, in Baalbaki's own words, the "other spaces" that the philosopher Michel Foucault speaks of. It would be like a city where

---

[14] Series started in 2011 that the artist completed in 2016 with two other paintings carrying the title *The Embassy.*

Blowback (2014-2021)

L'exposition personnelle que Baalbaki commence à préparer en 2014 aura lieu en 2016 dans le nouvel espace Saleh Barakat Gallery, destiné à accueillir des œuvres plus grandes. En même temps qu'elle résume les périodes précédentes, l'exposition « Blowback » lance donc le travail de l'artiste dans une nouvelle dynamique. La vision devient quasi épique. Ainsi, son travail sur les bâtiments en ruine se poursuit, mais dans des formats désormais monumentaux. D'autres travaux y sont également exposés : la série « Concrete barrier » fait signe vers une représentation de la ville et de ses frontières internes. Plus récente, la série « No Flag Zone » montre des drapeaux de nations et d'organisations différentes. Ces drapeaux sont en train de brûler. Ils rappellent la charge subversive contenue dans les peintures de pneus de la période précédente.

De nouveaux thèmes s'imposent aussi : la série des avions de la Middle East Airlines. Ces représentations font allusion au bombardement des avions de la compagnie aérienne par l'aviation israélienne en 1968. Ces peintures font ainsi référence à des événements distants dans le temps, mais politiquement d'actualité, telle la référence à l'ambassade des États-Unis dévastée lors de l'attentat du 18 avril 1983[14]. En tant que telles, elles constituent un ensemble qui ressemble à une archive de la géopolitique régionale.

Janus Gate, Venise, 2021

Tout commence avec une bâche couvrant un chantier et vantant un projet immobilier – comme il en existe beaucoup dans la ville –, qu'Ayman Baalbaki trouve rue Spears et récupère. Une structure, une coupe, deux visages. C'est *Janus Gate*, qu'on peut lire en néon fluorescent sur la façade extérieure de cette installation multimédia d'une très grande nouveauté, qui constitue en même temps une synthèse des étapes précédentes. Autant dire un monument dans un genre à la fois pop et kitsch et qui témoigne, avec grandeur et gloire, de tous les désenchantements de la postmodernité.

---

14 Série commencée en 2011, que l'artiste complète en 2016 avec deux autres peintures portant l'intitulé *The Embassy*.

heterotopia and heterochrony rub shoulders with one-dimensional reality. It is very obvious that Ayman Baalbaki's work is eminently political and critical.

In a 3D collage, the issues come together. The slogans, whether actually or implicitly present, allow us to build the story of troubled times ranging from the wars in Lebanon to recent events, including post-war real estate projects, border issues with neighboring countries, revolts of October 2019 and the explosion of August 4, 2020. A module that is a summary of the vicissitudes of history, in a tragicomic mode, and also an aesthetic game recognized as the artist's signature.

The whole entity is to be understood within the framework of an aesthetic of collecting posters and various materials (wood, plastic, sheet metal, acrylic, resin, rubber and neon) from the street as well as the use of techniques (spray, collage, burning and shredding) miming gestures of vandalism and other insurrectionary practices. One can recognize multiple inspirations that all have in common the spirit of revolt and anger: intermingling references to street art, the "affichistes" artists, Gutai, pop art, in a sort of homage to all the subversive practices of contemporary art.

As a compendium of all the previous periods, *Janus Gate* also clearly opens the way to a work where the playing field is from now on deterritorialized and moves from the space of the canvas to that, more composite but also more political, of the city.

Ainsi la porte de Janus, comme le gardien des portes dont elle porte le nom, le dieu romain des passages, représenté avec deux visages opposés, permet ici le passage entre l'extérieur et l'intérieur, la promesse et la réalité, l'utopie et la dystopie. Juxtaposant des temporalités et des spatialités multiples, le site ainsi présenté évoquerait, selon les propres mots de Baalbaki, les « espaces autres » dont parle le philosophe Michel Foucault. Il serait à l'image d'une ville où hétérotopie et hétérochronie côtoient la réalité unidimensionnelle. Nous l'avions compris, le travail d'Ayman Baalbaki est éminemment politique et critique.

Dans un collage en 3D, les problématiques se côtoient. Les slogans présents réellement ou en filigrane permettent de construire le récit des temps troubles, allant des guerres du Liban jusqu'aux événements les plus récents, en passant par les projets immobiliers de l'après-guerre, les problématiques frontalières avec les pays voisins, les révoltes d'octobre 2019 et l'explosion du 4 août 2020. Un module qui est un condensé des vicissitudes de l'histoire, sur un mode tragicomique qui, aussi, relève d'un jeu esthétique dans lequel on reconnaît la griffe de l'artiste.

L'ensemble se donne à comprendre dans le cadre d'une esthétique de la récupération d'affiches et de matériaux divers (bois, plastique, tôle, acrylique, résine, caoutchouc, néon) qui proviennent de la rue, ainsi que du recours à des techniques (spray, collage, brûlage, déchiquetage) mimant les gestes de vandalisme et autres pratiques insurrectionnelles. On y reconnaît des inspirations multiples qui ont toutes en commun l'esprit de révolte et de colère : s'y entremêlent des références au street art, aux affichistes, au Gutai, au pop art, dans une sorte d'hommage à toutes les pratiques subversives de l'art contemporain.

Condensé de toutes les périodes qui précèdent, *Janus* Gate ouvre aussi clairement la voie à un travail où, désormais, le terrain de jeu se déterritorialise et passe de l'espace de la toile à celui de la ville, plus composite mais également plus politique.

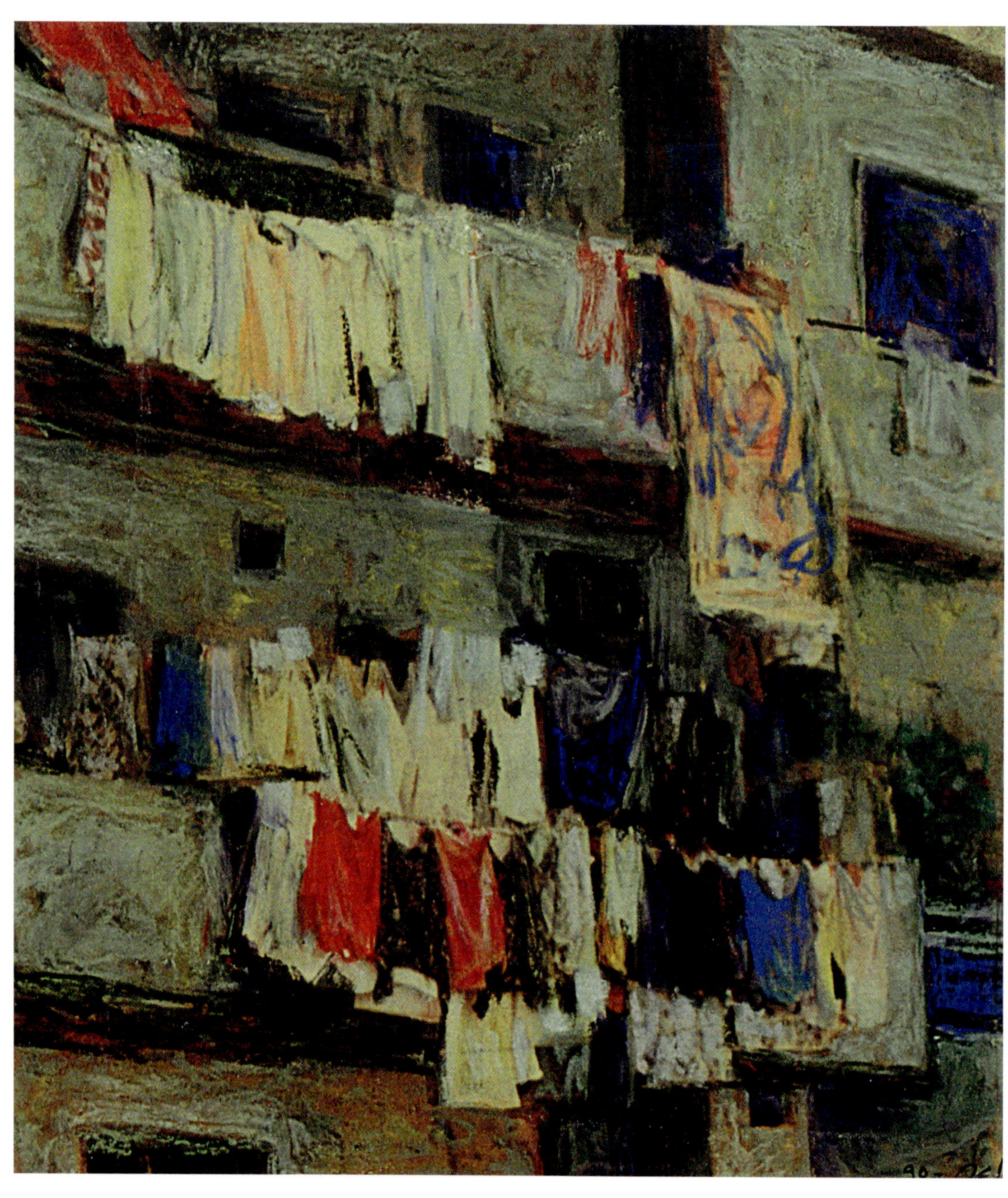

Ayman Baalbaki, *Wadi Abu Jmil*, 1995, pastel on paper, 26.5 x 23.5 cm. Collection of the artist
Ayman Baalbaki, *Wadi Abou Jmil*, 1995, pastel sur papier, 26,5 x 23,5 cm. Collection de l'artiste

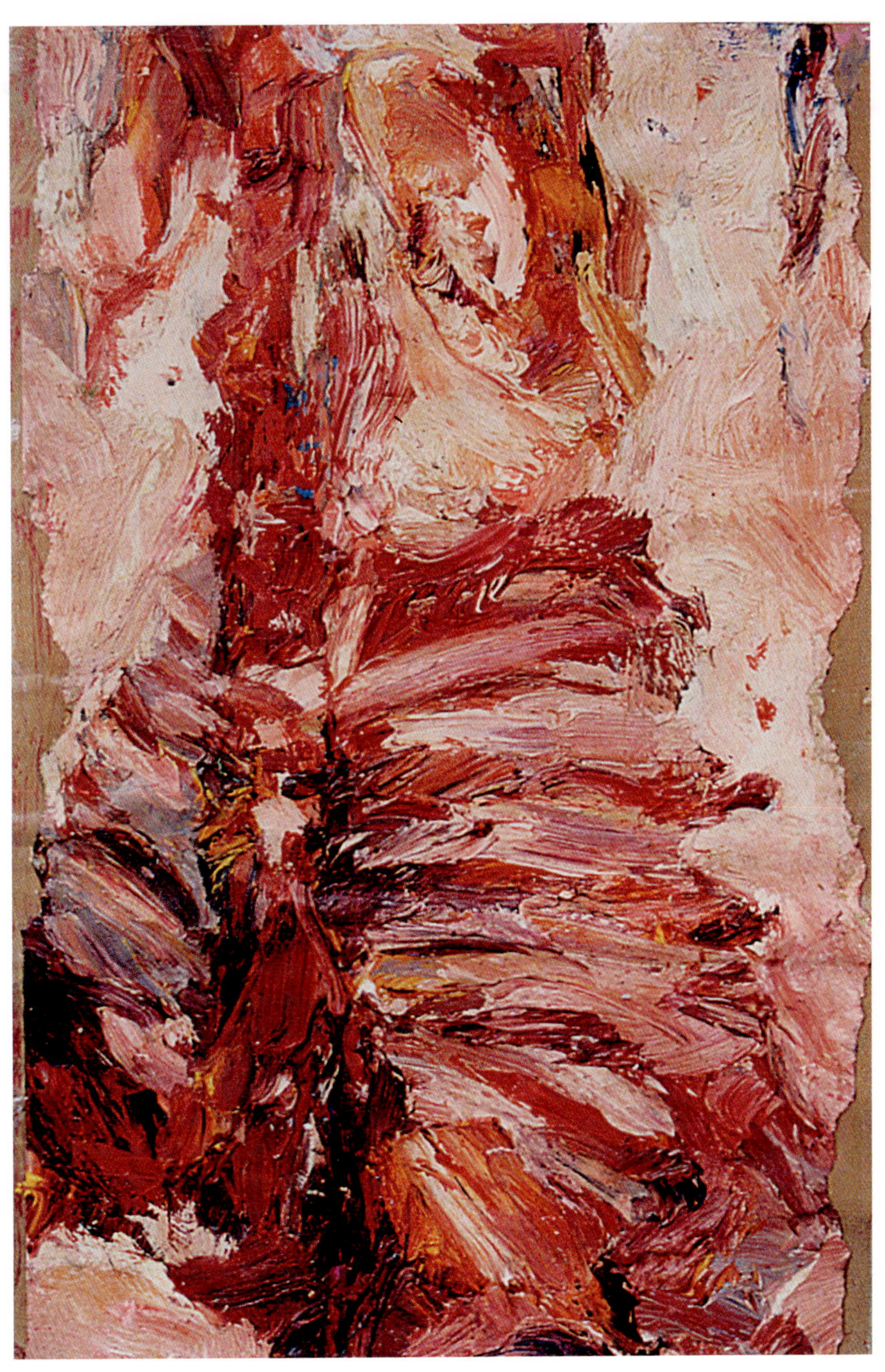

Ayman Baalbaki, *Side of beef*, 2001, oil on canvas, 30 x 20 cm. Collection of the artist
Ayman Baalbaki, *Quartier de bœuf*, 2001, huile sur toile, 30 x 20 cm. Collection de l'artiste

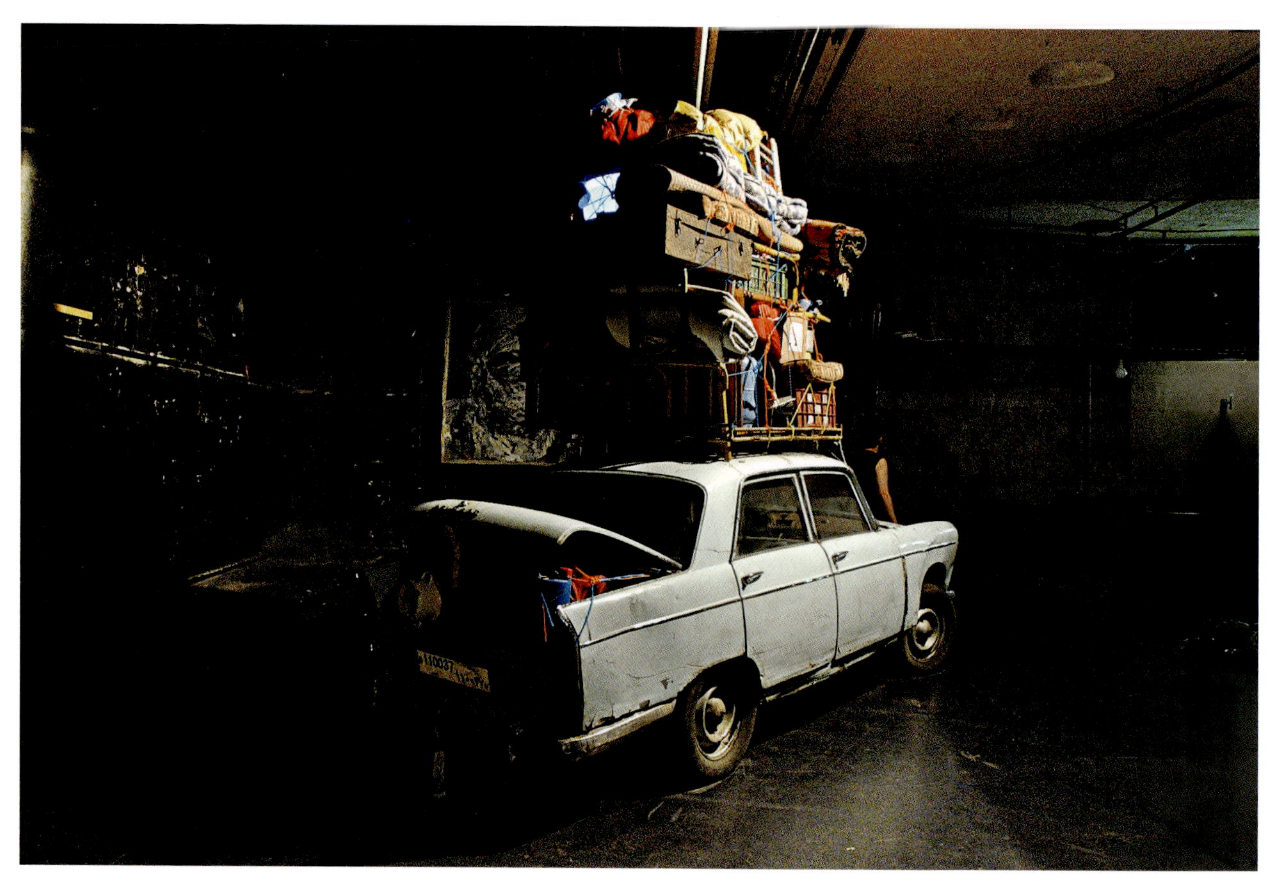

Ayman Baalbaki, *Destination X (B110037)*, 2004, Peugeot 404 and multiple objects, 195 x 190 cm
Mathaf, Arab Museum of Modern Art, Qatar
Ayman Baalbaki, *Destination X (B110037)*, 2004, Peugeot 404 et objets multiples, 195 x 190 cm
Mathaf, Musée d'art moderne, Qatar

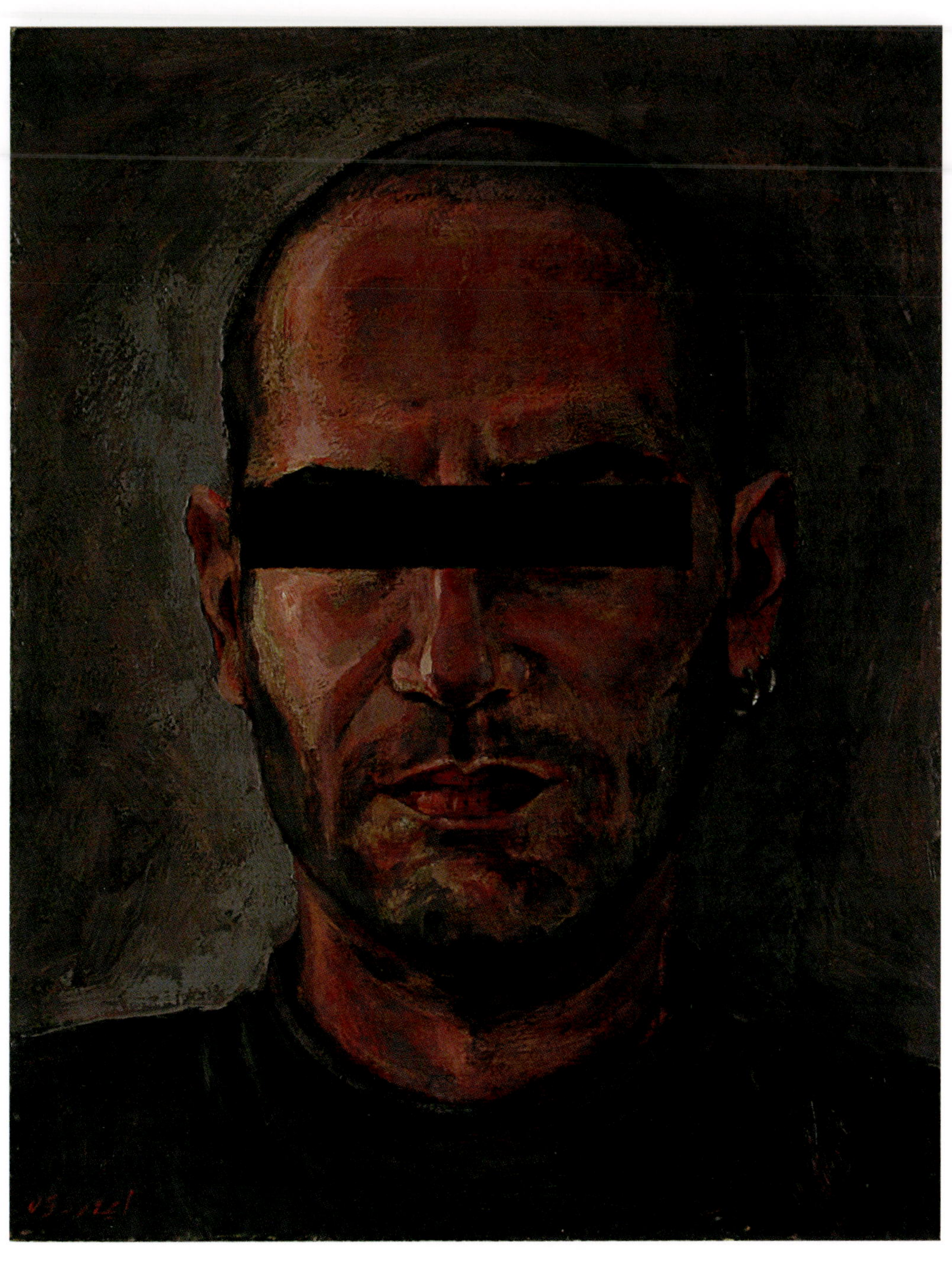

Ayman Baalbaki, *Auto-Anonyme*, 2005, acrylic on wood, 50 x 40 cm. Private collection
Ayman Baalbaki, *Auto-Anonyme*, 2005, acrylique sur bois, 50 x 40 cm. Collection privée

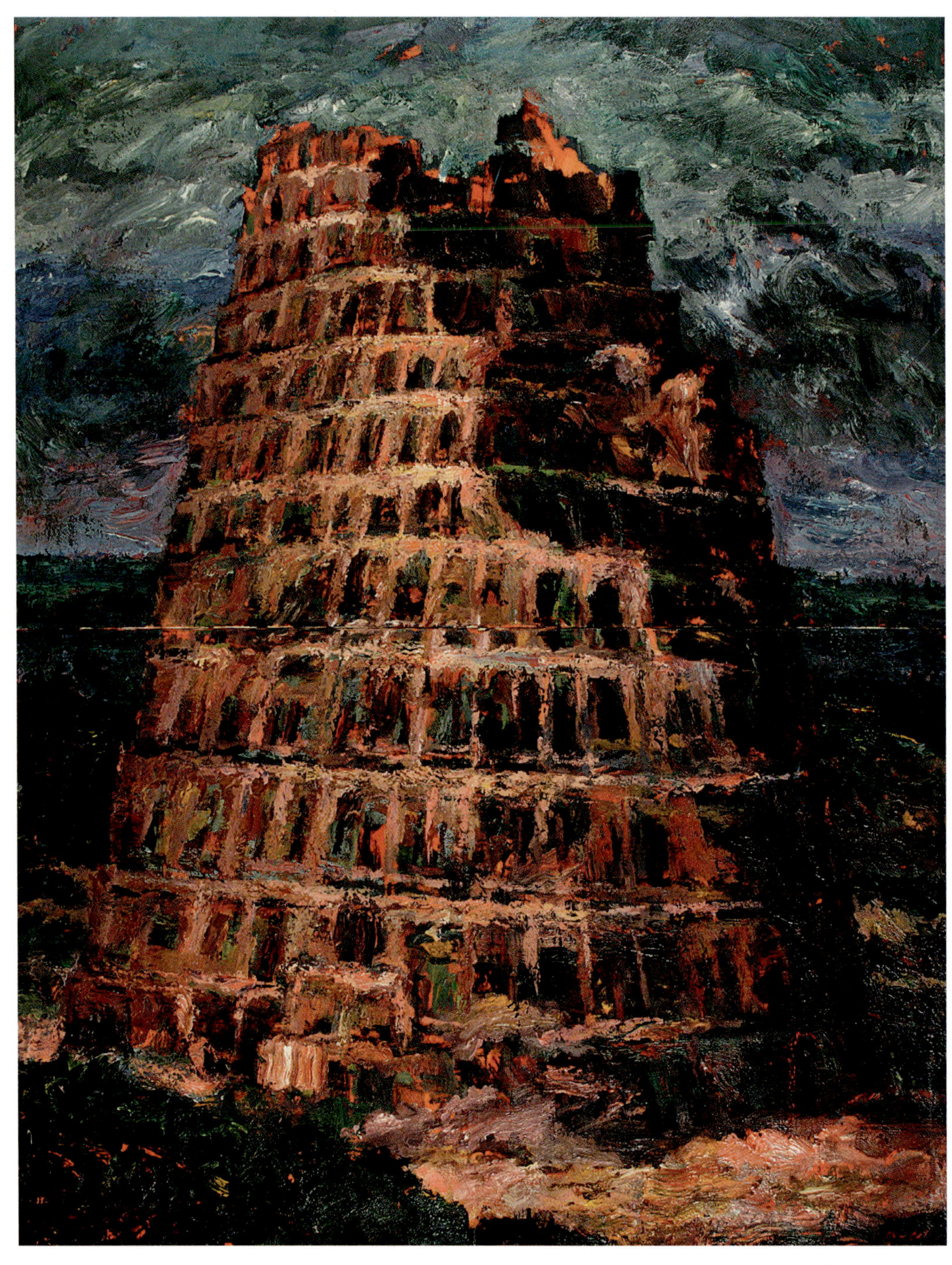

Ayman Baalbaki, *Tour de Babel*, 2005, acrylic on canvas, 275 x 200 cm. Private collection
Ayman Baalbaki, *Tour de Babel*, 2005, acrylique sur toile, 275 x 200 cm. Collection privée

A journey in the art of Ayman Baalbaki - NAYLA TAMRAZ

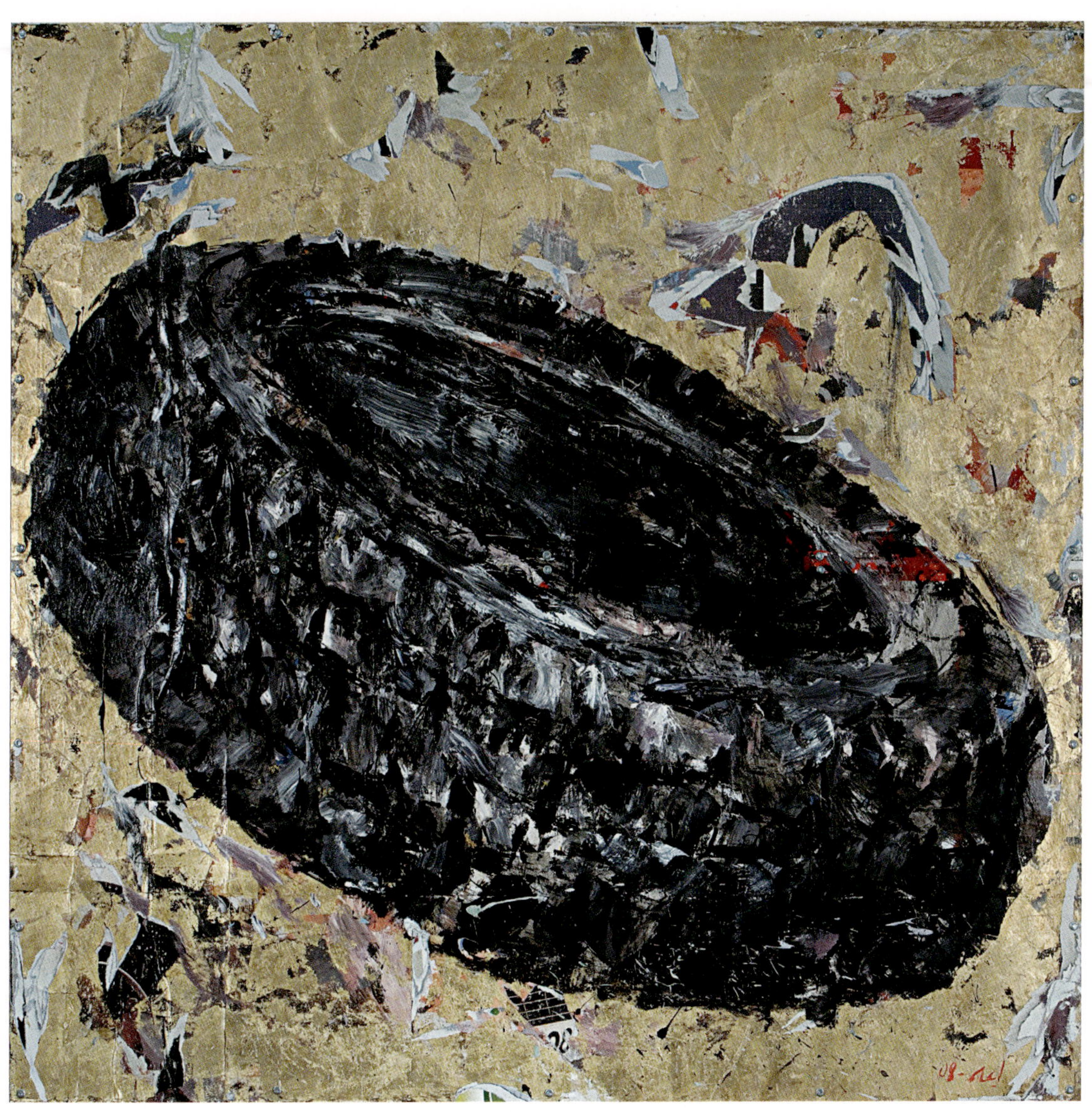

Ayman Baalbaki, *Burn it II*, 2008, mixed media on billboard, 195 x 190 cm. The Mokbel Art Collection
Ayman Baalbaki, *Burn it II*, 2008, technique mixte sur panneau publicitaire, 195 x 190 cm. Collection Mokbel

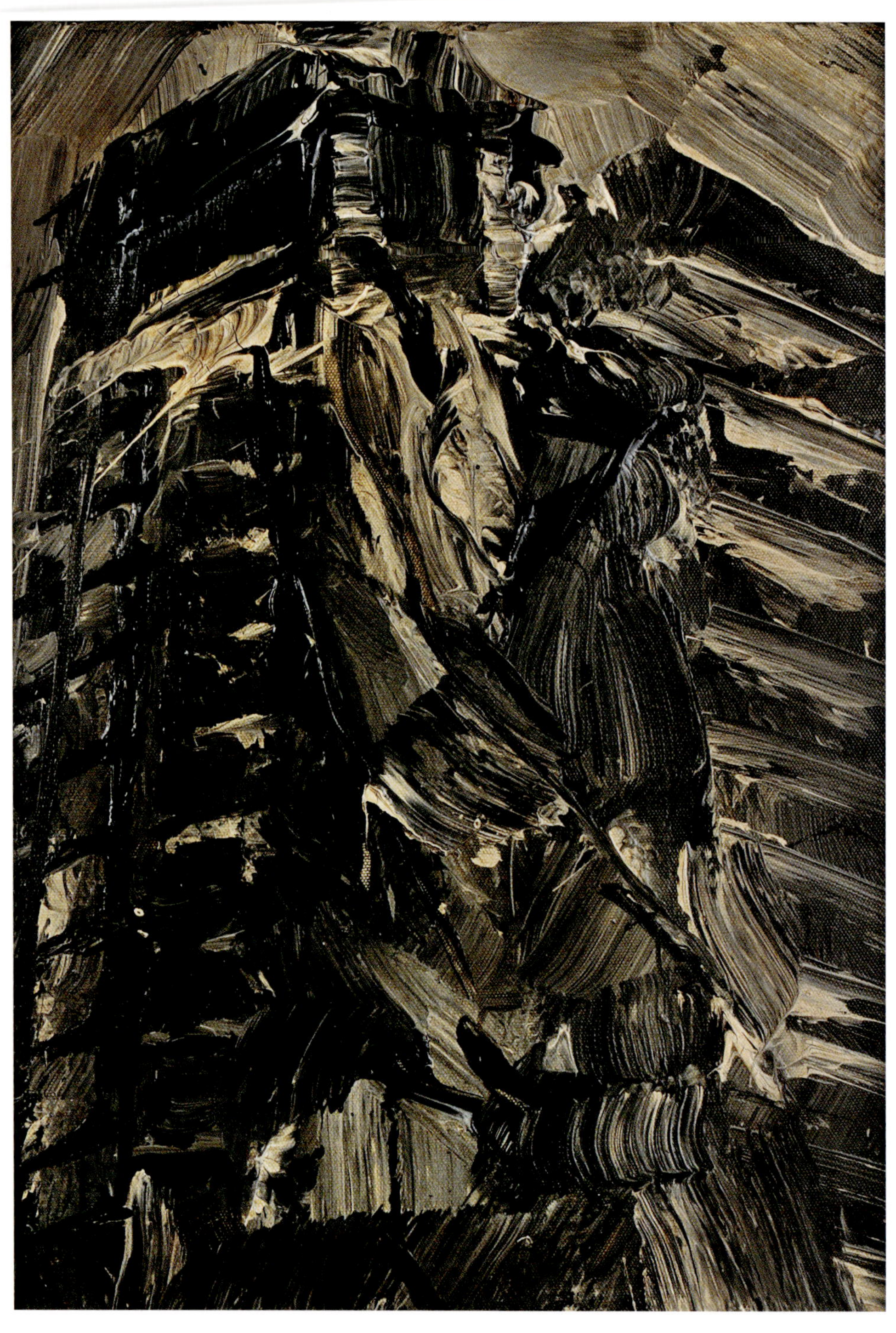

Ayman Baalbaki, *Tammouz* (series), 2008, acrylic on canvas, 30 x 21 cm. Private collection
Ayman Baalbaki, *Tammouz* (série), 2008, acrylique sur toile, 30 x 21 cm. Collection privée

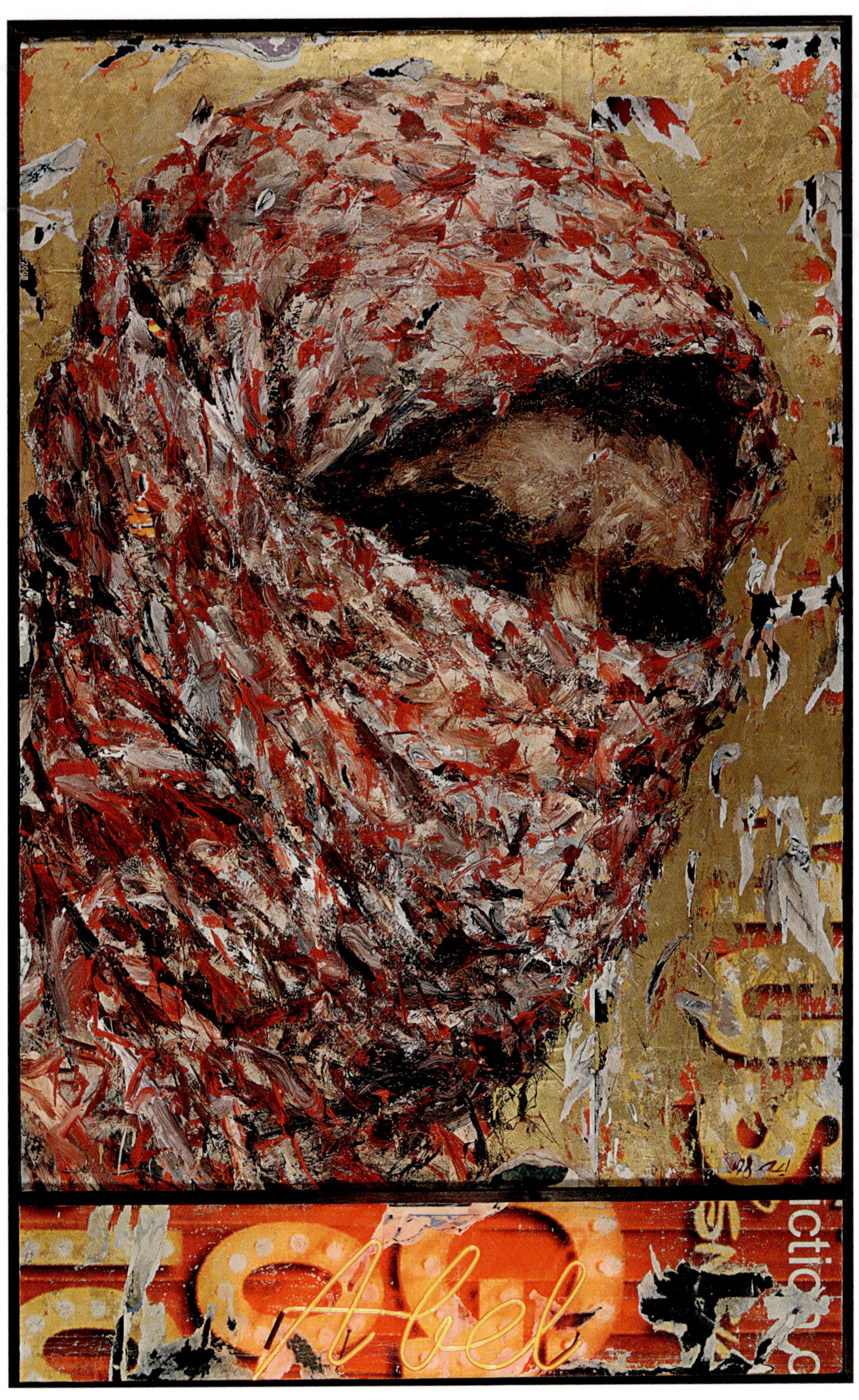

Ayman Baalbaki, *Abel*, 2008, acrylic and neon on billboard, 235 x 150 cm, 2008. Private collection
Ayman Baalbaki, *Abel*, 2008, acrylique et néon sur panneau publicitaire, 235 x 150 cm. Collection privée

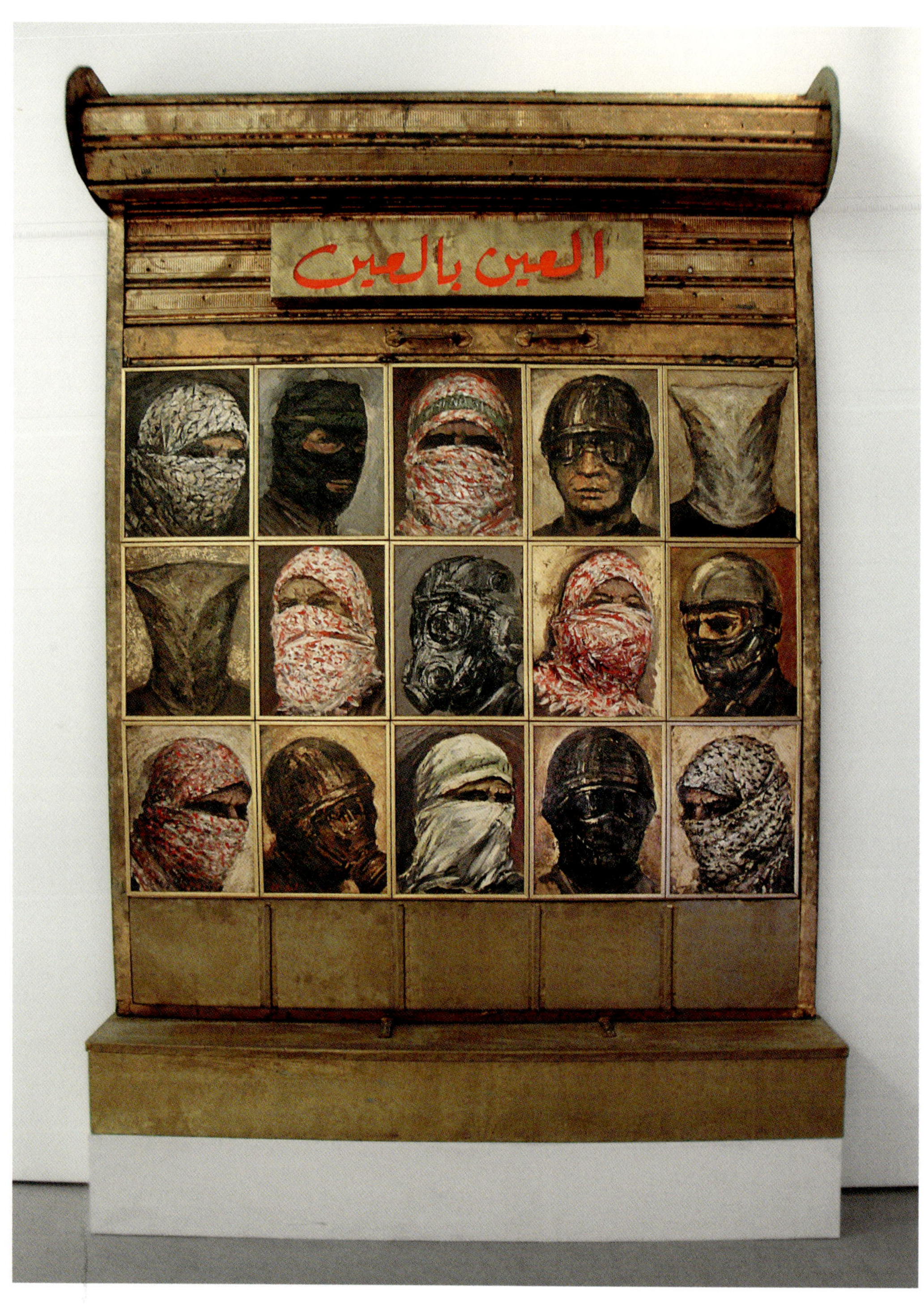

Ayman Baalbaki, *An Eye for an Eye*, 2008, mixed media and acrylic on canvas, 275 x 200 x 32 cm. Private collection
Ayman Baalbaki, *Œil pour Œil,* 2008, technique mixte et acrylique sur toile, 275 x 200 x 32 cm. Collection privée

A journey in the art of Ayman Baalbaki - NAYLA TAMRAZ

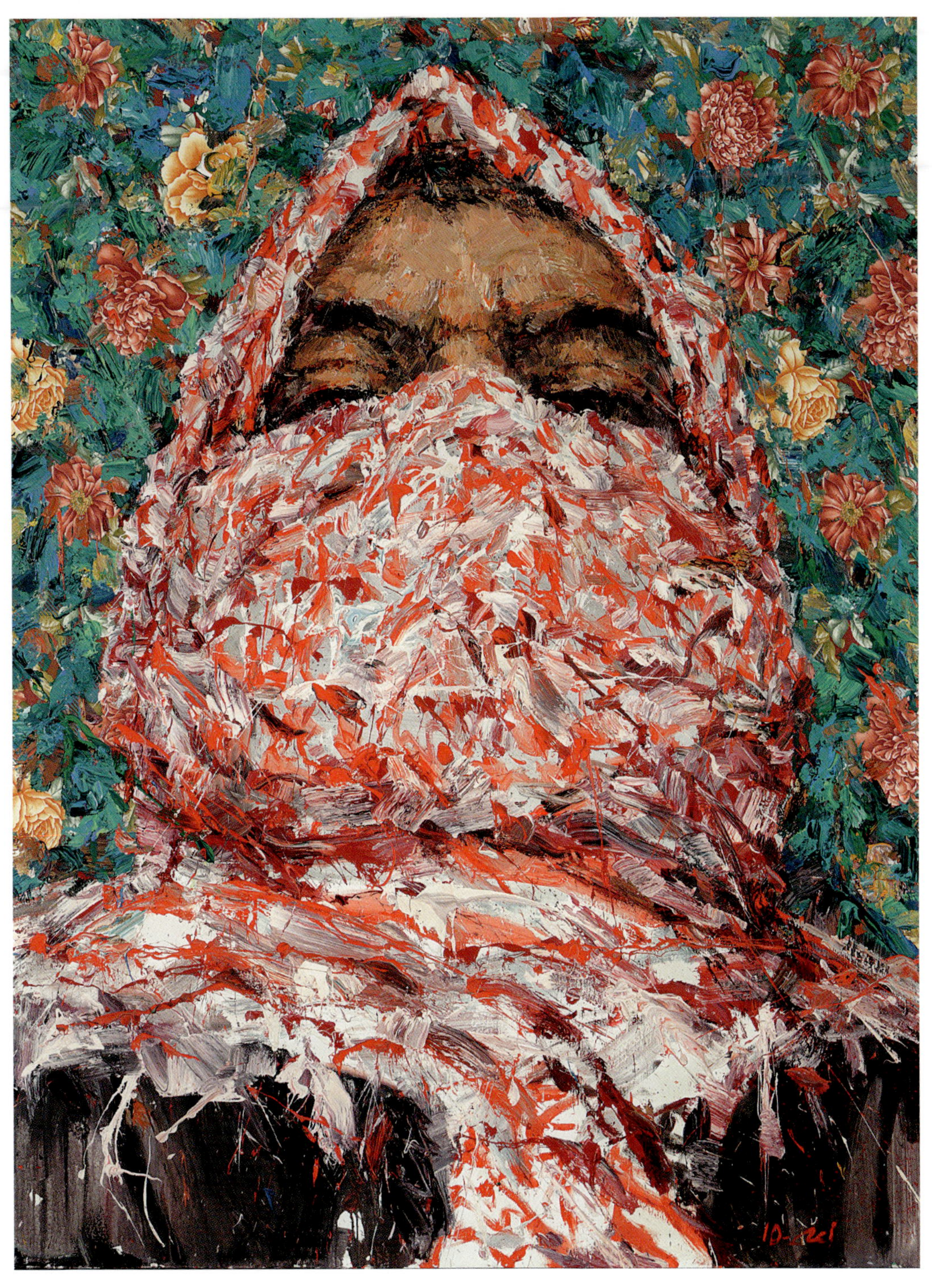

Ayman Baalbaki, *Al Maw'oud*, 2010, acrylic and fabric laid on canvas, 150 x 200 cm. Private collection of the artist
Ayman Baalbaki, *Al Maw'oud*, 2010, acrylique sur tissu posé sur toile, 150 x 200 cm. Collection privée de l'artiste

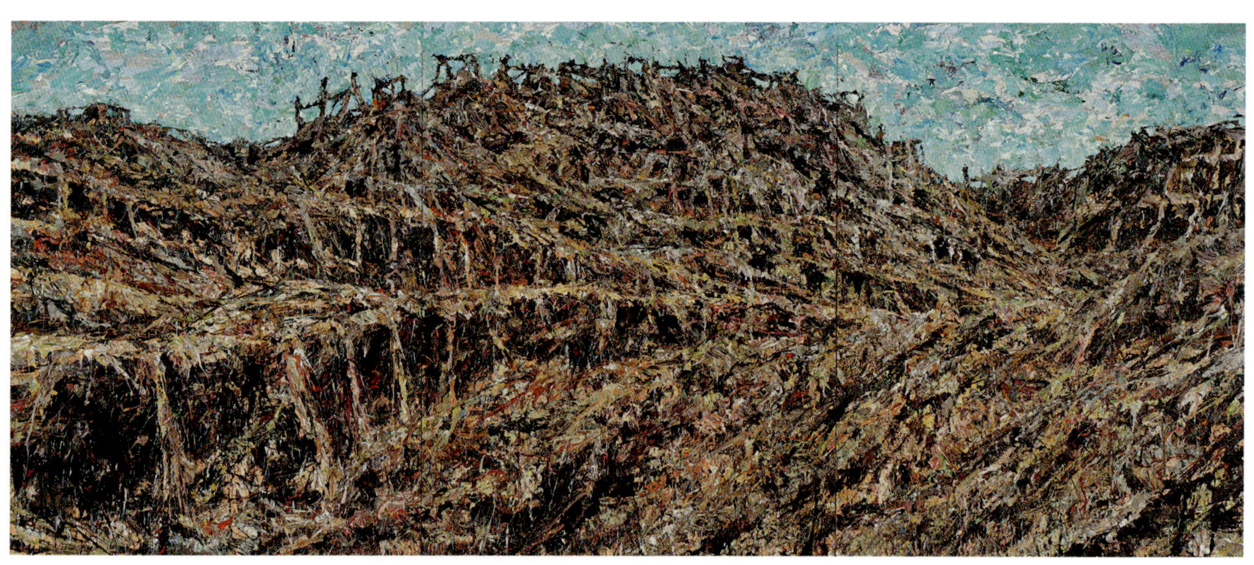

Ayman Baalbaki, *All That Remains*, 2014-2016, , 250 x 600 cm, acrylic on canvas. Saadallah and Loubna Khalil Foundation
Ayman Baalbaki, *All That Remains*, 2014-2016, 250 x 600 cm, acrylique sur toile. Fondation Saadallah et Loubna Khalil

A journey in the art of Ayman Baalbaki - NAYLA TAMRAZ

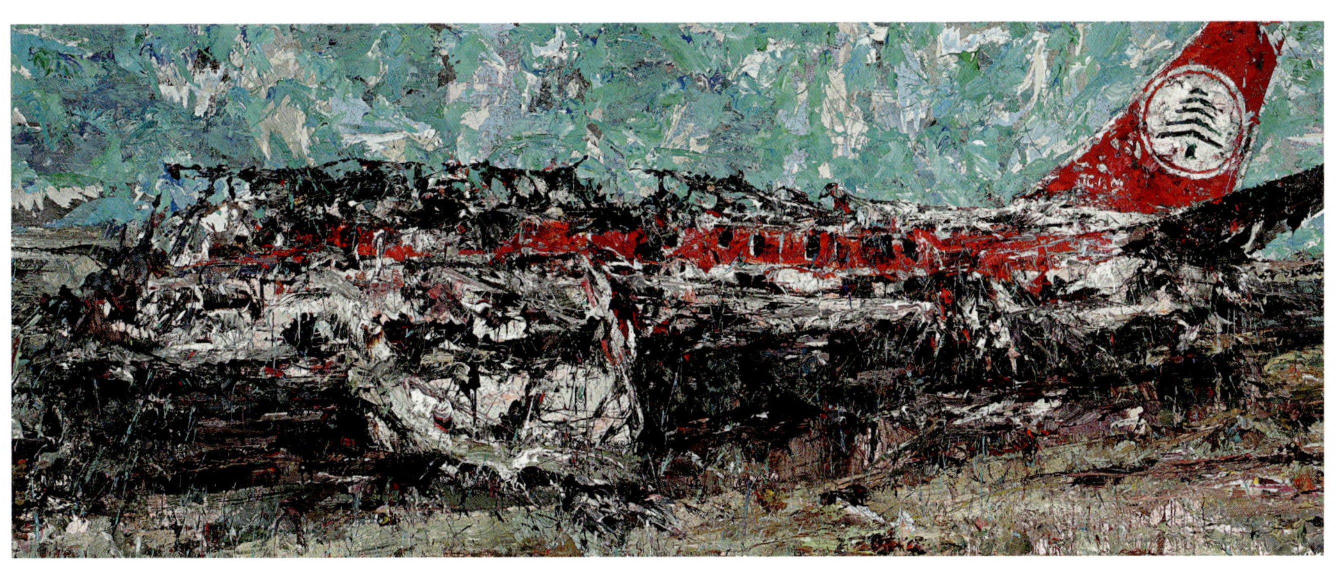

Ayman Baalbaki, *MEA*, 2015-2016, mixed media on canvas, 150 x 380 cm. Elie Khouri Art Foundation
Ayman Baalbaki, *MEA*, 2015-2016, technique mixte sur toile, 150 x 380 cm. Elie Khouri Art Foundation

Aline Asmar d'Amman, genuine architecture
MARION VIGNAL

There are certain professions that impose themselves on our fates. Aline Asmar d'Amman, a literary person at heart, could have embraced another career, but this child of Beirut chose instead to tell stories carved in stone. By joining the family of architect-builders, she embarked on a long process of reconstruction, in unison with her country, which is under permanent construction. She was carried by her romantic soul, nurtured by fantasies about a city standing tall, in peace. Aline Asmar d'Amman has engaged in architecture like one engages in a fight. She used as a weapon of resistance an acute awareness of the heritage, memory, time and reality of a context. How to avoid the latter when she was born in Beirut in 1975 on the first day of the civil war? Aline Asmar d'Amman grew up in a chaotic Lebanon and, despite her many travels, has never forgotten where she came from. "The roads carry us," she likes to recall in reference to the French-Lebanese writer Amin Maalouf. If her paths have led her to Paris, where she now lives, the fact remains that the Mediterranean continues to live in her like an unstoppable heartbeat. She is true to her origins, and she continues to lead projects both in Europe and the Middle East. From Paris to Bahrain, from Riyadh to Venice, she carries her country and her deep identity with her.

Aline Asmar d'Amman is in love with the language of poets who have the power to state the unspeakable, and she composes her projects like so many chapters of a large open book in whose pages one likes to wander. Her architectural and interior design creations take the form of singular narratives that intertwine the threads of the past with those of the present to better shape the future. She creates delicate weaves that summon know-how, precision and vision while blurring the boundaries of time and styles. Aline Asmar d'Amman believes more than anything "in architecture's ability to build bridges between eras and cultures." The name of her agency, Culture in Architecture, testifies to this great project. First created in Beirut in 2007, then in Paris in 2011, this agency continues to carry out each of its projects with particular attention to the soul of the place and things; and

Aline Asmar d'Amman, l'architecture au corps
MARION VIGNAL

Certains métiers s'imposent à notre destinée. Aline Asmar d'Amman, littéraire dans l'âme, aurait pu embrasser une autre carrière, mais cette enfant de Beyrouth a choisi de raconter des histoires gravées dans la pierre. En rejoignant la famille des architectes bâtisseurs, elle s'est lancée elle-même dans un long processus de reconstruction, à l'unisson de son pays en chantier permanent. Portée par son âme romanesque, nourrie de fantasmes d'une ville en paix et debout. Aline Asmar d'Amman s'est engagée dans l'architecture comme dans un combat. Avec comme arme de résistance une conscience aiguë de l'héritage, de la mémoire, du temps et de la réalité d'un contexte. Comment éluder ce dernier quand on est né, comme elle, à Beyrouth, en 1975, au premier jour de la guerre civile ? Aline Asmar d'Amman a grandi dans un Liban en plein chaos et, malgré ses nombreux voyages, n'a jamais oublié d'où elle venait. « Les routes nous portent », aime-t-elle rappeler, en référence à l'écrivain franco-libanais Amin Maalouf. Si ses chemins l'ont menée jusqu'à Paris, où elle vit désormais, la Méditerranée ne cesse de vivre en elle, comme un irrépressible battement de cœur. Fidèle à ses origines, elle continue de mener de front des projets en Europe comme au Moyen-Orient. De Paris à Bahreïn, de Riyad à Venise, elle transporte avec elle son pays et son identité profonde.

Amoureuse du verbe des poètes qui ont le pouvoir d'énoncer l'indicible, Aline Asmar d'Amman compose ses projets comme autant de chapitres d'un grand livre ouvert où l'on déambule à travers les pages. Ses réalisations d'architecture et d'architecture d'intérieur prennent la forme de narrations singulières qui entrecroisent les fils du passé avec ceux du présent, pour mieux dessiner l'avenir. Un tissage délicat qui convoque savoir-faire, précision et vision, en brouillant les frontières du temps et des styles. Aline Asmar d'Amman croit plus que tout « au pouvoir de l'architecture de jeter des ponts entre les époques et les cultures ». Le nom de son agence, Culture in Architecture, témoigne de ce grand projet. Créée d'abord à Beyrouth en 2007, puis à Paris en 2011, celle-ci mène chacun de ses projets avec

with always an ambition to achieve "the sublime that disturbs, rather than the beautiful that charms."

Aline Asmar d'Amman understood this truth by gazing, first as a child and then as a teenager, at the ruins of Beirut. She forged an architect's vision by observing this city in pieces "where the raw and the precious constantly collide, just like the tear of a wall riddled with bullets and the refinement of a house adorned with triple Venetian arcades." The remains of the Greco-Roman temples of the city of Baalbek determinedly forged her historical consciousness all the while instilling within her this faith in a stone capable of bringing people together. Through Baalbek, it is the whole history of the Phoenicians of Lebanon that inspired her. "It is said," she recalls, "that the port of Byblos is associated with the diffusion of the alphabet, initially as a trade tool. Words and writing were reportedly born there." However, verbs have always been part of the vocabulary of the architect who, since her very first projects at the Academy of Fine Arts in Beirut in the Architecture section, has relied on the power of writing to convey her ideas, associating a plan with a quote, a drawing with a poem, a perspective with a haiku. In 1998, Aline Asmar d'Amman graduated top of an almost exclusively male class and received a distinction from the Ministry of Culture and the Order of Engineers and Architects for her diploma project. Her project imagined a meditation center in the Lebanese mountains. In this place of spirituality and peace, located far from urban chaos and never-ending conflicts, she invited the public to come and ditch their faith and reconnect with their earthly roots. In the introduction, visitors had to cross a tunnel that led to light, a reference to the platonic allegory of the cave and the paths to access knowledge and light. This destination was also thought of as a place of hospitality where people of different languages and cultures could meet.

une attention toute particulière pour l'âme du lieu et des choses ; et toujours l'ambition d'atteindre « le sublime qui dérange, plutôt que le beau qui charme ».

Aline Asmar d'Amman a saisi cette vérité, en confrontant son regard d'enfant, puis d'adolescente, aux ruines de Beyrouth. Sa vision d'architecte s'est construite en observant cette ville en morceaux « où s'entrechoquent constamment le brut et le précieux, la déchirure d'un mur criblé de balles et le raffinement d'une maison ornée de triples arcades vénitiennes ». Les vestiges des temples gréco-romains de la ville de Baalbek ont continué de forger sa conscience historique et d'ancrer en elle cette foi dans une pierre capable de réunir les hommes. À travers Baalbek, c'est toute l'histoire des Phéniciens du Liban qui l'inspire. « On raconte, rappelle-t-elle, que l'alphabet aurait voyagé à partir du port de Byblos, d'abord comme un outil lié au commerce. Les mots et l'écriture seraient nés là. » Or, le verbe a toujours fait partie du vocabulaire de l'architecte qui, depuis ses tout premiers projets à l'Académie libanaise des beaux-arts, en section Architecture, s'est toujours appuyée sur la force de l'écrit pour transmettre ses idées, associant un plan avec une citation, un dessin avec un poème, une perspective avec un haïku. En 1998, Aline Asmar d'Amman est sortie major d'une promotion presque exclusivement masculine et a reçu pour son projet de diplôme une distinction du ministère de la Culture et de l'Ordre des architectes. Son projet imaginait un centre de méditation dans les montagnes libanaises. Dans ce lieu de spiritualité et de paix, loin du chaos urbain et des conflits incessants, elle invitait le public à venir se débarrasser de sa confession et à reprendre connexion avec ses racines terrestres. En introduction, les visiteurs devaient traverser un tunnel qui débouchait sur la lumière, référence à l'allégorie de la caverne platonicienne et aux chemins pour accéder à la connaissance et à la

The fertility of cultural intersections has never been a matter of doubt for the architect who continues to carry out each of her creations with the same desire to give rise to collective emotions rich in meaning.

To decorate the Lebanese Pavilion at the Venice Biennale, which brings together in the same space of the Arsenal the works of the visual artist Ayman Baalbaki and the videographer Danielle Arbid, Aline Asmar d'Amman was inspired by the archetypal form of the egg, which is symbolic of fertility and origins. The egg also makes reference to two major architectural works in the contemporary history of Lebanon, both built before the war and remaining unfinished: the Egg, the cinema in the center of Beirut designed by Joseph Philippe Karam, whose construction was interrupted in 1975 at the beginning of the civil war, and the building of the international exhibition designed by Oscar Niemeyer, in Tripoli. Two dead places, nipped in the bud, ruined even before they had the chance to exist. "Two architectures of raw beauty," as per her words. Through the shape of the egg, "evocative of the origins that run through us," the architect offers visitors to the Biennale an experience of immersion and envelopment. This ovoid structure, deliberately left raw, is designed from panels evoking concrete and, beyond that, the urban landscape of a Beirut in constant reconstruction. Through this pure elliptical form devoid of any pretense, open to the roof of the Venetian building of the Arsenal, the architect distills a message of hope and union. This shell encloses the eternal fantasy of rebirth and Lebanese unity.

Each space or building designed by Aline Asmar d'Amman is similar to a story where surprise, questioning, dream and mystery mingle. Her drawing evolves over the narrative strata that nurture her thought. Word by word, stone by stone, she assembles her ideas and materials with the help of

lumière. Cette destination était aussi pensée comme un lieu d'hospitalité où pouvaient se rencontrer des personnes de langues et de cultures différentes. La fertilité des croisements culturels n'a jamais fait aucun doute pour l'architecte, qui continue de mener chacune de ses réalisations avec le même désir de faire naître des émotions collectives, riches de sens.

Pour scénographier le Pavillon libanais à la Biennale de Venise qui réunit, dans un même espace de l'Arsenal, les œuvres du plasticien Ayman Baalbaki et de la vidéaste Danielle Arbid, Aline Asmar d'Amman s'est inspirée d'une forme archétypale, symbolique de la fécondité et des origines – celle de l'œuf. Ce dernier est également une référence à deux œuvres architecturales majeures de l'histoire contemporaine du Liban, toutes deux construites avant la guerre et demeurées inachevées : The Egg, le cinéma du centre de Beyrouth réalisé par Joseph Philippe Karam, au chantier interrompu en 1975 au début de la guerre civile, et le bâtiment de l'exposition internationale signé Oscar Niemeyer, à Tripoli. Deux lieux mort-nés, tués dans l'œuf, devenus ruines avant même d'avoir pu exister. « Deux architectures à la beauté écorchée vive », selon ses mots. À travers la forme de l'œuf, « évocatrice des origines qui nous traversent », l'architecte propose aux visiteurs de la Biennale une expérience de l'immersion et de l'enveloppement. Cette structure ovoïde, laissée volontairement brute, est conçue à partir de panneaux évoquant le béton et, par-delà, le paysage urbain de Beyrouth en constante reconstruction. À travers cette forme pure en ellipse sans artifices, ouverte sur le toit du bâtiment vénitien de l'Arsenal, l'architecte distille un message d'espoir et d'union. Cette coquille enserre l'éternel fantasme de la renaissance et de l'unité libanaise.

Chaque espace ou bâtiment dessiné par Aline Asmar d'Amman s'apparente à un récit où se mêlent la surprise, le questionnement, le rêve et le mystère.

craftsmen and artists who translate, with their own language, her dreams of beauty and modernity. Her respect for history and ancient cultures is only matched by her passion for the most radical modernity. Among the works of architecture that have marked her the most are the creations of Zaha Hadid. Not only does Aline Asmar d'Amman admire the creative force and the unique vision of the Iraqi architect, who died in 2016, but also her career, which she considers to be "a lifetime struggle." "Zaha Hadid is fire and ice. She is the mystical passage from paper to concrete in an absolute leap of conviction." During the many visits that the teenager paid to her American family, she discovered the National Gallery of Art of I.M. Pei, in Washington, and was fascinated by the sharp edge of the cornerstone. Through the spectacle of visitors caressing this hard angle, she experienced the magnetic attraction that a building can cause. It was a Levantine palace, with Ottoman and Venetian strata intertwined with world cultures that then introduced her to interior design. The Sursock Palace, in Beirut, a true jewel of Lebanese heritage and home of the poet Lady Yvonne Sursock Cochrane, will forever remain etched in her memory as both an ideal place and a fantasy of the art of living and theatrics.

As far as she can remember, Aline Asmar d'Amman has always understood architecture as a sanctuary, a refuge. And the stone, however crumbly it may be, as a symbol of protection, integration and durability. Throughout her career, the Lebanese architect, wholly inspired by the spirit of resistance, has never ceased to tackle monuments. She served as the artistic director of the renovation of the interior spaces of the Hôtel du Crillon, Place de la Concorde, as she worked for four years with her agency Culture in Architecture on turning this 18th-century palace, some parts of which are classified as historic monuments, into a place where heritage

Son dessin évolue au fil des strates narratives qui nourrissent sa pensée. Mot après mot, pierre après pierre, elle assemble les idées et les matières, avec la complicité des artisans et des artistes qui traduisent avec leur langage propre ses rêves de beauté et de modernité. Son respect pour l'histoire et les cultures anciennes n'a d'égal que sa passion pour la modernité la plus radicale. Parmi les œuvres d'architecture qui l'ont le plus marquée figurent les réalisations de Zaha Hadid. Aline Asmar d'Amman n'est pas juste admirative de la force de création et de l'unique vision de l'architecte irakienne, disparue en 2016, mais aussi de son parcours qu'elle considère comme « le combat d'une vie ». « Zaha Hadid, c'est le feu et la glace, le passage mystique du papier au concret dans un saut de conviction absolu. » Lors des nombreuses visites de l'adolescente à sa famille américaine, elle découvre la National Gallery of Art de I.M Pei, à Washington, et reste fascinée par l'arête vive de la pierre angulaire. À travers le spectacle des visiteurs caressant cet angle dur, elle expérimente l'attirance magnétique que peut provoquer un édifice. C'est un palais levantin, aux strates ottomanes et vénitiennes entrelacées de cultures du monde, qui l'a ensuite initiée à l'architecture d'intérieur. Le palais Sursock, à Beyrouth, véritable joyau du patrimoine libanais et demeure de la poétesse Lady Yvonne Sursock Cochrane, restera à tout jamais gravé dans sa mémoire comme un idéal autant qu'un fantasme d'art de vivre et de théâtralité.

D'aussi loin qu'elle s'en souvienne, Aline Asmar d'Amman a toujours compris l'architecture comme un sanctuaire, un refuge. Et la pierre, aussi friable qu'elle puisse être, comme un symbole de protection, d'ancrage et de durabilité. Au fil de son parcours, l'architecte libanaise, l'esprit de résistance au corps, n'a eu de cesse de se confronter à des monuments. Directrice artistique de la rénovation des espaces intérieurs de l'hôtel du Crillon, place

and modernity meet. With the help of exceptional artists and artisans, she has infused within its walls a contemporary vision of beauty and comfort. She is also the one who recently rose to the second floor of the Eiffel Tower to breathe new life into the gourmet restaurant Le Jules Verne, run by starred chef Frédéric Anton. In this table nestled in the dizzying metal architecture, she offered a new view of both the sky of the City of Light and the interior of the Iron Lady, whose precision can be admired down to the mechanical cogs. As an introduction to this experience of sensory elevation, Aline Asmar d'Amman made it a point to make visible the foot of the pillar of the tower by which one then accesses the restaurant, so as to show the roots of the structure that subsequently sets itself up in the air. The Palazzo Dona' Giovannelli, which she is currently renovating in the heart of Venice to turn into a hotel, posed yet another major challenge. This neo-Gothic palace was designed in the 15th century by Filippo Calendario, the architect of the Doge's Palace, which was subsequently restored in the 18th century by Gian Battista Meduna. It is now up to this Mediterranean at heart, deeply connected to this Venice of the Orient, to leave her mark there today.
She imagines this building as a series of surprises for the senses and for the spirit, inspired by the Venetian art of living and enriched by a dedicated artistic curation. The Lebanese architect wants places to raise questions so that visitors come out of them "enriched with new thoughts and visions." This is why her obsession consists of "looking at the detail of everything." It is with the same rigor and the same scenography spirit, even museography in some cases, that she designs the private homes of her international clients. In these secret places — often on a monumental scale — she manages to have the notion of intimacy coexist with that of theatricality through a subtle staging of the rituals of domestic life, magnified by art and design.

de la Concorde, elle a œuvré, pendant quatre ans, avec son agence, Culture in Architecture, pour faire de ce palace du XVIIIe siècle – dont certaines parties sont classées monuments historiques, un lieu où se rencontrent le patrimoine et la modernité. Avec la complicité d'artistes et d'artisans d'exception, elle a infusé entre ses murs une vision contemporaine de la beauté et du confort. C'est aussi elle qui s'est récemment hissée au deuxième étage de la tour Eiffel pour donner une nouvelle vie au restaurant gastronomique Le Jules Verne, piloté par le chef étoilé Frédéric Anton. Dans cette table, lovée dans la vertigineuse architecture de métal, elle propose un nouveau regard sur le ciel de la Ville Lumière et sur l'intérieur de la Dame de fer, dont on peut admirer la précision jusqu'aux rouages mécaniques. En introduction de cette expérience d'élévation sensorielle, Aline Asmar d'Amman a tenu à rendre visible le pied du pilier de la tour, par lequel on accède ensuite au restaurant, de manière à donner à voir les racines de l'édifice qui s'érige ensuite dans les airs. Le palais Donà Giovannelli, qu'elle est actuellement en train de rénover au cœur de Venise pour le transformer en hôtel, représente un autre défi de taille. Ce palais néogothique a été créé au XVe siècle par Filippo Calendario, l'architecte du palais des Doges, puis restauré au XVIIIe siècle par Gian Battista Meduna. C'est à cette Méditerranéenne, dans l'âme profondément connectée à cette Venise d'Orient, d'y laisser aujourd'hui son empreinte. Elle imagine cet édifice comme une suite de surprises pour les sens et l'esprit, inspiré par l'art de vivre vénitien et enrichi d'une curation artistique dédiée. L'architecte libanaise veut qu'un lieu questionne, que le visiteur en ressorte « enrichi de nouvelles pensées et visions ». Pour cela, son obsession consiste à « regarder le détail de tout. » C'est avec la même rigueur et le même esprit scénographique, voire muséographique dans certains cas, qu'elle conçoit les demeures privées de ses clients à l'international. Dans ces lieux secrets

Along her path as architect seeking meaning and the sublime, another pillar
appeared, just as much in love with art and history and just as obsessed
with modernity as she was: Karl Lagerfeld. Aline Asmar d'Amman forged
a bond with complicity with the couturier at the Hôtel de Crillon for which
he created Les Grands Appartements which she developed for him. Their
dialogue extended until they gave birth to the collection of functional marble
sculptures, *Architectures*, produced by the Carpenters Workshop Gallery.
Between the architect and the couturier, the conversation could never
be uninterrupted. The delicacy and audacity of fashion have always been part
of the sources of inspiration of the Lebanese woman, for whom the sight
of lace, velvet or drapery gives rise in her projects, be they private or public,
to a mixture of materials, a unique sketch and unexpected lighting.
The same goes for her artistic or literary inspirations. The discovery of
the book *La Lecture des Pierres*, by Roger Caillois, was one of the triggers for
her collection *La Mémoire des Pierres*, which is a series of pieces made
from marble scraps falling from a quarry in southern Italy, held by a woman.
Through these object-sculptures, Aline Asmar d'Amman deploys a palette
of vibrant colors, of white-streaked shades of pink, purple and green. She
assembles these miraculous natural shades, composes with these mineral
fabrics singular volumes carrying within them the mystery of time, as a way
of anchoring us in a form of eternity and showing us the beauty of the world,
in its purest and most original form. Before writing, before drawing,
before chaos. In a harmony as close to the mystery of creation as possible.

– d'une échelle souvent monumentale –, elle parvient à faire cohabiter la notion d'intimité avec celle de théâtralité par l'intermédiaire d'une mise en scène subtile des rituels de la vie domestique, magnifiée par l'art et le design.

Sur son chemin d'architecte en quête de sens et de sublime, s'est présenté un autre monument, tout aussi amoureux d'art et d'histoire et tout aussi obsédé par la modernité qu'elle : Karl Lagerfeld. Aline Asmar d'Amman a noué un lien de complicité avec le couturier à l'hôtel de Crillon, pour lequel il a créé Les Grands Appartements qu'elle a développés pour lui. Leur dialogue s'est prolongé jusqu'à donner jour à la collection de sculptures fonctionnelles en marbre, Architectures, éditée par la Carpenters Workshop Gallery. Entre l'architecte et le couturier, la conversation aurait pu ne jamais s'interrompre. La délicatesse et l'audace de la mode ont toujours fait partie des sources d'inspiration de la Libanaise, pour qui la vue d'une dentelle, d'un velours ou d'un drapé font naître dans ses projets, privés ou publics, une association de matières, une esquisse singulière, un éclairage inattendu. Il en va de même avec ses inspirations artistiques ou littéraires. La découverte du livre *La Lecture des Pierres*, de Roger Caillois, fut l'un des éléments déclencheurs de sa collection « La Mémoire des Pierres » : une série de pièces réalisées à partir de chutes de marbres d'une carrière au sud de l'Italie, tenue par une femme. À travers ces objets-sculptures, Aline Asmar d'Amman déploie une palette de couleurs vibrantes, des nuances de rose, de violet et de vert striées de blanc. Elle assemble ces teintes naturelles miraculeuses, compose avec ces étoffes minérales des volumes singuliers qui portent en eux le mystère du temps. Sa façon de nous ancrer dans une forme d'éternité et de nous donner à voir la beauté du monde, dans sa forme la plus pure et originelle. Avant l'écriture, avant le dessin, avant le chaos. Dans une harmonie au plus proche du mystère de la création.

Artists in resilience
JEAN-FRANÇOIS CHARNIER

It is often said that artists metaphorically reveal the soul of their time and the spirit of the world in which they live. The works of Danielle Arbid and Ayman Baalbaki, presented this year at the Venice Biennale, magnificently confirm this notion. What they recount, and the way Nada Ghandour successfully makes them dialogue in the Lebanese Pavilion, puts into perspective what Lebanon is going through at the moment.

The emotion that shines through the conversations taking place behind the lens of Danielle's camera from the confined space of a car, or Ayman's secret cabin hidden behind disassembled fragments of urban scenery, both express the intensity of human relations, unveiling the secrets of private lives confronted with the rubble of a world built out of fragments from elsewhere. As Danielle puts it in her own words: the tension given to the intimate through the spoken word and the almost neurotic interest in the image of oneself and of others is undoubtedly a trait that reminds us that Lebanon is indeed in the Mediterranean. The country is not only a gateway to the West, or to the East, but it is also the place where tensions of the Mediterranean are most acutely exacerbated. If Italy has long been the umbilicus, setting the tone in the center of the Mediterranean, synthesizing the particular legacy that this sea has contributed to history, and Gibraltar is the outlet where the silts of Mediterranean passions are diluted in the Atlantic and carried to America, what remains of the eastern gulf of the sea that is Lebanon? Doesn't this long beach, where the silts of Mediterranean passions are washed up by the waves, condense all the neuroses of the enclosed sea? For years, we have seen the term resilience used like a bandage for us to endure the pains of our era. It is frequently used to express what the Lebanese are going through. A Janus-like combination of resistance and patience, the word is often illustrated with images of Kintsugi, the Japanese art of repairing broken ceramics with gold seams to transform the crack into strength, giving the vase a new beauty. Will artists repair the cracks of Lebanon with gold thread for the country to reinvent itself and find a new splendor?

Danielle, Ayman and many others say that this splendor will certainly come from the intensity of feelings simmering and incubating in the country like latent seeds that awake and bloom one day – though we do not quite know why or how – and lead to renaissance. Perhaps we could then speak of "post-resilience."

Artistes en résilience
JEAN-FRANÇOIS CHARNIER

On dit souvent que les artistes révèlent métaphoriquement l'âme de leur temps et l'esprit du monde dans lequel ils vivent. Les œuvres de Danielle Arbid et d'Ayman Baalbaki, présentées cette année à la Biennale de Venise, confirment magnifiquement ce sentiment. Ce qu'elles racontent ,ainsi que leur mise en regard réussie par Nada Ghandour dans le Pavillon libanais, mettent en perspective ce que le Liban vit en ce moment.

L'émotion qui transparaît des conversations qui se nouent sous l'objectif de la caméra de Danielle, depuis l'espace confiné d'une voiture, ou la cabane secrète d'Ayman, cachée derrière des fragments démontés de décor urbain, expriment l'une comme l'autre, face aux décombres d'un monde bâti de fragments d'ailleurs, l'intensité des relations humaines et le dévoilement de l'intime et de ses secrets. Danielle le dit avec ses mots : la tension donnée à l'intime par la parole et l'intérêt quasi névrotique pour l'image de soi et des autres est sans doute un trait qui rappelle que le Liban se trouve bien en Méditerranée. Le pays n'est en effet pas seulement une porte d'entrée vers l'Occident ou, à l'inverse, l'Orient mais aussi le lieu où s'exacerbent de manière singulière les tensions de la Méditerranée. Si l'Italie a longtemps été cet ombilic donnant le ton au centre de la Méditerranée, synthétisant le génie particulier que cette mer a communiqué à l'histoire, maintenant, à une époque où Gibraltar a été cet exutoire où les limons des passions méditerranéennes se sont diluées dans l'Atlantique et ont été emportées jusque vers l'Amérique, que reste-t-il de ce golfe oriental de la mer qu'est le Liban ? Cette longue plage où se déposent par vagues les limons des passions méditerranéennes ne condense-t-elle pas les névroses d'une mer close ? On voit, depuis des années, le terme de résilience employé tel un pansement pour endurer les maux de notre époque. Il est fréquemment utilisé pour exprimer ce que vivent les Libanais. Association Janus de résistance et de patience, le mot est souvent illustré par le Kintsugi, cet art du Japon de réparer par un fil d'or, les céramiques brisées pour transformer la fêlure en force et conférer au vase une beauté nouvelle. Les artistes coudraient-ils de fil d'or les fêlures du Liban pour lui permettre de se réinventer et de retrouver une nouvelle splendeur ?

Comme le disent Danielle, Ayman et bien d'autres, celle-ci adviendra certainement de l'intensité des sentiments qui couve dans le pays et qui fait penser à la latence de ces graines qui se réveillent un jour – on ne sait trop pourquoi ni comment – pour permettre une renaissance. Peut-être pourra-t-on dès lors parler de « postrésilience ».

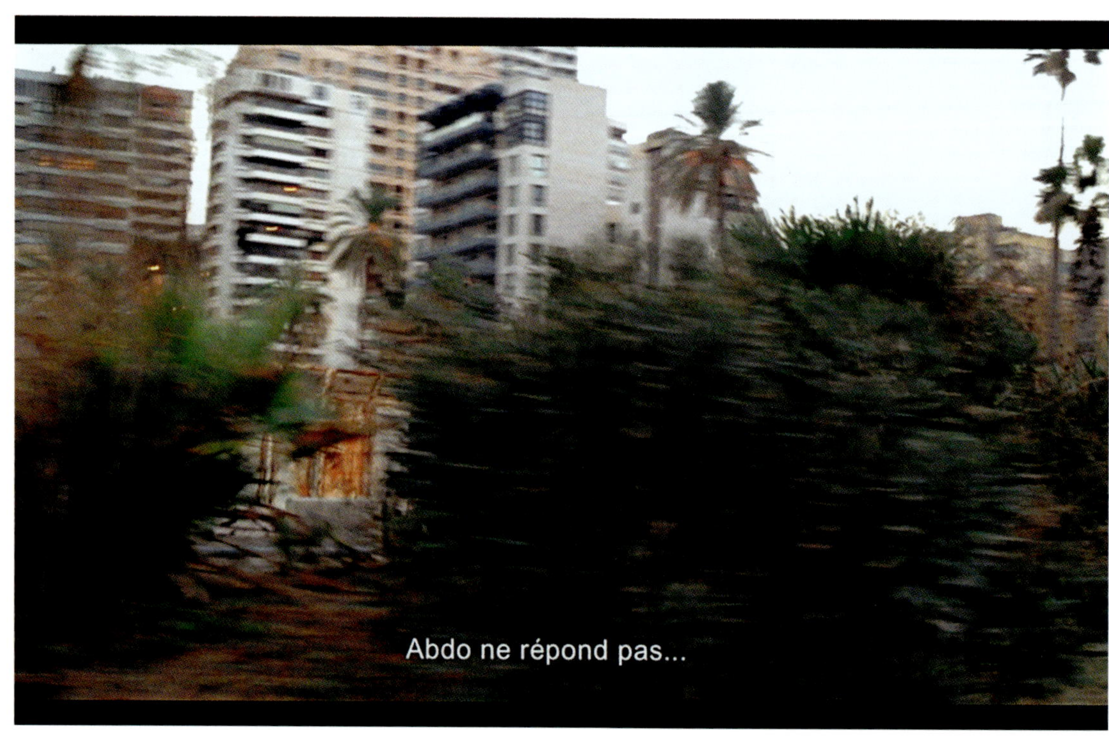

Danielle Arbid, *Allô Chérie*, 2015 - 2022, video, color, sound, 21' (video still)
Danielle Arbid, *Allô Chérie*, 2015 - 2022, vidéo, couleur, son, 21' (capture de vidéo)

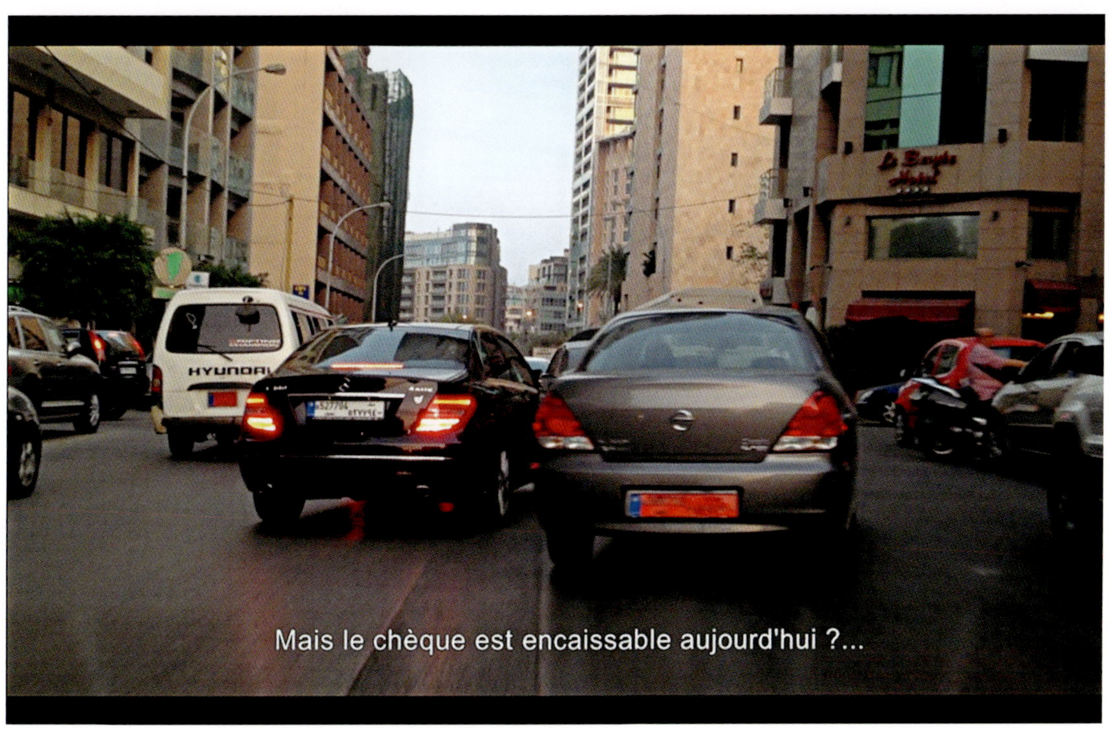

Danielle Arbid, *Allô Chérie*, 2015 - 2022, video, color, sound, 21' (video still)
Danielle Arbid, *Allô Chérie*, 2015 - 2022, vidéo, couleur, son, 21' (capture de vidéo)

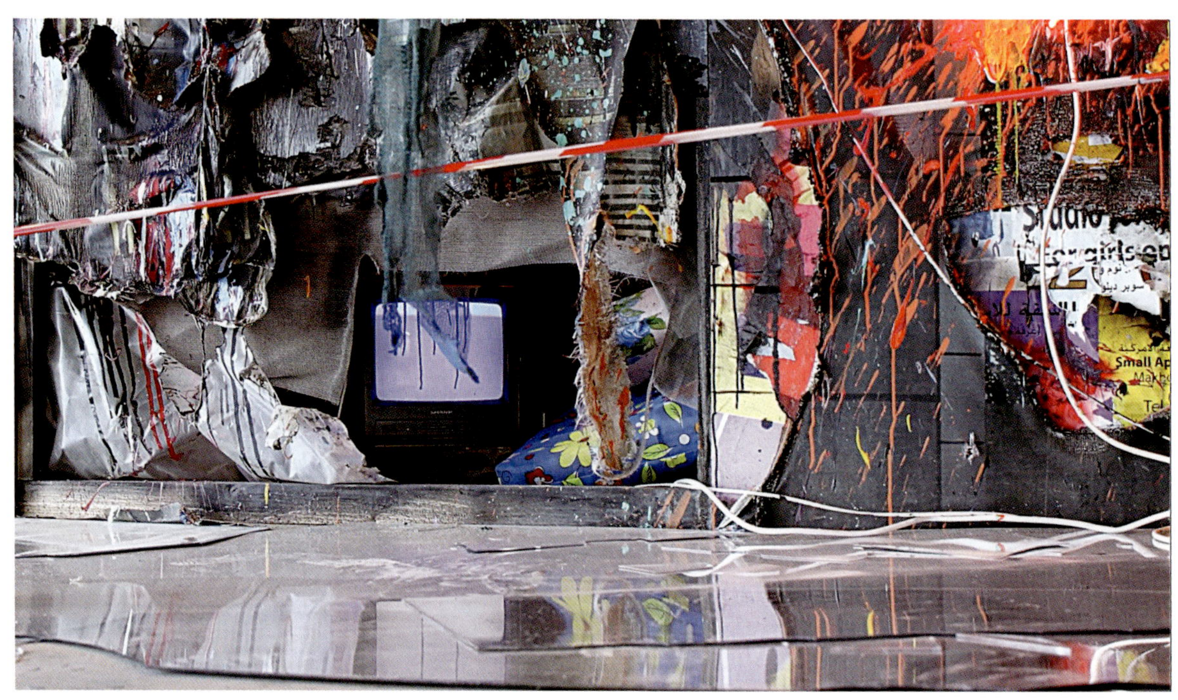

Ayman Baalbaki, *Janus Gate*, 2021, mixed media, detail
Ayman Baalbaki, *Janus Gate*, 2021, technique mixte, détail

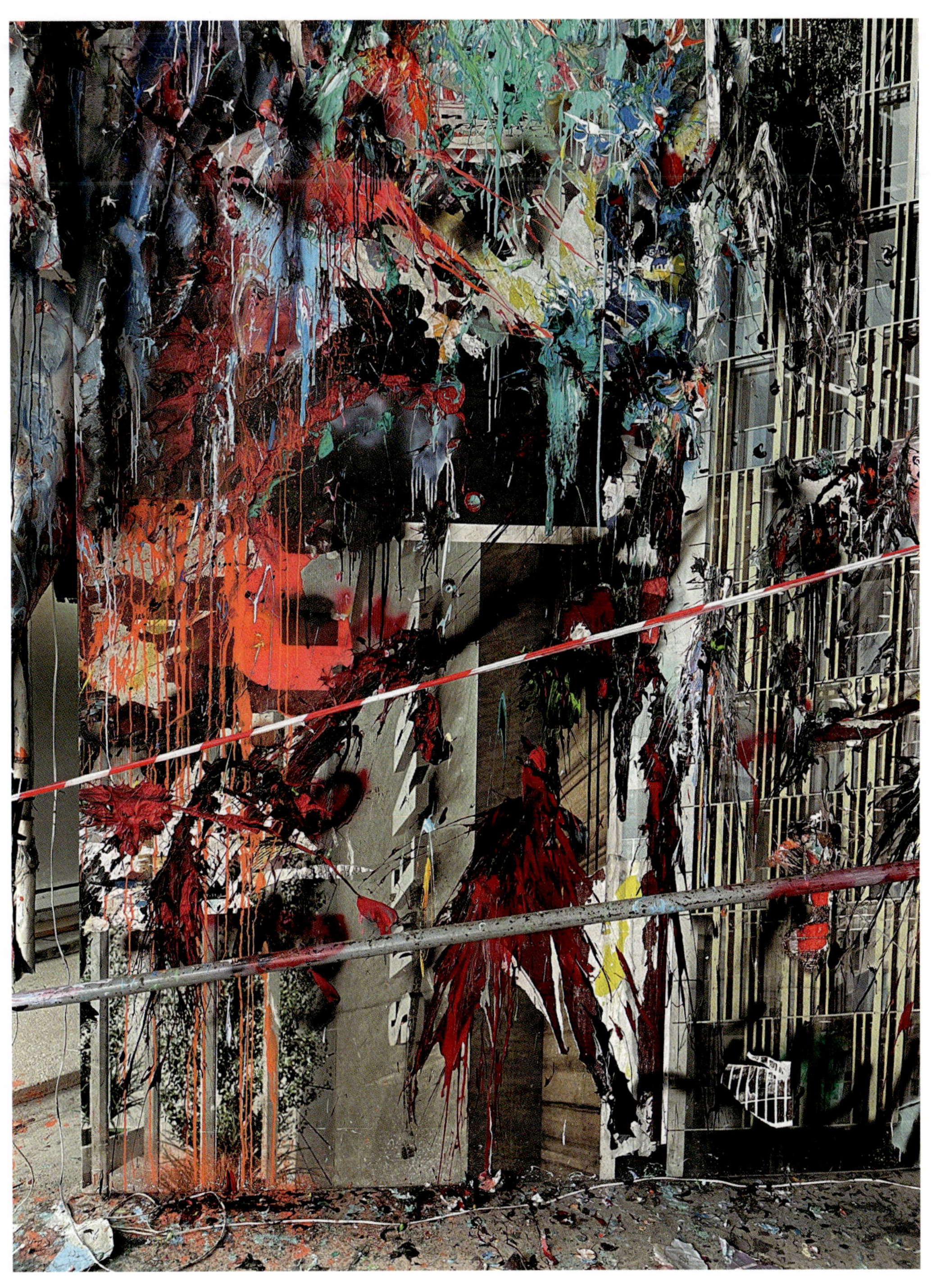

Ayman Baalbaki, *Janus Gate*, 2021, mixed media, detail
Ayman Baalbaki, *Janus Gate*, 2021, technique mixte, détail

Danielle Arbid and Ayman Baalbaki:
two echoing voices, two resonating stories
LOUMA SALAMÉ

Following an absence of five years, Lebanon is finally returning to the 59th Venice Biennale by way of an exhibition hosting a dialogue between the works of Danielle Arbid and Ayman Baalbaki. Designed by curator Nada Ghandour and her team consisting of Dina Bizri and Farida El Solh – and developed in collaboration with architect Aline Asmar d'Amman – the Lebanese Pavilion aims to put forth two approaches all the while making two voices heard, each of which talking about the Land of the Cedars. Having been invited to join the members of the scientific committee, it gave me great pleasure to participate in its inception in a collegial manner.

The Lebanese cultural scene – both in Lebanon and abroad – has been for years entirely affected by the recurring problems plaguing the country. Successive and repeated conflicts or disasters, such as the appalling port explosion of August 4, 2020, have become both directly or indirectly palpable in Lebanese artworks. Also, the heavy legacy of national and regional history has undoubtedly weighed on the way Lebanese artists, regardless of their generation, think and create.

Danielle Arbid based her work on the daily life of her family, whose intimate conversations she has documented for several decades. Her work exposes the experiences that her mother and the people close to her have had – be they fatal, tragic, intimate or comic. These experiences eloquently illustrate the trauma but also the collective knowledge of the Lebanese in the face of crises or survival situations. Although Arbid lives in Paris, the link with her native country has never been severed. As a matter of fact, this link has served as a source of inspiration for her artistic work. Discussions within the family nucleus, be they physical or over the phone, as in the case of *Allô Chérie*, were frequently explored in different narrative forms in Arbid's work. Soundtrack, testimonies of hope or despair, with lyrics evoking the insuperable financial difficulties her mother is facing. This personal approach reveals the genesis of both the collapse of the system and the unprecedented economic and social crisis affecting each and every Lebanese today. By recording her mother's voice, the artist gives the impression that she is hooked up to her mother's life, that she is simultaneously here and there. By affixing this voice to the images of a car drive across the streets of Beirut, she offers a sensitive and oneiric space between here and there.

Danielle Arbid et Ayman Baalbaki :
deux voix, deux récits en résonance
LOUMA SALAMÉ

Après une absence de cinq années, le Liban revient enfin à la 59ᵉ Biennale
de Venise, avec une exposition qui propose un dialogue entre les œuvres de
Danielle Arbid et d'Ayman Baalbaki. Conçu par la commissaire Nada
Ghandour et son équipe Dina Bizri et Farida El Solh – et développé en
collaboration avec l'architecte Aline Asmar d'Amman –, le Pavillon libanais
a pour ambition de présenter deux regards et de faire entendre deux voix,
qui parlent l'une et l'autre du pays du Cèdre. Ayant été invitée à rejoindre
les membres du comité scientifique, j'ai eu un plaisir véritable à participer
à la mise en œuvre de celui-ci de manière collégiale.

La scène culturelle libanaise – qu'elle réside au Liban ou à l'étranger – a été
touchée dans son ensemble depuis des années par les problèmes récurrents
affrontés par le pays. Les conflits ou désastres qui s'y succèdent et s'y
répètent, comme l'effroyable explosion du port le 4 août 2020, sont
manifestes de manière directe ou indirecte dans les œuvres des artistes.
Le lourd héritage de l'histoire nationale et régionale a indéniablement pesé
dans la façon de penser et de créer des œuvres pour l'ensemble des artistes
libanais, quelle que soit leur génération.

Danielle Arbid développe son œuvre en convoquant le quotidien de sa
famille, dont elle documente depuis plusieurs dizaines d'années les
conversations intimes. Les expériences vécues par sa mère et par ses proches
– tour à tour funestes, tragiques, intimistes et comiques – sont dévoilées
dans son travail. Celles-ci illustrent de manière éloquente le traumatisme
mais également la connaissance collective des Libanais face aux situations
de crise ou de survie. Artiste de la diaspora, Danielle Arbid vit à Paris, mais
malgré la distance le lien avec son pays natal n'est jamais rompu. Celui-ci
reste une source d'inspiration se déployant au cœur de son travail artistique.
Les discussions au sein du noyau familial, qu'elles soient physiques ou
téléphoniques, comme dans le cas d'*Allô Chérie*, sont fréquemment
explorées sous différentes formes narratives dans l'œuvre d'Arbid. Trame
sonore, témoignages d'espoir ou de désespoir, les paroles évoquent ici les
difficultés financières insurmontables de sa mère. Cette approche
personnelle révèle la genèse de l'effondrement du système et de la crise
économique et sociale sans précédent qui touche aujourd'hui tous les
Libanais. En enregistrant la voix de sa mère, l'artiste donne la sensation d'être
ainsi raccrochée à la vie de celle-ci, et d'être ici et ailleurs à la fois. Apposant

Ayman Baalbaki is a painter based in Beirut. He represents the collective devastation he perpetuates in his paintings. In the Lebanese Pavilion, his installation entitled *Janus Gate* embodies the lingering chaos of the city. By representing the fragmented, bereaved landscape of Beirut and the successive destruction and reconstruction of public space in the form of an installation, Baalbaki exorcises the moment by freezing it. The issue of damaged heritage and that of history reviewed through the prism of objects, witnesses of an impossible rescue, are prevalent in Baalbaki's works. In the past, the artist had also worked on destroyed buildings in Beirut, remnants of the civil war. His works summon up the ruin scene, thus illustrating the concept born out of Eastern thought whereby objects have a soul. The artist's work of reconstruction exemplifies a catharsis, as Baalbaki documents a reality in order to free himself from it. As a recurring pattern in the history of art, the representation of the landscape, be it natural or urban, sometimes highlights the confusion between the inner world and the world represented: the landscape becomes that of the viewer's state of mind, as we explore a psychic space, the artist's.

With Arbid, the sound narrative of the hardships facing the artist's mother and the unveiling of the scenery of the Lebanese capital under construction is in tune with Baalbaki's installation, as they both evoke Lebanon's persistent instability for forty years now. "Real generosity toward the future lies in giving all to the present" writes Albert Camus. In this regard, the two artists, through distinct stories and mediums, dedicate themselves to this very present moment, as they document the reality of their native country.

To conclude, the Pavilion goes in line with Amin Maalouf's following words: "We easily console ourselves following the disappearance of the past; it is the disappearance of the future that we cannot recover from. The country whose absence saddens and obsesses me is not the one I knew in my youth; it is the one I dreamed of and which never saw the light of day." As it cherishes the hope of a better future for the country, this exhibition is not devoted to the collapse of a nation in the throes of a fight with its funeral demons but rather to an overview of reactions in the face of disillusions with the current circumstances. Through dialogue, the exhibition offers the opportunity to shed light on the reconstruction work of artists, witnesses and history spokespersons.

cette voix sur les images d'un trajet en voiture dans les rues de Beyrouth, elle présente au regard un espace sensible et onirique, entre ici et là-bas.

Ayman Baalbaki, peintre installé à Beyrouth, représente la dévastation collective qu'il pérennise dans sa peinture. Dans le Pavillon libanais, son installation intitulée *Janus Gate* incarne la permanence du chaos dans la ville. En représentant sous la forme d'une installation le paysage morcelé, endeuillé de Beyrouth, et les destructions et reconstructions successives de l'espace public, Ayman Baalbaki exorcise le moment en le figeant. La problématique du patrimoine meurtri et celle de l'histoire revue à travers le prisme des objets, témoins d'un sauvetage impossible, sont prégnantes dans les œuvres de Baalbaki. L'artiste a par le passé travaillé également sur les immeubles détruits de Beyrouth, reliquats de la guerre civile. Ses œuvres convoquent le spectacle de la ruine, illustrant ainsi le concept issu de la pensée orientale qui affirme que les objets ont une âme. Le travail de reconstitution de l'artiste formalise à cet égard une catharsis, Baalbaki documentant le réel pour s'en libérer. Motif récurrent de l'histoire de l'art, la représentation du paysage, naturel ou urbain, met parfois en exergue la confusion entre le monde intérieur et le monde qui est représenté : le paysage devient celui de l'état d'âme du regardeur, et l'on explore également un espace psychique, celui de l'artiste.

Chez Arbid, le récit sonore des épreuves auxquelles est confrontée la mère de l'artiste et le dévoilement du paysage de la capitale libanaise en chantier entrent en résonance avec l'installation de Baalbaki, car ils évoquent l'une et l'autre la permanence de l'instabilité au Liban depuis quarante ans. « La vraie générosité envers l'avenir consiste à tout donner au présent », écrit Albert Camus. À cet égard, les deux artistes, à travers des récits et des médiums distincts, se consacrent précisément à cet instant présent, en documentant le réel de leur pays d'origine.

Pour conclure, le pavillon est à l'image de ces mots d'Amin Maalouf : « De la disparition du passé, on se console facilement ; c'est de la disparition de l'avenir qu'on ne se remet pas. Le pays dont l'absence m'attriste et m'obsède, ce n'est pas celui que j'ai connu, c'est celui dont j'ai rêvé, et qui n'a jamais pu voir le jour. » Caressant l'espoir d'un avenir meilleur pour le pays, cette exposition n'est pas consacrée à l'effondrement d'une nation en proie à un combat avec ses démons funèbres, mais plutôt à un état des lieux des réactions, face aux désillusions des circonstances actuelles. Par le dialogue, l'exposition offre l'opportunité d'éclairer le travail de reconstruction des artistes, témoins et porte-voix de l'histoire.

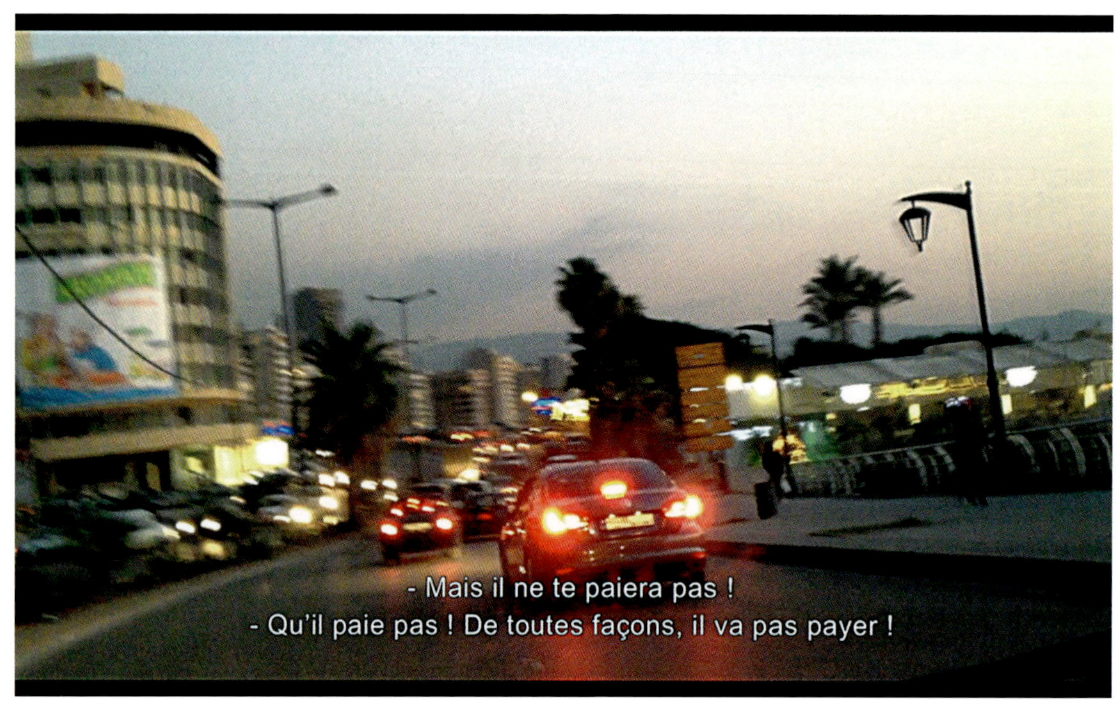

Danielle Arbid, *Allô Chérie*, 2015 - 2022, video, color, sound, 21' (video still)
Danielle Arbid, *Allô Chérie*, 2015 - 2022, vidéo, couleur, son, 21' (capture de vidéo)

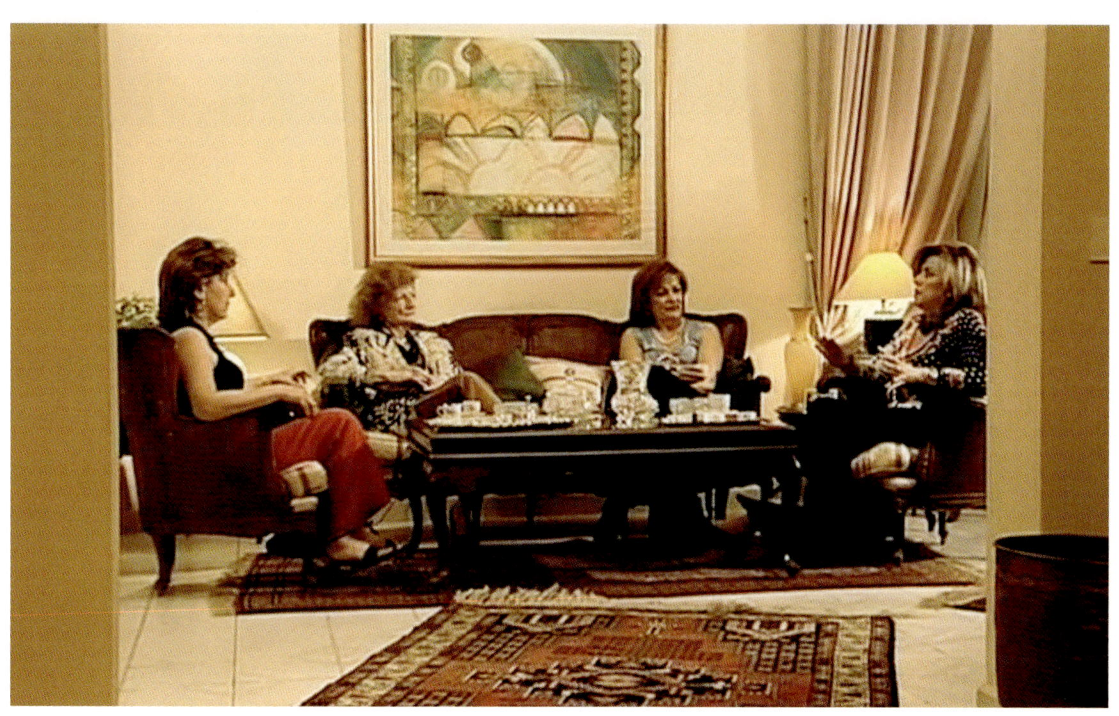

Danielle Arbid, *Allô Chérie*, 2015 - 2022, video, color, sound, 21' (video still)
Danielle Arbid, *Allô Chérie*, 2015 - 2022, vidéo, couleur, son, 21' (capture de vidéo)

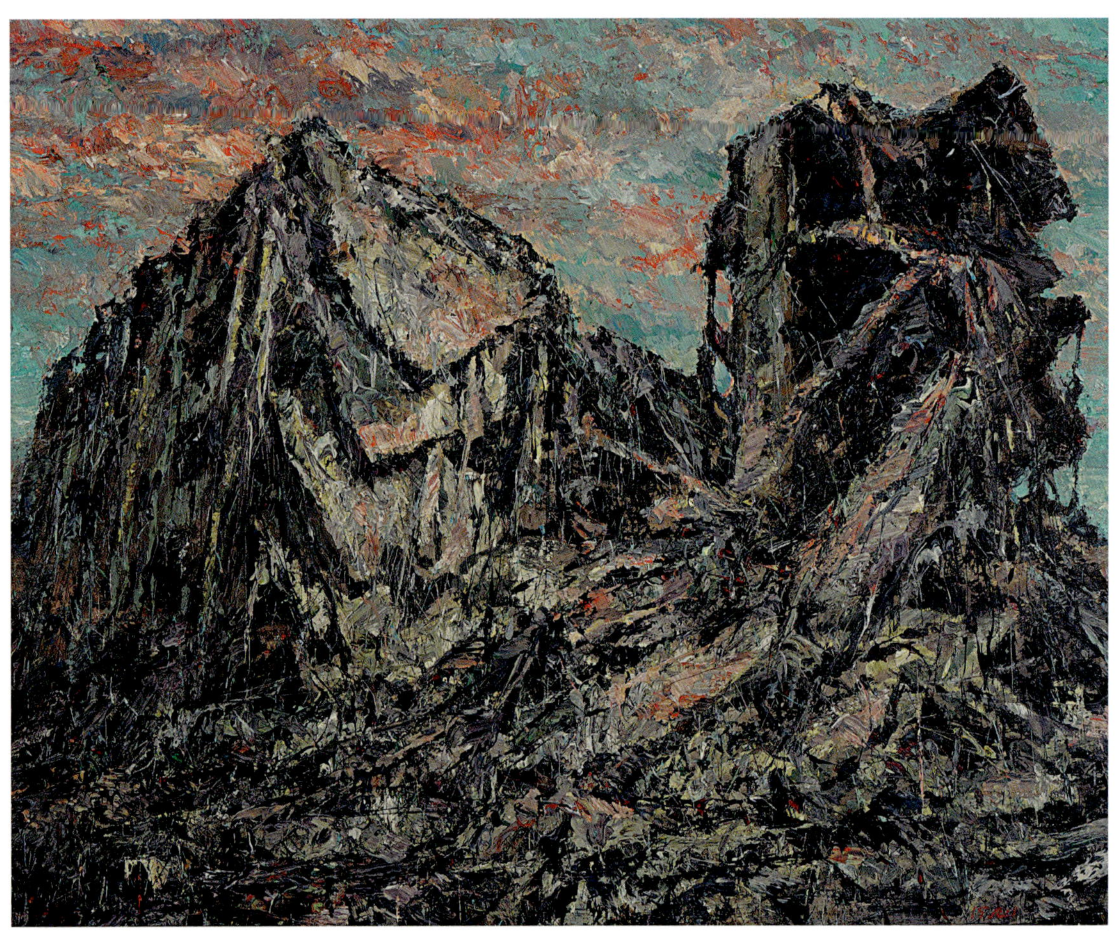

Ayman Baalbaki, Untitled, 2016, acrylic on canvas, 200 x 250 cm
Ayman Baalbaki, Sans titre, 2016, acrylique sur toile, 200 x 250 cm

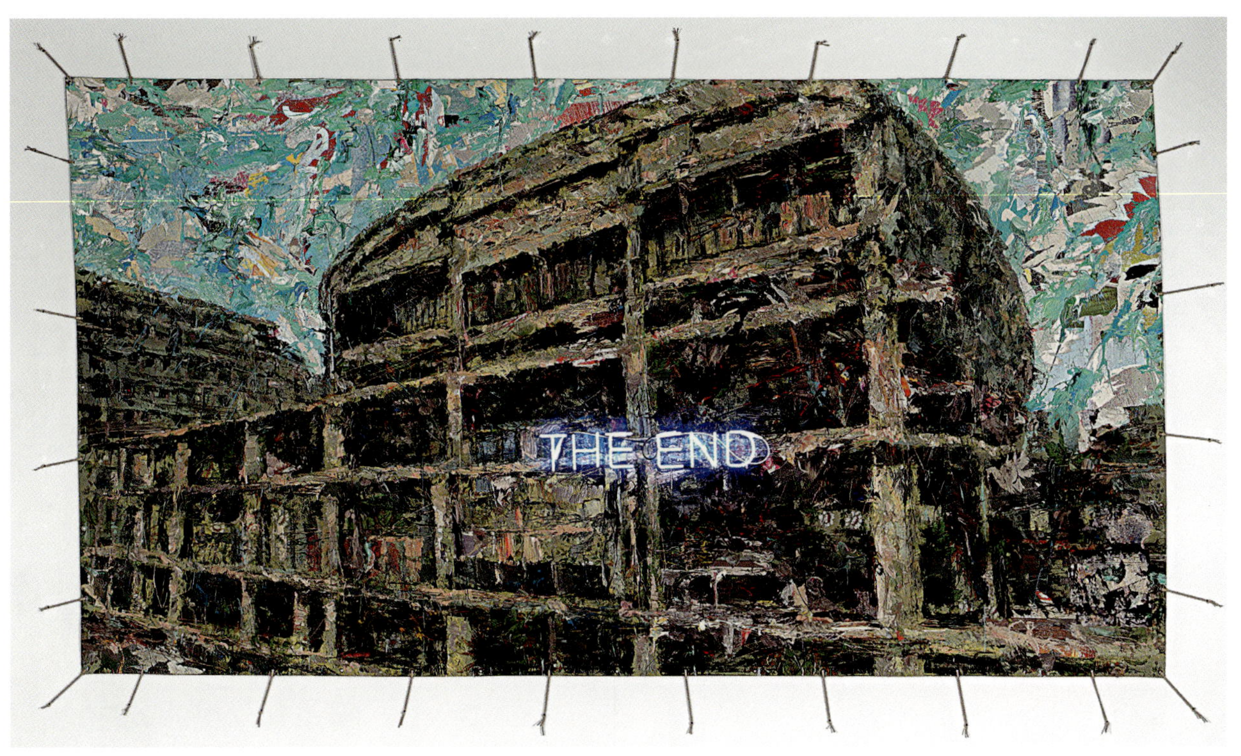

Ayman Baalbaki, *Draw the Curtains*, 2016, mixed media on canvas and neon, 220 x 400 cm
Ayman Baalbaki, *Draw the curtains*, 2016, technique mixte sur toile et néon, 220 x 400 cm

"Wanderer, there is no road, the road is made by walking"
ANNABELLE TÉNÈZE

The artists Danielle Arbid and Ayman Baalbaki suggest that we move
forward with them. They invite us to walk, to drive, to open a door, to cross
and to even stop. Thanks to their pieces brought together for the Lebanese
Pavilion of the 59th Venice Biennale in 2022, we are moving on to several
places. We are physically in one of the halls of the Venetian Arsenal, yet we
find ourselves transported to another city: Beirut. Where are we going? In an
exhibition space turned into a street. We are walking along the pictorial
architecture designed by Ayman Baalbaki. We are even offered to enter it
through a half-open door. With Danielle Arbid's film, we drive through the
streets of the Lebanese capital. Who are we driving with? In this last piece,
we are in the back seat of a car with the artist's mother, who calls a couple of
her acquaintances, both personal and professional. Without knowing
whether her interlocutors are in Lebanon or elsewhere in the world, we are
immersed in the intimacy of her conversations. Meanwhile, Ayman Baalbaki's
silent installation is put forth as a place that is both indistinct and singular,
closed and open, without an owner or a resident, caught in a palimpsest of
layers of paint. Where are we moving? Between ancient and contemporary
references, the creation of Ayman Baalbaki plays on ambiguity: are we
invited to surreptitiously enter an abandoned urban ruin or a reconstruction
site? Nothing seems to give away the answer. As for the filmed movements
of Danielle Arbid's mother, they are continuous just like her discussions,
or rather her telephone negotiations, and they follow one another by day
and night just like the bends of the road. They also seem to be keep going
around in circles – both literally and figuratively.

Paradoxically, these two pieces look very different but have their indistinction
in common: they are located in an urban transitional space and are at an
in-between stage in a suspended life, where everything seems both possible
and impossible. In both cases, there seems to be an objective, a doorway, a

« Toi qui chemines, il n'y a pas de chemin »
ANNABELLE TÉNÈZE

Les artistes Danielle Arbid et Ayman Baalbaki nous invitent à avancer avec eux. Ils nous proposent de marcher, de rouler, d'ouvrir une porte, de traverser, de nous arrêter aussi. Grâce à leurs œuvres réunies pour le Pavillon libanais de la 59e Biennale de Venise de 2022, nous avançons dans plusieurs lieux. Bien que nous soyons dans une salle de l'Arsenal à Venise, c'est dans une autre ville que nous nous retrouvons pourtant : Beyrouth. Où avançons-nous ? Dans un espace d'exposition devenu rue, nous allons à pied, longeons l'architecture picturale conçue par Ayman Baalbaki. Il nous est même offert d'y pénétrer par une porte entrouverte. Avec le film de Danielle Arbid, c'est en voiture que nous roulons à travers les rues de la capitale libanaise. Avec qui avançons-nous ? Dans cette dernière œuvre, nous sommes embarqués à l'arrière d'une voiture, en compagnie de la mère de l'artiste, pendant qu'elle discute au téléphone avec des personnes de son entourage – personnel et professionnel. Sans que nous sachions clairement si ses interlocuteurs sont au Liban ou ailleurs dans le monde, nous sommes plongés dans l'intimité de ses conversations. Silencieuse, l'installation d'Ayman Baalbaki se révèle un lieu à la fois indistinct et singulier, fermé et ouvert, sans propriétaire ni habitant, pris dans un palimpseste de couches de peintures. Vers où avançons-nous ? Entre référence antique et contemporaine, la création d'Ayman Baalbaki joue de l'ambiguïté : sommes-nous invités à entrer subrepticement dans une ruine urbaine à l'abandon ou dans un chantier en vue d'une reconstruction ? Rien ne nous permet d'en décider. Quant aux déplacements filmés de la mère de Danielle Arbid, tout comme ses discussions, ou plutôt ses négociations téléphoniques, ils sont continus, s'enchaînent comme les virages de la route, de jour comme de nuit, et semblent, au sens propre comme au figuré, ne cesser de tourner en rond.

Paradoxalement, aussi différentes qu'elles soient, ces deux œuvres ont en commun leur indistinction : elles sont situées dans un espace urbain en

point of arrival, but this quest for what comes afterward seems like a goal
to which access would always be postponed, an elusive dream lost behind
feigned hope. This dual wandering could mirror another Lebanese movie,
also a road movie genre, filmed almost forty years earlier: *Hamasat*
(*Whispers*) by Maroun Bagdadi (1980), in which the poetess Nadia Tueni
crosses Lebanon, from Akkar to Tyre, via Beirut, and discovers the landscapes
of the country in ruins in the wake of several years of war. The story in the
poetes's voice echoes a cyclical story, a repetition, a loop, of both the story
and words, crossing the pieces of the Pavilion. The language or rather the
complexity of the dialogue is also felt in these two projects. On the one hand,
there's the silence of the architecture, which serves as a testimony to those
who built it and those who abandoned it, and which others consequently
covered with graffiti, gestures, paintings, words and so many silent words left
to the passerby's gaze and reading. On the other hand, there are the never-
ending words of the mother as she tries to negotiate, in the economic
sense of the term, but also to negotiate with life. The term "trade" was first
defined as an exchange of words and in 1968, the theorist Marshall McLuhan
reminded us that "money talks" in the sense that it is a language of
communication. Words in this context revolve around the conversion of
money, the transfer of money, the lack of money, as negotiations over living
conditions turn into a form of expression of survival, of life despite it all amid
a mixture of business, absurdity and affectivity. Beyond the mixed beauty
and sadness of the urban landscape, beyond the stories emerging from
behind the facades of buildings and the telephone screen, the fact that these
two pieces were brought together in the same exhibition architecture is also
intended as an agora, a free space of expression and speech, a space that
anyone could testify to and grasp.

"Wanderer, there is no road, the road is made by walking. Everything passes
and everything stays, but our thing is to pass," wrote the Spanish poet

transition et dans l'entre-deux d'une vie suspendue, où tout semble à la fois possible et impossible. Dans les deux cas, un objectif semble exister, une porte d'entrée, un point d'arrivée, mais cette quête de l'après semble un but dont l'accès serait toujours repoussé, un rêve auquel, derrière un espoir feint, on n'est plus sûr de croire. Cette double déambulation pourrait faire écho à un autre film libanais, lui aussi sur le mode du road movie, tourné près de quarante ans plus tôt. Il s'agit de *Hamasat* (« Murmures ») de Maroun Bagdadi (1980), dans lequel la poétesse Nadia Tuéni traverse le Liban, du Akkar à Tyr, en passant par Beyrouth, et découvre les paysages du pays en ruines après plusieurs années de guerre. Le récit de la voix de la poétesse fait résonner une histoire cyclique, une répétition, comme une boucle, celle de l'histoire comme de la parole, qui traverse les œuvres du pavillon. Le langage – ou plutôt la complexité du dialogue – est également présent dans ces deux projets. D'un côté, il y a le silence d'une architecture, témoignage à la fois de ceux qui l'ont construite et de ceux qui l'ont abandonnée, et que d'autres ont alors recouverte de graffitis, de gestes, de peintures, de mots, autant de paroles muettes laissées au regard et à la lecture du passant. De l'autre, il y a les paroles sans fin de la mère, elle qui essaie de négocier, au sens économique du terme, mais aussi de négocier avec la vie. Le terme de « commerce » avait pour définition première l'échange de paroles et, en 1968, le théoricien Marshall McLuhan rappelait que « l'argent parle » au sens où il est un langage de communication. Le flot de paroles est ici celui de la conversion de l'argent, du transfert de l'argent, du manque d'argent. La négociation des conditions de vie devient une forme d'expression de la survie, de la vie malgré tout, en entremêlant affaires, absurdité et affectivité. Plus que la beauté et la tristesse mélangées du paysage urbain, au-delà des récits dévoilés derrière les façades des immeubles comme derrière l'écran du téléphone, la réunion de ces deux œuvres dans une même architecture d'exposition se veut aussi une agora, un espace libre d'expression et de parole, dont chacune et chacun pourrait témoigner et s'emparer.

Antonio Machado (before he died on the paths of exile during the Spanish Civil War in 1939). It is such a paradox to live in an era where globalization, transportation means and information and exchange technologies have witnessed an unparalleled development, where everything seems close and within reach, including what is distant, and where, however, this proximity and this accessibility are only available to a part of the population; a world also where everything that is open can close and quickly, quite easily, become inaccessible again. The differences between territories, barriers, borders – real or mental – have never appeared as such glaring inequities as they are less often natural constraints than human and artificial creations. The reality of the pandemic situation over the past few years further expands this experience for many, including in the West. If the landscape is a classic theme in the history of the arts, representing displacement makes it possible to invest the notion of the place differently, beyond all directions, departure, for a day or forever, but also the possibility of returning or staying. The artists, beyond the mediums they resorted to, have never ceased to stage these stories of the coming and going, of the walk, of the road, of the desire to go elsewhere or just somewhere near. Because to move, far or around one's home, is also to see, to perceive, to feel. Because to move forward on a bumpy road is also to progress despite it all. "Beirut has been laid to ruins. Over time, ruins become beautiful. But I will personally never get used to them," whispered Nadia Tueni forty years ago. It is also the power of artists and their works that makes us cross and travel in time and space, including in the present, and that makes this experience simultaneously real and unreal.

« Toi qui chemines, il n'y a pas de chemin. Tout passe et tout reste, mais le propre de l'homme est de passer, passer en faisant des chemins », écrivait le poète espagnol Antonio Machado (avant de mourir lui-même sur les chemins de l'exil de la guerre d'Espagne en 1939). Quel paradoxe que de vivre dans une époque où la globalisation, les moyens de déplacement et les technologies de l'information et de l'échange se sont développés sans pareil, où tout semble proche et à portée de main, y compris le lointain, et où pourtant cette proximité, cette accessibilité ne sont disponibles que pour une partie de la population ; un monde aussi où tout ce qui est ouvert peut se fermer et redevenir, rapidement, assez facilement, inaccessible. Les différences entre les territoires, les barrières, les frontières – réelles ou mentales – ne sont jamais apparues comme des iniquités aussi criantes depuis qu'elles sont moins souvent des contraintes naturelles que des créations humaines et artificielles. La réalité de la situation pandémique de ces dernières années a élargi encore cette expérience pour beaucoup, y compris en Occident. Si le paysage est un thème classique de l'histoire des arts, représenter le déplacement permet d'investir différemment la notion de lieu, par-delà toutes les directions, le départ, pour un jour ou pour toujours mais aussi la possibilité de revenir ou de rester. Les artistes, par-delà les médiums, n'ont eu de cesse de mettre en scène ces récits de l'allée et de la venue, de la marche, de la route, du désir d'aller ailleurs comme d'aller au plus près. Car se déplacer, loin ou autour de chez soi, c'est aussi voir, percevoir, ressentir. Car avancer au fur et à mesure de la sinuosité et des soubresauts du chemin, c'est aussi progresser malgré tout. « Beyrouth est devenue des ruines. Avec le temps, les ruines deviennent belles. Mais moi, je ne m'habituerai pas », murmurait Nadia Tuéni il y a quarante ans. C'est aussi la force des artistes et de leurs œuvres que de nous faire traverser et voyager dans le temps et l'espace, y compris dans notre présent, et de nous rendre cette expérience si irréelle et réelle à la fois.

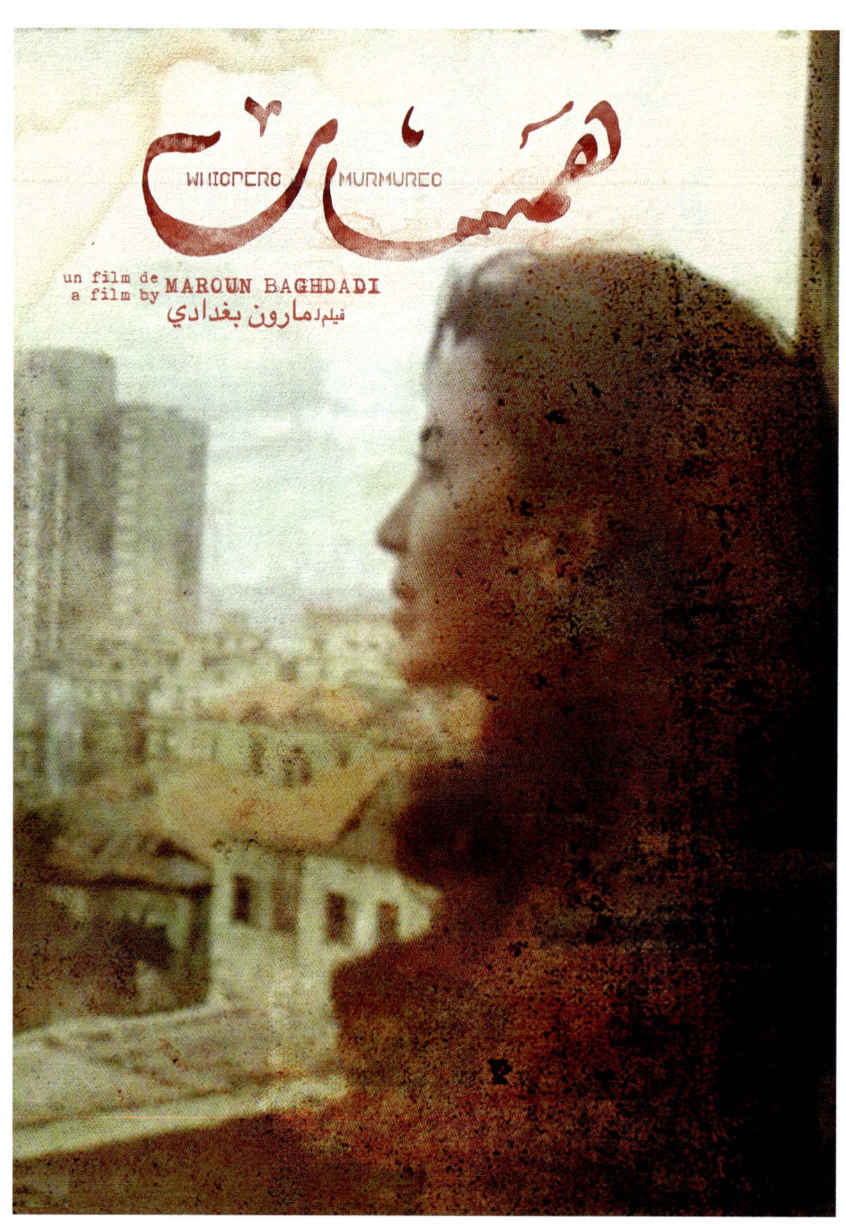

Maroun Bagdadi, *Whispers*, 1980, poster
Maroun Bagdadi, *Murmures*, 1980, affiche

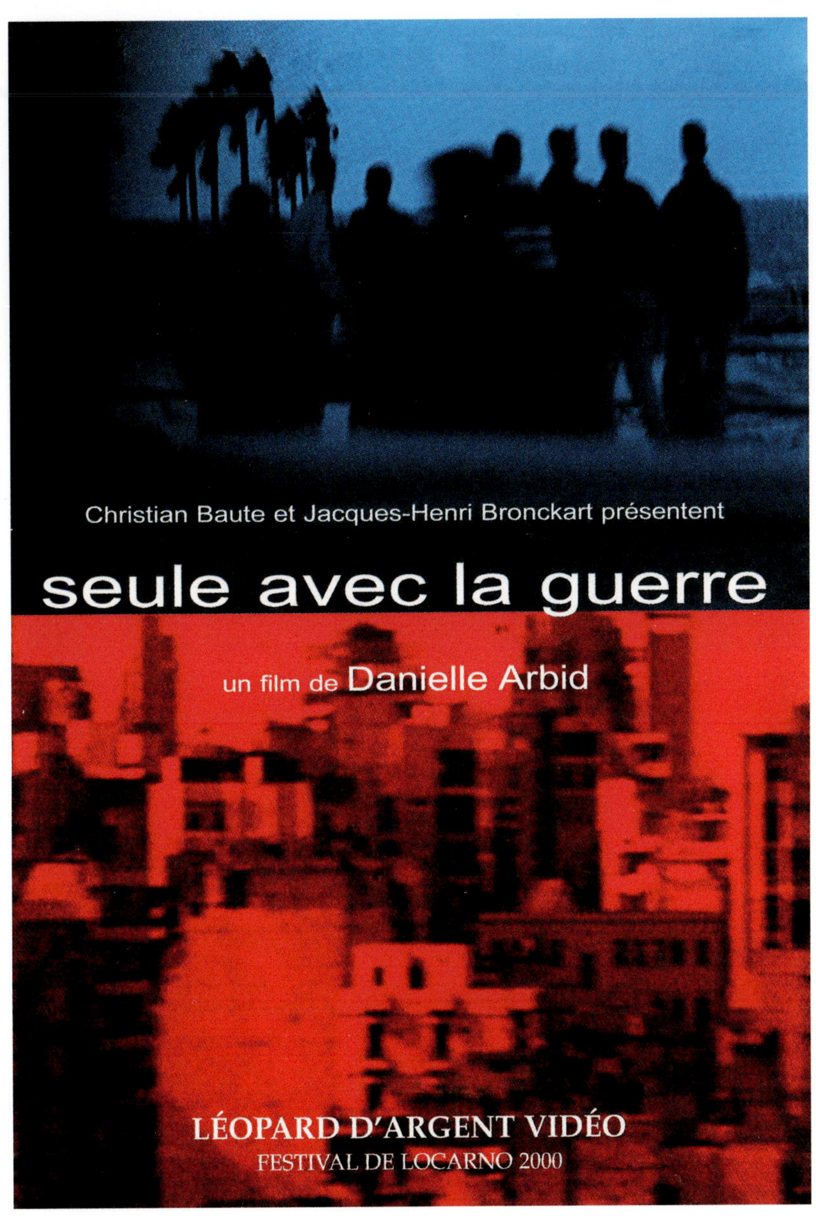

Danielle Arbid, *Alone with War*, 2000, poster
Danielle Arbid, *Seule avec la guerre*, 2000, affiche

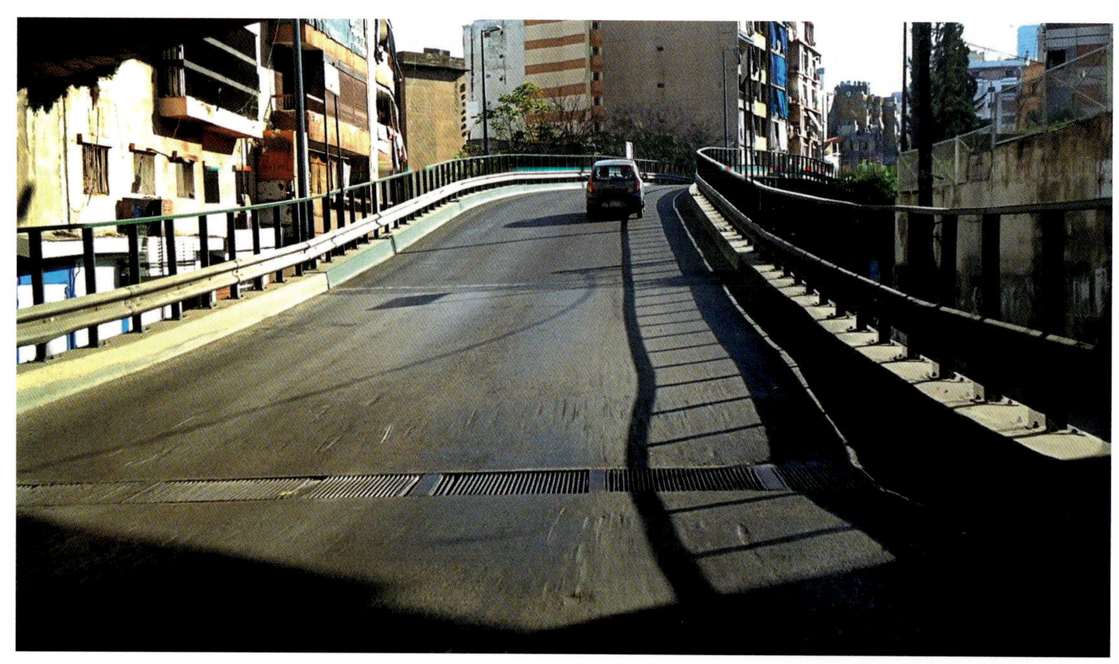

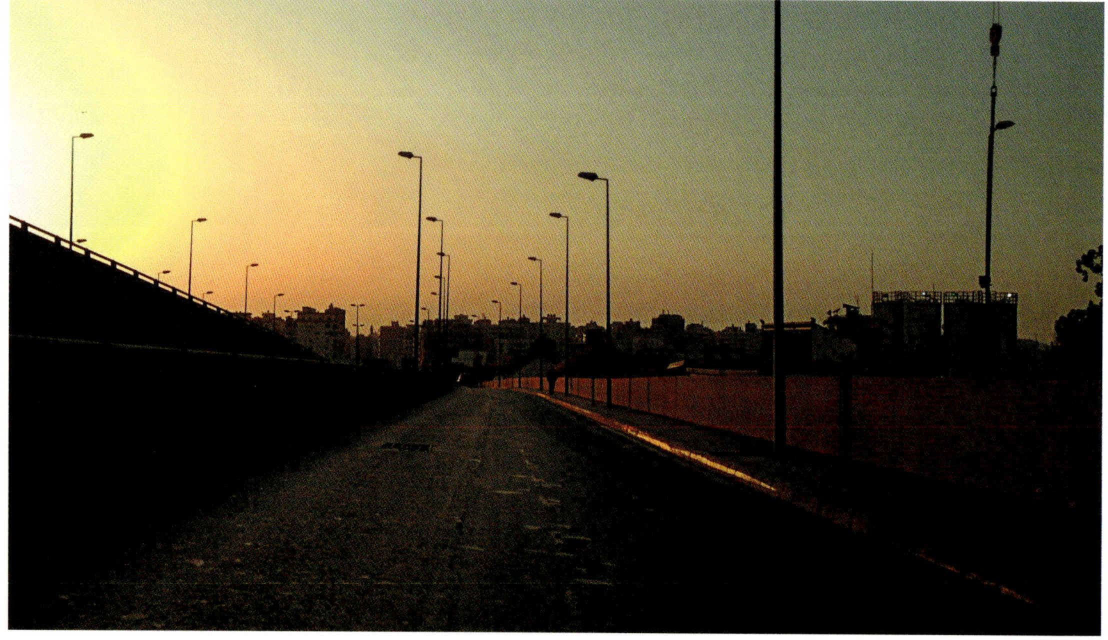

Danielle Arbid, *Allô Chérie*, 2015 - 2022, video stills
Danielle Arbid, *Allô Chérie*, 2015 - 2022, captures de vidéo

 Wanderer, there is no road, the road is made by walking - ANNABELLE TÉNÈZE

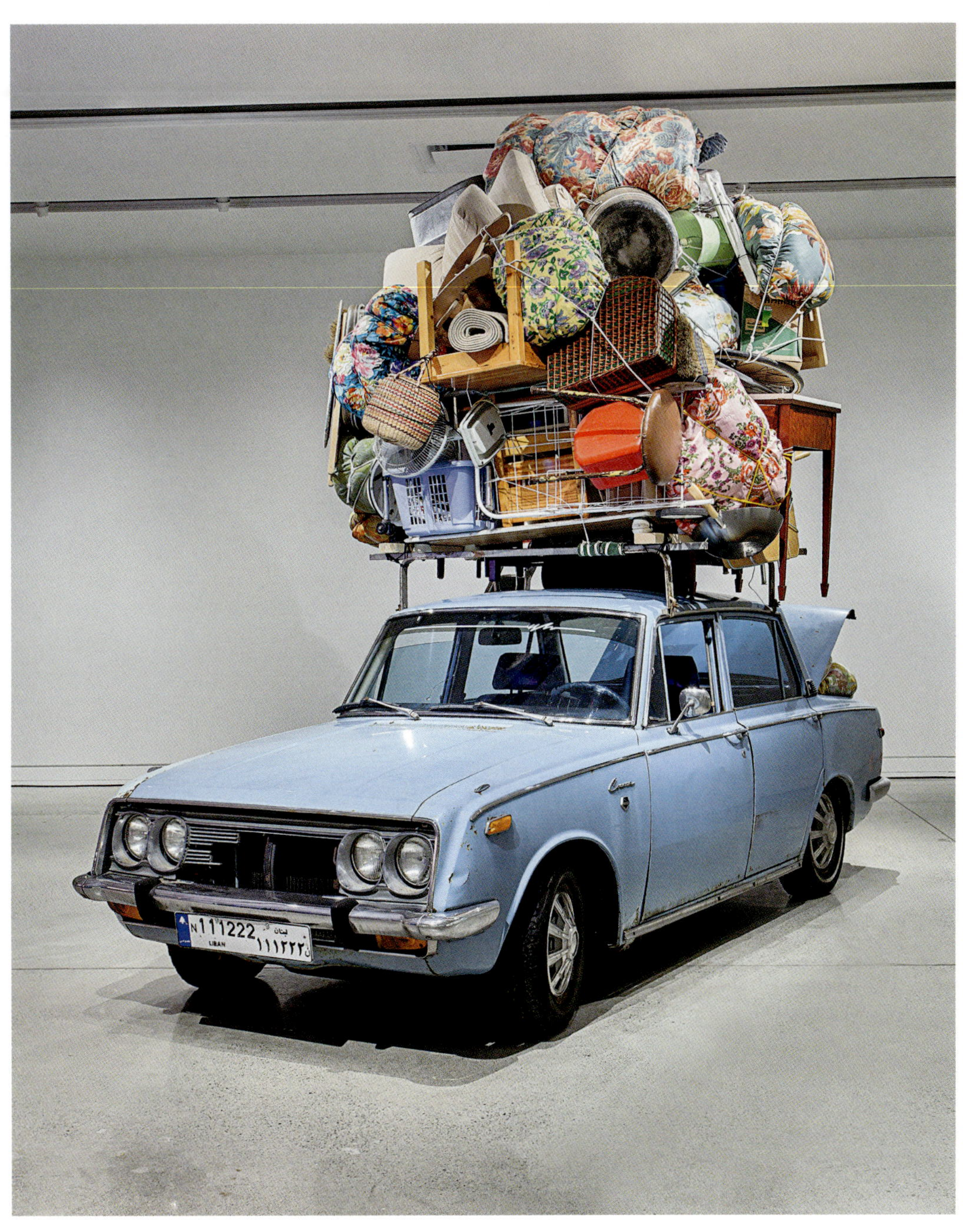

Ayman Baalbaki, *Destination X*, 2013, mixed media
Ayman Baalbaki, *Destination X*, 2013, technique mixte

Ayman Baalbaki and Lebanese artists at Tate Modern

MARIA SUKKAR

The announcement that Ayman Baalbaki would be one of the two artists representing Lebanon at the 2022 Venice Biennale came as no surprise.

Indeed, Tate Modern has been extending its international art collection by acquiring works from beyond Europe and North America, through acquisitions committees, such as its Middle Eastern and North Africa Acquisition Committee (MENAAC). The museum's vaults house many works by brilliant Lebanese artists such as Baalbaki, but also Akram Zaatari and Tarek Atoui, to name a few.

At Tate Modern, your experience in the gallery is like no other. You will find a Saloua Raouda Choucair painting hung next to a Matisse or, in the room next door, a sculpture by Marwan Rechmaoui facing a piece by Mitch Epstein.

This thematic hang – an innovative way of grouping works of art adopted by the curators at Tate Modern – favors a radically new format that sparks dialogue and an interconnectedness between artists, eras and museumgoers alike.

Having been founded over ten years ago, thanks to a dynamic group of art aficionados, MENAAC spans twenty-two Arab countries, as well as Iran and Turkey. And today, the public's feedback at this mixing of the contemporary and the modern, talks of discovery and openness, eliciting in turn a sense of wonderment and awe.

Ayman Baalbaki et les artistes libanais
au sein de la Tate Modern
MARIA SUKKAR

Ayman Baalbaki sera l'un des deux artistes représentant le Liban
à la Biennale de Venise en 2022. Cette annonce n'a rien de surprenant.

En effet, la Tate Modern a élargi sa collection d'art international en acquérant
des œuvres au-delà des frontières de l'Europe et de l'Amérique du Nord, par
l'intermédiaire de comités d'acquisition comme son Comité d'Acquisition du
Moyen-Orient et de l'Afrique du Nord (MENAAC). Le musée abrite de
nombreuses œuvres d'artistes libanais remarquables, à l'image de Baalbaki,
d'Akram Zaatari et de Tarek Atoui, pour n'en citer que quelques-uns.

Au sein de la Tate Modern, votre expérience n'est à nulle autre pareille. Vous
trouverez un tableau de Saloua Raouda Choucair, suspendu aux côtés d'un
Matisse ou, dans la salle voisine, une sculpture de Marwan Rechmaoui face à
une œuvre de Mitch Epstein.

Cette disposition thématique – mode de regroupement innovant des œuvres
d'art, adopté par les conservateurs du musée Tate Modern – privilégie un
format radicalement nouveau qui favorise le dialogue et l'interdépendance
entre les artistes, les époques et les visiteurs du musée.

Fondé il y a plus de dix ans, grâce à un groupe dynamique d'amateurs d'art,
le MENAAC couvre vingt-deux pays arabes, ainsi que l'Iran et la Turquie.
Aujourd'hui, les réactions du public à ce mélange d'art contemporain et
moderne évoquent la découverte et l'ouverture, suscitant tour à tour
émerveillement et admiration.

These sensorial experiences started in 2013 when Tate Modern held its first international retrospective of abstract artist Saloua Raouda Choucair. The celebration of a Lebanese artist in a British institution marked a breakthrough in the way Middle Eastern artists were featured. The exhibition displayed wooden, metallic, stone and fiberglass sculptures from the 1950s to the 1980s, as well as some of her early abstract and figurative works. It gave Choucair a well-deserved and significant position as a player on the global art scene, one so well received that the show at Tate Modern was extended for a further three months.

Ayman Baalbaki's expressionist paintings, such as *Untitled,* 2010, acquired by Tate Modern, depicting demolished buildings and fighters wearing the traditional "kaffiyeh" headdress, are a documentation of the civil conflict that the country endured for decades. Much like her counterpart, Danielle Arbid's early films and documentaries were inspired by the Lebanese Civil War. Award-winning Lebanese-French videographer and artist, Arbid, will also represent Lebanon at the Venice Biennale alongside Baalbaki.

While their works differ in terms of artistic expression, when put together, they will reflect regional issues and subjectivities that tell the tale of a spirited and resilient nation trapped in a vicious cycle of political upheaval: Lebanon.

Ces expériences sensorielles commencent en 2013, lorsque la Tate Modern organise sa toute première rétrospective internationale de l'artiste abstraite Saloua Raouda Choucair. La célébration d'une artiste libanaise au sein d'une institution britannique constitue une percée dans la manière dont les artistes du Moyen-Orient sont présentés. L'exposition présente des sculptures en bois, en métal, en pierre et en fibre de verre, des années 1950 aux années 1980, ainsi que certaines de ses premières œuvres abstraites et figuratives. Cet événement confère alors à l'artiste une place importante et bien méritée sur la scène artistique mondiale. L'exposition a connu un tel succès à la Tate Modern qu'elle a été prolongée de trois mois.

Les peintures expressionnistes d'Ayman Baalbaki, comme *Untitled* (2010), acquise par la Tate Modern, représentent des bâtiments démolis et des combattants portant une coiffe arabe traditionnelle – le keffieh. Elles documentent le conflit civil que le pays a enduré pendant des décennies. Tout comme son homologue Baalbaki, Danielle Arbid s'inspire de la guerre civile libanaise dans ses premiers films et documentaires. Vidéaste et artiste libano-française primée, Arbid représentera également le Liban à la Biennale de Venise, aux côtés de Baalbaki.

Bien que leurs œuvres soient différentes en matière d'expression artistique, elles refléteront, une fois réunies, les subjectivités et les problèmes régionaux qui racontent l'histoire d'une nation fougueuse et résiliente, prise au piège dans le cercle vicieux des bouleversements politiques : le Liban.

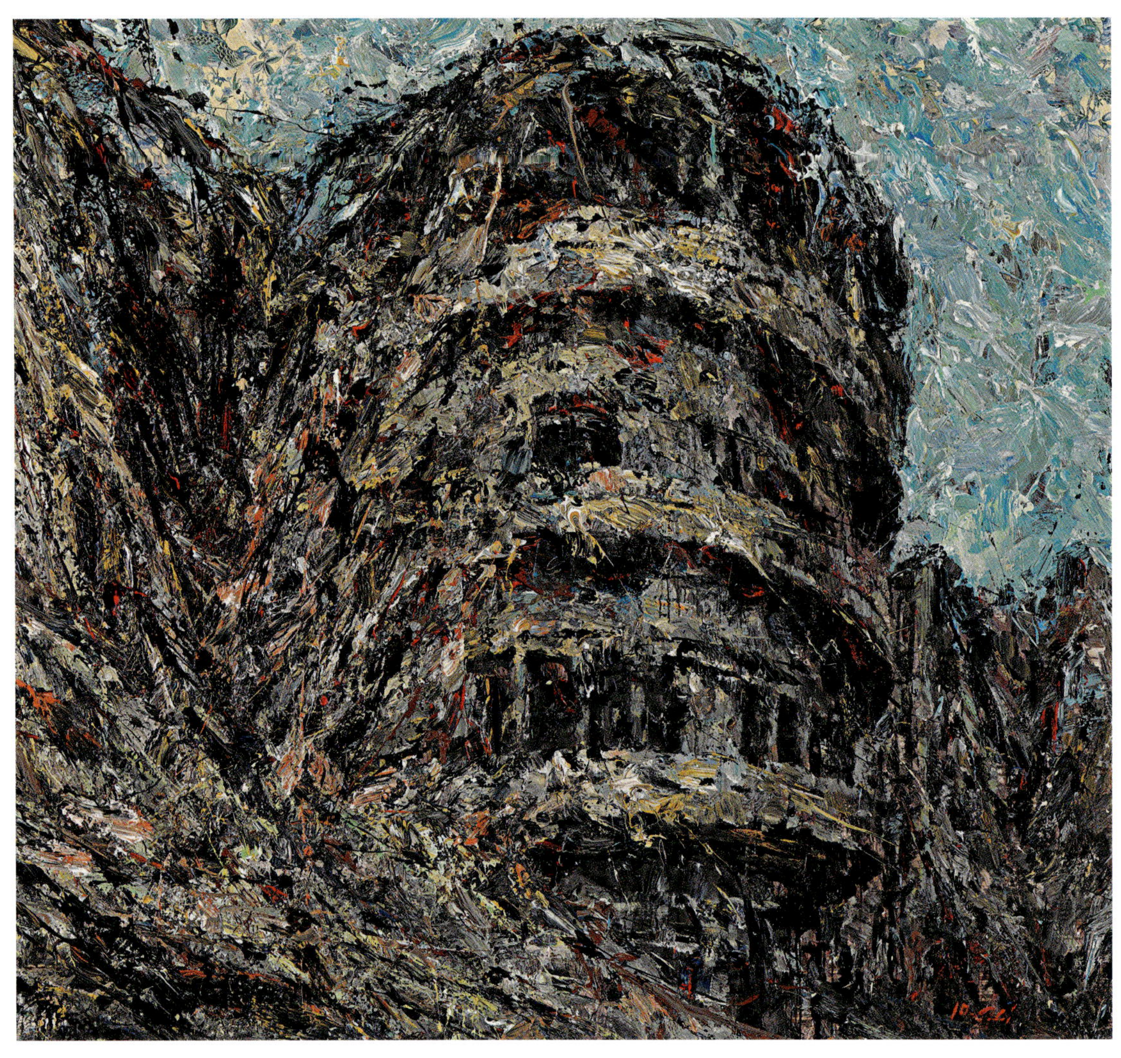

Ayman Baalbaki, *Untitled*, 2010, acrylic on canvas, 180 x 200 cm
Ayman Baalbaki, *Untitled*, 2010, acrylique sur toile, 180 x 200 cm

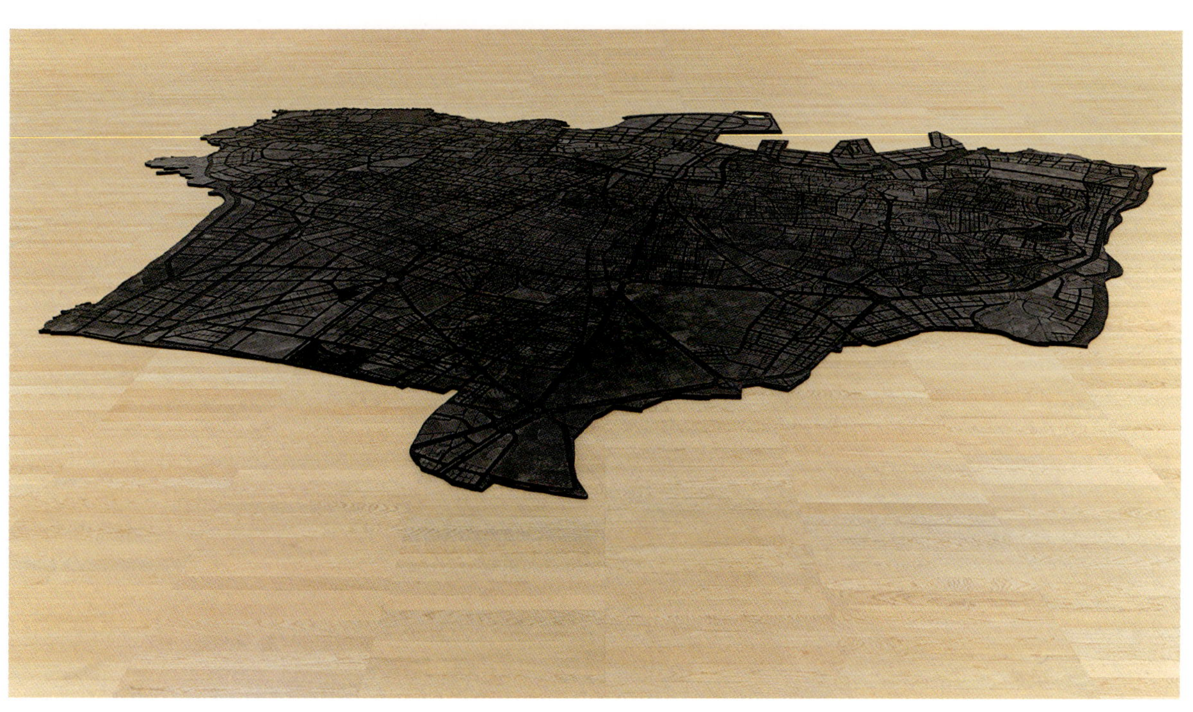

Marwan Rechmaoui, *Beirut Caoutchouc*, 2004-2008, rubber, 825 x 675 x 3 cm
Marwan Rechmaoui, *Beirut Caoutchouc*, 2004-2008, caoutchouc, 825 x 675 x 3 cm

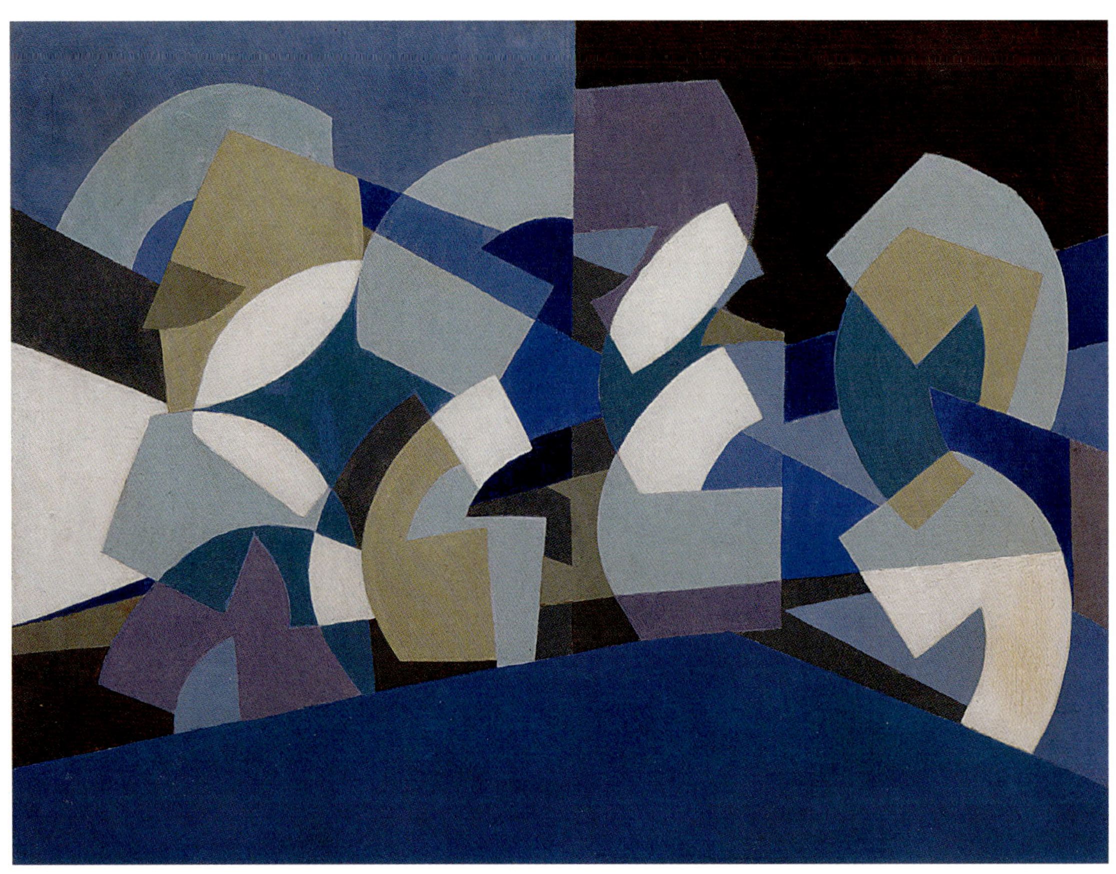

Saloua Raouda Choucair, *Composition in Blue Module*, 1947-1951, oil on canvas, 76 x 96.6 cm
Saloua Raouda Choucair, *Composition in Blue Module*, 1947-1951, huile sur toile, 76 x 96,6 cm

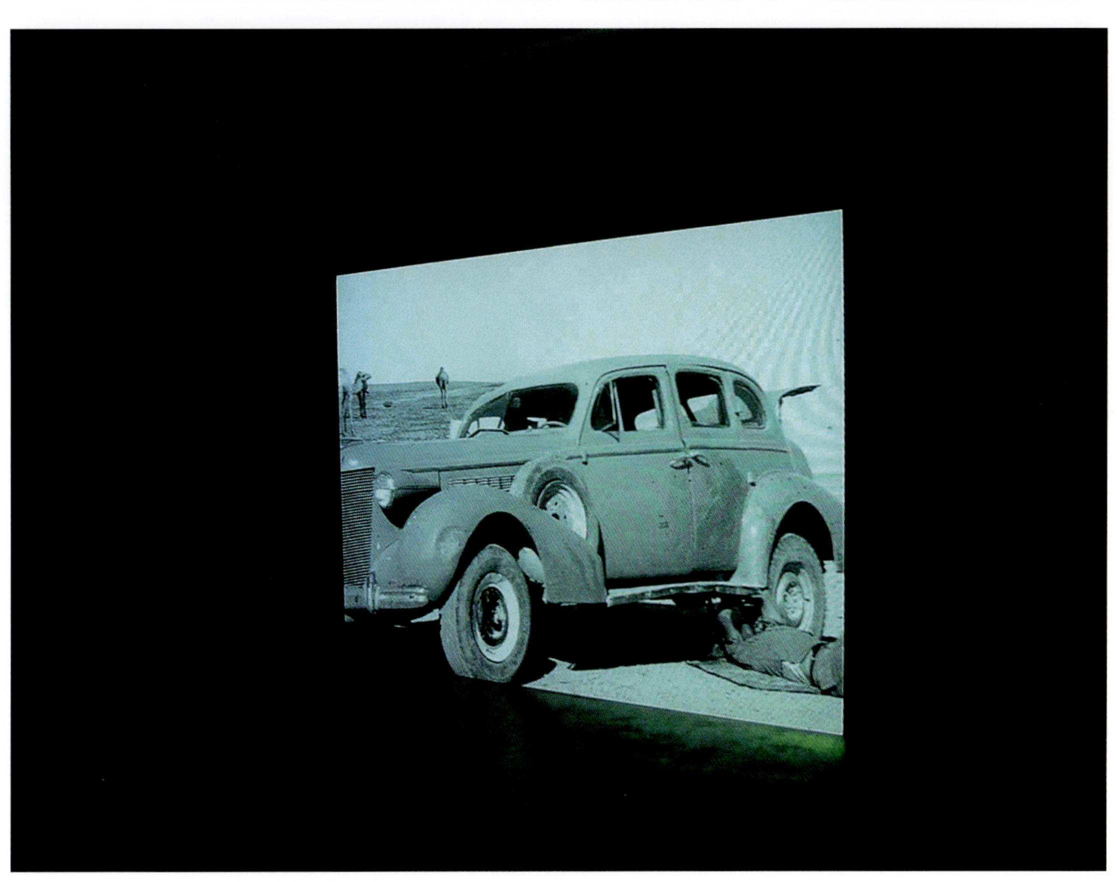

Akram Zaatari, *This Day (Al Yaoum)*, 2003, video projection, colour and sound (stereo), 86'.
Akram Zaatari, *This Day (Al Yaoum),* 2003, projection vidéo, couleur et son (stéréo), 86'

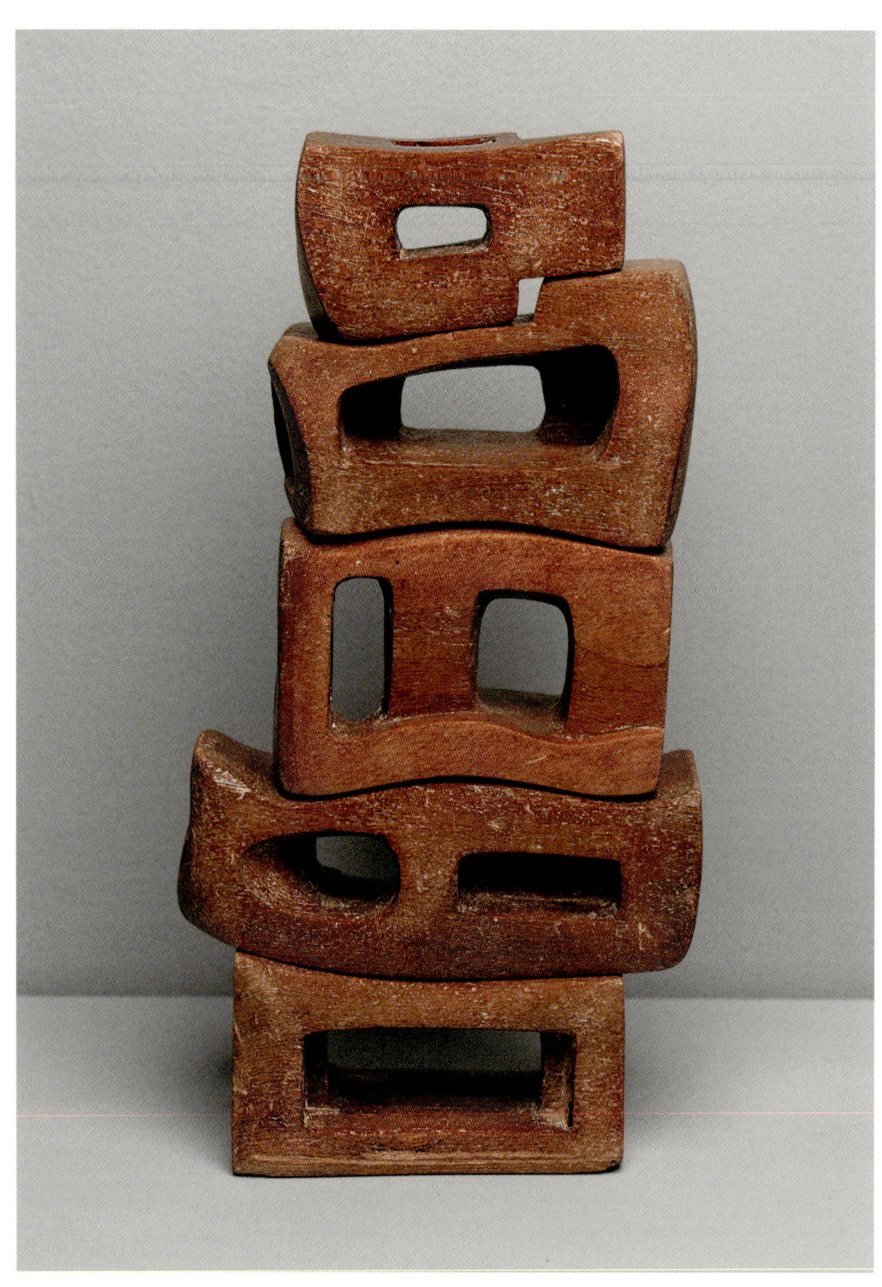

Saloua Raouda Choucair, *Poem* 1963-1965, wood, 33 x 17 x 7.5 cm
Saloua Raouda Choucair, *Poem* 1963-1965, bois, 33 x 17 x 7,5 cm

Biographies and credits
Biographies et crédits

AYMAN BAALBAKI

Ayman Baalbaki was born in 1975 in Beirut, Lebanon. He received his bachelor's degree in Fine Arts from the Lebanese University, Beirut, and a diploma of Etudes Supérieures in Art and Space at the EnsAD, Paris. He completed his DEA in Art of Images and Contemporary Art at Paris VIII University in 2003. His body of work, including paintings, installations, and sculptures, revolves around themes such as collective memory, loss, displacement and identity.

The artist grew up during the Lebanese Civil War. He tackles these painful events with cynicism, only to underscore the absurdity of war. His most alarming paintings belong to two series whose theme is recurring in his work. They picture the destruction of buildings in Beirut: *Tammouz*, started in 2007, and *Contre-Jour*, which he began in 2009. He also paints civil war landmarks – famous hotels and high-rise buildings peppered with bullets. Baalbaki's buildings usually occupy the center of his canvas; black and grim like emblems of disaster. He lightens the mood with gaudy backgrounds or mounts ready-made floral fabrics to the stretched canvas before beginning a piece. This floral element, often incorporated in his work, was inspired by the fabrics in the kitschy outfits of the inhabitants of the Wadi Abou Jmil quarter where he was raised. He also frequently uses text in his work, either in the form of metal stencils or neon lights.

In one of his most celebrated series of portraiture known as *Al-Moulatham* ("the veiled"), Baalbaki experiments with the contradictory themes of anonymity and visibility.

The artist draws inspiration from German Expressionism, neo-Expressionism, and Abstract Expressionism or Tachisme. Baalbaki's remarkable signature expressionist style is best exemplified in one of his seminal paintings entitled *The Middle East* (2014) featuring the carcass of a wrecked Middle East Airlines airplane. One more artwork dedicated to Lebanon's eclipsed turbulent history.

Recent exhibitions include: *Arabcity/Ourouba*, Middle East Institute, Washington D.C. (USA, 2019); 13th Cairo Biennale (Egypt, 2019); *Glasstress 2019*, Berengo Center for Contemporary Art and Glass, Murano (Italy, 2019); *Le Monde arabe vu par ses artistes*, Arab World Institute, Paris (France, 2018); *Scripted Reality*, Lawrie Shabibi, London (UK, 2018); *Hommage à Marwan*, Galerie Pankow, Berlin (Germany, 2018).

His work is featured in private collections and museums such as Tate Modern, Ramzi and Saeda Dalloul Art Foundation (DAF), Fondation Carmignac, Elie Khouri Art Foundation (EKAF) and KA Private Art Space.

Baalbaki currently lives and works in Beirut, Lebanon.

AYMAN BAALBAKI

Ayman Baalbaki est né en 1975, à Beyrouth, au Liban. Il obtient sa licence en Beaux-Arts de l'Université libanaise de Beyrouth et un diplôme en Art-Espace de EnsAD, à Paris. Il décroche un DEA en Art des images et art contemporain à l'université Paris 8 en 2003. L'ensemble de son œuvre, comprenant peintures, installations et sculptures, s'articule autour de thèmes tels que la mémoire collective, la perte, le déplacement et l'identité.

Ayman Baalbaki a grandi au Liban pendant la guerre civile. Il aborde ces événements douloureux avec cynisme pour souligner l'absurdité de la guerre. Ses peintures les plus marquantes appartiennent à deux séries dont le thème est récurrent chez l'artiste. Elles illustrent des immeubles détruits de Beyrouth : «Tammouz» et «Contre-Jour», respectivement entamées en 2007 et 2009. Il peint aussi les monuments de la guerre civile : des hôtels célèbres et des gratte-ciel criblés de balles. Les immeubles de Baalbaki occupent généralement le centre de sa toile, noirs et sinistres comme les emblèmes du désastre. Il allège cette ambiance avec des arrière-plans colorés ou dispose des tissus floraux sur la toile avant de commencer une œuvre. Cet élément floral de prédilection s'inspire des tissus des tenues kitsch des habitants du quartier Wadi Abou Jmil où il a grandi. De plus, il incorpore souvent un élément textuel dans son travail à travers l'emploi de pochoirs métalliques ou l'utilisation de néons.

Dans l'une de ses séries de portraits les plus célèbres et les plus controversées, connue sous le nom de «Al-Moulatham» («le voilé»), Baalbaki explore les thèmes souvent contradictoires de l'anonymat et de la visibilité.

L'artiste puise son inspiration de l'expressionnisme allemand, le néo-expressionnisme ainsi que l'expressionnisme abstrait ou le tachisme. Le style expressionniste remarquable de Baalbaki est le plus clairement illustré dans l'une de ses peintures phare intitulée *The Middle East* (2014), représentant la carcasse d'un avion détruit de la Middle East Airlines. Encore une œuvre consacrée à l'histoire turbulente du Liban.

Ses expositions récentes incluent «Arabicity/Ourouba» au Middle East Institute à Washington D.C. (États-Unis, 2019) ; la 13e Biennale du Caire (Égypte, 2019) ; «Glasstress 2019», au Berengo Center for Contemporary Art and Glass à Murano (Italie, 2019) ; «Le Monde arabe vu par ses artistes» à l'Institut du monde arabe à Paris (France, 2018-2019) ; «Scripted Reality» à Lawrie Shabibi à Londres (Royaume-Uni, 2018) ; «Hommage à Marwan» à la galerie Pankow à Berlin (Allemagne, 2018).

Son travail est exposé dans des collections privées et des musées tels que le Tate Modern, la Fondation d'art Ramzi et Saeda Dalloul, la Fondation Carmignac et KA Private Art Space.

Baalbaki vit et travaille actuellement à Beyrouth, au Liban.

DANIELLE ARBID

Danielle Arbid was born in Beirut in 1970. She left her native country at the age of seventeen and moved to Paris where she studied literature at the Sorbonne and journalism at the CFPJ. Since then, she has been living in Paris. She worked on her first film in 1997, alternating since then between fiction, documentaries and video essays. As a filmmaker, video artist and actor, Arbid draws her inspiration from combining cultures and intimate stories, considering that cinema replaces memory. At the crossroad of genres and somewhere between Lebanon and France, she documents, explores and experiments with the aim of producing rich, diverse and uncompromising works.

Her documentaries and video essays have been awarded several prizes including a Gold Leopard for *Conversations de salon 1, 2* and *3* at the Locarno Festival and a Silver Leopard for *Alone with War* in 2001 and 2004, as well as the prestigious Prix Albert-Londres in 2001 and the Villa Médicis Hors les Murs Award in 2002 for *On Borders*. Her two features, *In the Battlefields* and *A Lost Man*, were screened at the Directors' Fortnight at the Cannes Festival in 2004 and in 2007, among other festivals, picking up awards including the Directors' Fortnight Europa Prize and the Milan Grand Prize.

Five retrospectives have been held around Danielle Arbid's films: at the Gijon Festival in 2007, the Bastia Festival in 2007, the Paris Cinéma in 2007, the La Rochelle Festival in 2008 and the Festival Dei Popoli Florence in 2016.

In 2016 her third fiction feature, *Parisienne*, won many prizes including the Académie Lumière Foreign Press Award and Best Actress at Les Arcs. Her fourth feature film, *Simple Passion,* was featured in the official selection of the Cannes Film Festival in 2020 and selected at the San Sebastián International Film Festival, as well as Toronto, Zurich, Busan, Les Arcs, Lisbon & Sintra and the Lumière Film Festival, among others.

She was the subject of *Danielle Arbid, un chant de bataille*, a documentary dedicated to her work directed by Yannick Casanova and produced in 2017 for the prestigious collection *Cinéastes de notre temps*, created by André S. Labarthe and Janine Bazin.

Danielle Arbid is also a photographer, and her work has been exhibited at the Galerie Cinéma in Paris in 2015 and at the Photomed Festival in Beirut in 2017, and was included in the group exhibition *Rouge, Couleur de l'engagement* at the Château La Dominique, Saint-Emilion in 2019. The artist also directed *Le Feu au cœur*, a short film for the Opéra Garnier Paris in 2018.

Danielle Arbid's work has been presented in prestigious museums, including the Centre Pompidou (Paris, 2022), the Boghossian Foundation (Brussels, 2021), the Museum of Fine Arts (Rennes, 2020), the MAC VAL (Vitry-sur-Seine, 2019) and the Museum of Applied Arts (Vienna, 2002).

DANIELLE ARBID

Danielle Arbid est née à Beyrouth en 1970. Elle quitte son pays natal à l'âge de 17 ans et s'installe à Paris, où elle étudie la littérature à la Sorbonne et le journalisme au CFPJ. Elle vit depuis à Paris. Elle sort son premier film en 1997 et depuis, elle alterne les films de fiction, les documentaires et les essais vidéo. Cinéaste, vidéaste et actrice, elle puise son inspiration dans un alliage de cultures et d'histoires intimes, convaincue que le cinéma se substitue à la mémoire. À la croisée des genres et de ses deux pays, le Liban et la France, elle documente, explore et expérimente dans l'objectif de produire une œuvre riche, variée et sans concession.

Ses documentaires et essais vidéo ont remporté de nombreux prix dont le Léopard d'or au Festival de Locarno pour *Conversations de salon 1, 2* et *3*, et un Léopard d'argent pour *Seule avec la guerre*, en 2001 et 2004, ainsi que le prestigieux prix Albert-Londres en 2001 et le prix de la Villa Médicis hors les murs en 2002 pour *Aux frontières*. Ses deux longs métrages, *Dans les champs de bataille* et *Un homme perdu* ont été projetés à la Quinzaine des réalisateurs au Festival de Cannes en 2004 et 2007, raflant, entre autres, le prix Europa de la Quinzaine des réalisateurs et le Grand Prix du Festival de Milan.

Plusieurs rétrospectives ont été consacrées à ses films : en 2007 au Festival de Gijón, au Festival de Bastia et à Paris Cinéma ; en 2008 au Festival de La Rochelle et au Festival dei Popoli à Florence en 2016.

En 2016, son troisième long métrage, *Peur de rien*, remporte, entre autres, le prix de l'Académie Lumière de la presse étrangère et le Prix de la meilleure actrice au Festival Les Arcs. Son quatrième film, *Passion simple*, a été retenu pour la sélection officielle du Festival de Cannes en 2020 et a été nommé au Festival international de San Sebastian, ainsi que celui de Toronto, Zurich, Busan, Les Arcs, Lisbonne et Cintra, le festival Lumière et bien d'autres.

Elle a fait l'objet d'un film portrait *Danielle Arbid, un chant de bataille*, en 2017 réalisé par Yannick Casanova dans le cadre de la prestigieuse collection « Cinéastes de notre temps », créée par André S. Labarthe et Janine Bazin.

Danielle Arbid, photographe, a également exposé ses photos à la Galerie Cinéma à Paris en 2015, au festival Photomed à Beyrouth en 2017 et ses clichés ont aussi fait partie de l'exposition ont fait partie de l'exposition collective « Rouge, couleur de l'engagement » au château La Dominique, Saint-Émilion en 2019. L'artiste a réalisé aussi en 2018 un court métrage pour l'Opéra Garnier de Paris intitulé *Le Feu au cœur*.

L'œuvre de Danielle Arbid a été présentée dans des musées prestigieux, notamment le Centre Pompidou (Paris, 2022), la Fondation Boghossian (Bruxelles, 2021), le Musée des beaux-arts (Rennes, 2020), le MAC VAL (Vitry-sur-Seine, 2019), et le Musée des arts appliqués (Vienne, 2002).

General Commissioner
Commissaire générale
Nada Ghandour

Curator
Curatrice
Nada Ghandour

Exhibited artists
Artistes exposés
Danielle Arbid
Ayman Baalbaki

Scientific Committee
Comité scientifique
Nada Ghandour
President of the Scientific Committee
Art historian and Heritage Curator
Présidente du comité scientifique
Historienne de l'art et conservatrice
du patrimoine

Jean-François Charnier
General Curator of Heritage
Scientific Director Afalula
Conservateur général du patrimoine
Directeur scientifique d'Afalula

Louma Salamé
Director of the Boghossian Foundation,
Empain Villa in Brussels
Directrice de la Fondation Boghossian,
Villa Empain à Bruxelles

Annabelle Ténèze
Chief Curator of Heritage, Director of the
Abattoirs, Musée - Frac Occitanie Toulouse
Conservatrice en chef du Patrimoine,
Directrice des Abattoirs, Musée - Frac
Occitanie Toulouse

Writers of the catalogue
Auteurs au catalogue
Nada Ghandour, Jean-François Charnier,
Louma Salamé and Annabelle Ténèze wrote
for this catalog along with:
Nada Ghandour, Jean-François Charnier,
Louma Salamé et Annabelle Ténèz ont écrit
pour ce catalogue. À leurs contributions
s'ajoutent celles de:

Pascale Cassagnau
Art historian
General Inspector of Artistic Creation
Head of the Video Collection of the National
Center for Visual Arts
Historienne de l'art
Inspectrice générale de la création artistique
Responsable de la collection vidéo du Centre
national des arts plastiques

Maria Sukkar
Co-chair, Middle East and North Africa
Acquisitions Committee, Tate Museum
Présidente adjointe, Comité d'Acquisition
du Moyen-Orient et de l'Afrique du Nord,
Tate Museum

Nayla Tamraz
Art critic and curator
Critique d'art et curatrice

Marion Vignal
Curator and writer
Curatrice et autrice

Editing
Édition
Nathalie Leleu
Works with Words

Translation
Traduction
Works with Words

Scenography
Scénographie
Culture in Architecture
Architect Scenographer
Architecte scénographe
Aline Asmar d'Amman
Director
Directrice
Laetitia Wertheim

Assistant Curator
Curatrice adjointe
Dina Bizri

Legal and fiscal
Juridique et fiscal
Charles Simon Thomas

Communication Coordinator
Coordinatrice communication
Nadine Katabi

Webmaster
Philippe Assouad

Fundraising Lebanon and Europe
Mécénat Liban & Europe
Chérine Soubra Assouad

Scenography Coordinator
Coordinatrice scénographie
Farida El Solh

Scenography consulting and production
Consultant en scénographie et production
Weexhibit SRL
Project Manager
Chargé de projet
Davide De Carlo
Production Coordinator
Coordinateur production
Laura Valentino
Production Coordinator
Coordinateur production
Nicolas d'Oronzio

Editorial Manager
Responsable éditoriale
Lara Nader Mouawad

Graphic Design of the catalogue
and website
Conception graphique du catalogue
et site web
Lara Nader Mouawad

Media & Communication Consultant
Consultant Média et Communication
Visionbuz
Dania Haffar Bazzi

Press agencies
Agences de presse
Joonam Partners (France and/et international)
Roya Nasser
Andréa Azéma
Clara Meysen

MIRROS (Lebanon and Middle East/Liban et
Moyen-Orient)
Joumana Rizk
Cynthia Geagea
Tracy Baaklini

Legal Consultants
Conseillers juridiques
Araygi & Maalouly, Nicole Araygi
White & Case, Charles Abou Charaf

Transportation
Transport
Capit logistics (Lebanon/Liban)
General Manager
Directeur général
Elie Abi Akar
Head of the Fine Art Department
Directeur du Département d'œuvres d'art
Pierre Chkeir

Insurance
Assurance
Commercial Insurance Co.
Fine Arts Insurance
Assureur Beaux-arts
Coralie Zaccar

NASCO France

Organizer
Organisateur
Lebanese Visual Art Association – LVAA

Exhibited works
Œuvres exposées

Danielle Arbid, *Allô Chérie*, 2015 - 2022,
video, color, sound , 21', Lebanese (subtitled
in English and French)

Danielle Arbid, *Allô Chérie,*22015 - 2022,
vidéo, couleur, son, 21', libanais (sous-titrage
en anglais et en français)

Ayman Baalbaki, *Janus Gate,* 2021, acrylic,
spray paint, wood, metal, resin, poster,
Plexiglass, rope, flex printing, television, sheet
metal, antenna, satellite, plastic, neon, mirror,
traffic cone, scaffolding, car wheel, cloth,
chair, table, bucket, teapot, bird's nest, water
tank, LED light, mattress, braided mat,
4.85 x 11 x 2.9 m

Ayman Baalbaki, *Janus Gate,* 2021, acrylique,
peinture aérosol, bois, métal, résine, affiche,
plexiglas, corde, impression type-flex,
téléviseur, tôle, antenne, satellite, plastique,
néon, miroir, cône de signalisation,
échafaudage, roue de voiture, linge, chaise,
table, seau, théière, nid d'oiseau, réservoir
d'eau, lampe LED, matelas, tapis tressé,
4,85 x 11 x 2,9 m

Copyrights & photographic Credits
Crédits patrimoniaux et photographiques

© Danielle Arbid : pp. 62-69, pp. 113-115,
pp. 152-153, pp. 160-161, pp. 171-172
© Archive An Nahar : p. 71
© Ayman Baalbaki : pp. 50-61, pp. 90-95,
pp. 126-137, pp. 154-155, pp. 162-163, p. 178
© Blaine Campbell : p. 173
© Saloua Raouda Choucair Foundation / Tate :
p. 180, p. 182
© Culture in Architecture : pp. 2-3, pp. 71-77
© Nadi Lekol El-Nas : p. 170
© LVAA : pp. 96-99
© MK2 : pp. 110-112
© Marco Pinarelli : pp. 46-49
© Marwan Rechmaoui : p. 179
© Tate : p. 178, p. 179, p. 181
© Akram Zaatari : p. 181

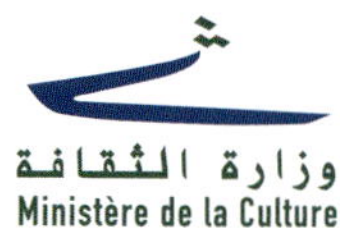
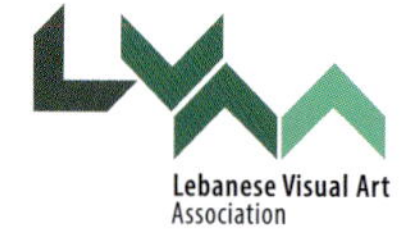

We would like to thank for their support:
Nous voulons remercier pour leur soutien :

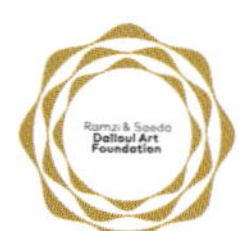
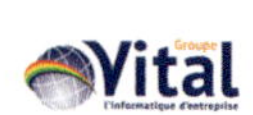
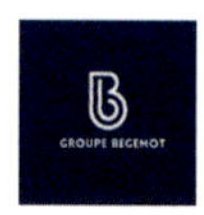
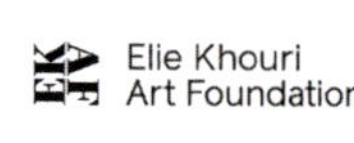
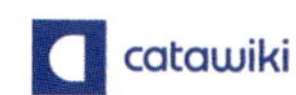
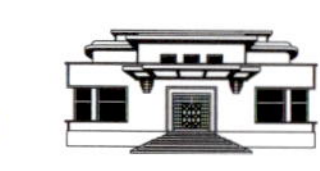
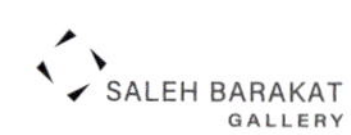
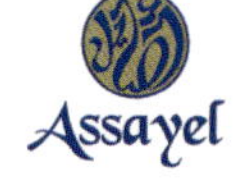

ÉDITIONS SKIRA PARIS
14 rue Serpente
75006 Paris
www.skira.net

Senior editor
Responsable des éditions
Nathalie Prat-Couadau

Editorial coordination
Coordination éditoriale
María Laura Ribadeneira

Project manager
Chargée de projet
Meryl Mason

Editorial assistant
Assistante éditoriale
Anna Koch

Graphic design
Conception graphique
Claire Luxey

Proofreading
Relecture
Nacima Bouzad – French / Français
Myriam Birch – English / Anglais

Color separation
Photogravure
Litho Art New, Turin

ISBN 978-2-37074-192-9
© Éditions Skira Paris, 2022
© LVAA, 2022

Printed in March 2022 on Graphius
presses in Ghent, Belgium
Legal deposit March 2022

Achevé d'imprimer en mars 2022 sur
les presses de Graphius à Gand, Belgique
Dépôt légal mars 2022